最受商学院欢迎的畅销书
商务策划公共课统编教材

Shangwu Cehua Guanli Jiaocheng

·内容简介·

商务策划是中国市场经济催生的一门新兴学科，它是现代工商管理知识的应用升级，对创新人才的成长和企业经营竞争力的提高有着十分突出的作用。对当代大学生来说，它是走向成功必经的“第四项修炼”，是继外语、计算机、驾驶之后，人生最重要的一项基本技能。

本教程从策划的起源与发展，中国谋略智慧，商务策划的基本原理、方法、技巧，创新思维模型及其在市场营销和大学生就业、创业等领域的实际运用，系统地进行分析和研究，突出对现代商务策划知识、创新思维和实战能力的训练和培养，重在激发当代大学生的创新意识，使策划创新思维成为青年学子们的一种习惯，帮助大学生全面提高就业竞争力和职场适应能力，为建设创新型国家、培养大批创新人才，努力提供贴近市场实际的系统解决方案。

统计数字为610万），今后的形势将更加不容乐观。《经济蓝指出，高校毕业生不能仅仅寄希望于“等、靠、要”就业岗要善于走出一条新路，更多地实现以创业带动就业。要加强高生的就业观念教育，加强创业培训和再就业培训，使更多劳动创业者，让高校毕业生成为创业的生力军。《经济蓝皮书》的疑具有前瞻性和指导性，但是，不管是“走新路”，还是“以创动就业”，对大学生来说谈何容易？走新路也好、自行创业也罢，求大学生具有起码的资格和资本，特别是要有应对市场的基本商力和创新能力，否则新路等于死路，创业无异于水中捞月。

政府的关怀，社会的重视，还有一些地方出台的创业小额贷款或扶持政策，对大学生就业问题无疑可起到一定的缓解作用。但要本上解决问题，还得靠大学生自己，只有当他们掌握创新思维、划创新成为一种习惯和自觉行为时，才能从容地面对市场。“临渊鱼，不如退而结网”，这是当代大学生掌握自己命运、走出围墙前的修课程，也是CBSA总部10年来培训了院墙内外十几万人的感悟和负责任的告诫。

“学好商务策划，走遍天下都不怕”，这是许多系统参加过学习和训练的大学生发出的由衷感慨，他们怀揣“搜集、整理、判断、创新”的思维武器，掌握“知己、知彼、正合、奇胜”的创新工作流程，仿佛水性活泼的鱼儿游进了社会的大海，这也许可以为几千万在校大学生指明专业之外的学习和努力方向。

一本被市场催生、从职业培训到理论体系初步建立的新学科、新教程，能够迅速为我国众多高等学府所重视和采用，特别是为当代大学生就业能力的提高起到良好的促进作用，这是CBSA总部作为新学科耕耘者的欣慰和骄傲，也是作者努力编写、修订，使之不断丰富和完善的动力和责任所在。

作者

2008年12月30日

商务策划管理教程

（第二版）

CBSA全国商务策划师培训总部

周培玉◎编著

中国经济出版社
CHINA ECONOMIC PUBLISHING HOUSE

北 京

图书在版编目（CIP）数据

商务策划管理教程/周培玉编著．—北京：中国经济出版社，2006.7
ISBN 978-7-5017-7607-8

Ⅰ．商…　Ⅱ．周…　Ⅲ．商业—策划—教材　Ⅳ．F710

中国版本图书馆CIP数据核字（2006）第059171号

出版发行：中国经济出版社（100037·北京市西城区百万庄北街3号）
网　　址：www.econmyph.com
责任编辑：李煜萍（电话：010-68319114）
E-mail：pkulyp@163.com
责任印制：马小宾
封面设计：任燕飞工作室
经　　销：各地新华书店
承　　印：北京市媛明印刷厂
开　　本：710×1000毫米　1/16　　印张：22　　字数：350千字
版　　次：2010年4月第2版　　印次：2016年3月第10次印刷
印　　数：24001-26000册
书　　号：ISBN 978-7-5017-7607-8/F·6322　　定　　价：38.00元

第二次修订前言

《商务策划管理教程》是CBSA总部专门
选修课而编写的一本市场化教材，其主体结构
总部10年培训商务策划师的研发成果。从200
划教程》出版至今，全国100多所高等院校先后
量近4万册，这从一个侧面验证了2006年3月教
理专业的及时性和前瞻性，其学科强大的生命力也

最近几年来，为什么开设商务策划课程的大学
次的原因是中国市场的复杂性和大学生的就业难两
前，我曾做过两个基本判断：一是工商管理知识需
代市场营销越来越需要创新，西方的管理理论对中国
适应性已暴露出许多不足，大学课堂教育受到了前所
类工商管理总裁研修班、EMBA班的开办，更是让教
种危机。二是大学生进入社会前需要进行知识转化，
非商务策划莫属。因为全面、全方位、高度竞争的21世
为所有组织的第一要务，要经营就必须认真策划，如今
要策划，人人都离不开策划。新经济社会的到来，商务策
当代大学生在校的一门必修课。我们将其命名为"第四项
外语、计算机、驾驶并列为人生四项基本技能，其中商务策
重要的一项修炼，不经此修炼，大学生无法适应市场。试想
户为中心、竞争无所不在、营销过度的今天，缺乏策划、创
组织和个人如何立足和发展？

当然，对高校几千万在校大学生来说，最现实、最迫切的
问题。2008年12月20日，温家宝总理在北京航空航天大学图
大学生们座谈时说政府非常关心大学生的就业问题，强调要把大
就业放在首位。其实这正反映出当前我国大学生就业问题已成为
焦点。此前，中国社会科学院在京发布2009年《经济蓝皮书》，
2008年底有100万大学毕业生不能就业，2009年将有592万大学生

业（另有
皮书》
位，而
校毕业
者成为
观念无
业带动
都要
务能
资金
从根
使策

第一次修订说明

2005年7月，《现代商务策划教程》甫一问世，即受到高校老师和大学生们的青睐，前后不到半年时间销售近万册，这对于作者本人、出版社来说都是一个不小的意外。策划在我国虽然历史十分悠久，自20世纪90年代以来商战运用越来越广泛，社会重视程度也越来越大，但理论知识一直未成体系，教程类的图书鲜有出版，偶有问世销量也十分有限。

商务策划的本质是一种创新型的思维活动，能够显著提高组织和个人的竞争能力，有效整合和放大资源，获得常规手段无法比拟的社会效益和经济效益，因而正在成为经营的一种利器。特别是就业形势的空前严峻，近年来出现了在校大学生学习商务策划的热潮，参加商务策划师认证培训（CBSA）的大学生人数在激增，仅今年头几个月即达到七八千人。由于市场对策划创新人才的需求日趋旺盛，一时间采用《现代商务策划教程》的高校明显增多，这使作者既高兴又惶恐，深怕因自己的肤浅而误导他人，故而一再考虑如何对其进行补充和修订。恰在此时，教育部公布了2006年高考增设的25个专业，其中“商务策划管理”当年即招收本科生。作为我国商务策划学科建设的倡导者和鼓吹者，自然大喜过望，商务策划正式进入我国高等教育体系，实在是一件利国利民的大事，它对建设创新型国家、提高全体国民创新素养的作用难以估量。

为了配合高校开设“商务策划管理”专业和此类公共课程，推动商务策划学科建设，培养和造就更多策划创新人才，满足企业经营的实际需要，进而为建设创新型国家作出一点实际贡献，在征得出版社的同意后，这次修订进一步丰富了基础理论和训练方法，扩充了知识量和信息量，并更名为《商务策划管理教程》，力求从形式到内容与高等教育尽量吻合，使教程更加系统化、更具实用价值。

商务策划是一门新兴学科，是在我国古代谋略智慧的基础上，对现代经济学、管理学、市场营销学、创造学等诸多学科的综合应用，涉及的知识领域相当宽泛。作为高等教育的一门专业，商务策划管理的内容远不止本教程所列，至少还包括商务策划市场研究、企业战略策划、项目与投融资策划等。由于学科建设刚刚起步，基础资料相对匮乏，可资借鉴的研究成果也不是很多，特别是限于作者的专业能力和学术水平，修订本中一定会有许多不足，甚至错误。在此，恳请业内专家和高校老师不吝赐教，以便改进和提高。

作者
2006 年 5 月 1 日

编写概要

《商务策划管理教程》原名《现代商务策划教程》，于2005年7月出版发行，2006年5月，根据教育部发布的新专业名称进行了第一次修订，内容由八章扩充为十二章，主要是弥补教程理论系统不足。第一次修订后，前后共印刷了五次，累计发行量近4万册。2008年12月第二次修订，将原十二章合并为十一章，新增一章。原第六章“商务策划创意方法”与第七章“商务策划的策略与技巧”，合并为一章“创意与策划技巧”；新增一章为“市场调研报告”。本次修订后，全书仍为十二章，进一步突出策划理论的系统性和方法、工具的实操性。

本教程的12个单元，可分为4个学习板块：

1. 导论课。由第一章、第二章构成，目的是让大学生系统了解策划产生的深刻历史背景和巨大的市场发展前景，商务策划对个人和组织的影响和作用，“第四项修炼”的现实意义。

2. 原理课。由第三章、第四章和第五章构成，目的是让大学生系统掌握策划的基本原理和科学的思维方法，提高就业竞争力，成为创新型人才，养成做正确事情的习惯。

3. 方法课。由第六章、第七章、第八章、第九章和第十章构成，目的是让大学生在学业和就业、就业和职业接轨阶段掌握基本能够满足现实需要的创新技法和技能，包括市场营销、就业和创业策划以及如何提高自身素养等各种方法和途径，努力把正确的事情做对、做好。

4. 工具课。由第十一章和第十二章构成，目的是让大学生了解商务策划市场调研与策划书的写作要求等，通过系统训练提高观察市场、分析问题和文案写作能力，为今后进入职场解决实际问题、提供具有专业水准的策划方案打好基础。

本教程的显著特点是：始终从人的思维模式出发，把“搜集、整理、判断、创新”和“知己、知彼、正合、奇胜”的思维步骤和策划要素紧密结合，旨在将商务策划变成当代大学生最重要、最实用的一项人生修炼，激发当代大学生的创新意识，使策划思维成为他们思考问题、解决问题的一种习惯，帮助大学生们顺畅就业，走上能够发挥自己才能的理想岗位，并能在今后的职业生涯中不断创新、善于创新。

使用本教程培训学员共需 14 次课，每次课 4 学时，总共为 56 学时。其中，授课、训练 48 学时，总复习 6 学时，模拟考试 2 学时。在校大学生通过学习，可参加全国统一考试，申请由政府部门或行业协会颁发的商务策划师资格证书。

需要强调的是，本教程不仅是当代大学生学习和掌握创新技能的统编教程，同时也是社会各界人士学习和研究创新思维、提高创新能力的实用参考读本，尤其可以作为企业应对经济危机、组织职工学习创新、增强经营竞争力的系统教案。

CBSA 全国商务策划师培训总部

2005 年 7 月第一版

2006 年 5 月第一次修订

2008 年 12 月第二次修订

一本难得的教科书（代序）

汤茂文

我做了半辈子管理咨询，但对策划的了解和熟悉应该说与本书的作者有很大的关系。6年前因筹划一项创新人才培训工程，成立中国企业联合会商务策划师秘书处，我和作者相识。6年后在本书作者和一大批有志于中国策划事业的仁人志士的努力下，商务策划在我国不但变成了一种新职业，而且成为一门极富魅力的新学科，学习、研究、参与的人越来越多，特别是在经济领域它所发挥的作用更是令人刮目相看。

在我的印象中，作者和他的一班人非常执著，不但为培养策划创新人才乐此不疲，而且在研究方面笔耕不辍，这几年，作者不但经常在市场的前沿讲学，还发表过不少探讨策划科学和行业规范的文章，在业内有不小的影响。而他编著的新作《现代商务策划教程》，我是先睹为快了，而且真的受益匪浅。

长期以来，我一直从事企业管理研究、企业管理咨询工作，对商务策划知之不多。有一段时间，一提到策划总是同“点子”联系起来，而当“一个点子救活一个企业”、“点子大王”、“点子公司”的夸张性宣传，使“点子”跌入了低谷之后，我对策划完全茫然了。后来与作者等一班人的结识，使我对策划的认识和理解有了很大的改变。

这本教程，可贵之处是深入浅出地将商务策划的本来面目展现了出来，告诉我们什么是策划的科学性、艺术性，为什么现代人要学习商务策划，为什么说商务策划是人生的“第四项修炼”。实际上，策划是一门具有悠久历史的系统性科学，古今中外不乏成功案例，特别是在我国古代，同策划相联系的脍炙人口的历史故事更是数不胜数。商务策划是市场经济的产物。在市场经济条件下，市场如战场，商家之间的竞争异常激烈。谁想在竞争中胜算多一些，谁就必须用心策划。因为策划是商战求胜的法宝，你不懂策划，就会被别人策划。

商务策划不是虚无缥缈的东西，而是有一定的理论和方法体系的，是有规律可循的。教程中提出的商务策划的思维模型、创意方法、策划技巧，是作者长期从事策划研究和实践的总结，非常可贵。特别是作者借鉴中国古代谋略智慧和西方战略管理思想，为商务策划和企业经营创新提供了一个独特的“四维策划模型”，这是一个简单、明了、易懂，人人可学的思维框架。它从“知己、知彼、正合、奇胜”四个方面为一切创新工作的开展提供了最基本的分析和操作思路，并将搜集、整理、判断、创新的思维步骤整合为一体，不但方法可行，而且具有较高的理论价值。

据了解，这本教程是专门为当代大学生编写的，作者的用意非常明确，这就是在配合国家人才发展部门培养各类创新型人才、推动商务策划师职业资格认证的同时，帮助大学生们如何把书本知识转变成技能，如何提高个人的创新素养，如何发现和把握市场的机遇，最终提高他们的就业竞争力，并在今后的职业生涯中使创新思维成为一种习惯。所以，对年轻的在校大学生们来说，这是一本难得的教科书，其思维方法和“把虚构变成现实”的技能是我们在任何专业教科书中所学不到的，它不但会影响我们的就业，甚至会改变我们的人生。

2005 年 7 月 11 日

（汤茂义，研究员，20 世纪 60 年代中国人民大学研究生。曾任中国企业联合会研究部主任、副理事长，国务院企业管理指导委员会办公室副主任。现任中国企业联合会管理咨询委员会顾问、高级管理咨询顾问资格认定委员会委员。作为我国改革开放后涉入管理研究和管理咨询领域最早的知名专家和学者，汤茂义研究员在理论和实务方面成就斐然。）

目　录

第一章　策划导论

第二章　中国谋略智慧

第三章　策划的基本特征

第四章　策划的基本原理

第五章　策划思维与模型

第六章　创意与策划技巧

第七章　策划的运作程序

第八章　市场营销策划

第九章 就业与创业策划

第十章 创新人才的素养与技能

第十一章 市场调研报告

第十二章 策划书的写作

附 录

第一章

策划导论

本章重点介绍策划的概念、产生根源、商务策划的发展沿革、"第四项修炼"的重要意义。

人类从共同捕猎到社会分工，从简单的易货到复杂的商务活动，从硝烟弥漫的血战到看不见的商战，策划在其中扮演了十分重要的角色。

策划是一种智力活动，也是一门科学和艺术，更是实用性和针对性很强的社会实践。今天的市场，策划无处不在，可以说，没有策划就没有新产品、新市场，当然也就没有新作为。策划正在成为现代企业经营的引擎，奇瑞、蒙牛、阿里巴巴、分众传媒等企业的超成长，都是商务策划的杰出典范，尽管它们未必都能做成百年企业，但它们的成功已经震撼世人。策划从中国远古而来，与西方的战略管理、日本的企划应用和各种学科知识逐步融合，正在成为一门年轻而极富魅力的新兴学科。

第一节　策划的概念

一、策划的概念

在《汉语大字典》、《中华大字典》和《辞海》等中文字（辞）典中，都可以找到关于"策划"的解释。这些工具书中的解释汇总起来有几十个义项，但最根本、最通俗的解释可以用四个字来描述——“出谋划策”。可见，策划是人的一种脑力活动或智力活动，也就是一种思维活动。

英文中有一些单词，如 devise、plan、planning、strategy、scheme、plot 等，它们都具有战略、策略、计谋、计划等含义，但都不能完全等同于中文的“策划”一词。另外，英文单词 Consult 或 Consultation，更多含有磋商、评议的意思，是与中文的“咨询”对应的。因此，“策划”一词是具有中国特色的，英文中找不到与之完全对应的、能直译的单词。

事实上，策划源自中国，是中国特有的一门古老艺术和智慧学，古代称之为谋略。

中国现代的策划业是结合中国实际情况与外国咨询业的特点而发展起来的新兴行业。总的来说，中国的策划业与咨询业既相对独立，又相互交叉，中文的“策划”与“咨询”是不完全相同的，汉语中的咨询主要是询问、商量、切磋的意思。

20 多年来，国内外众多学者、策划专家借鉴各种理论和实践经验，为“策划”做出了十几种解释和定义，综合起来可以对策划进行概括性的描述——

策划是一种创造性的思维活动，它一方面是针对未来的构想、谋划，制定计划、决策和实施方案；另一方面是运用各种工具及手段改变现状、达到预期目标的实施过程。

二、策划的性质

由上述定义可知，策划是人类一种具有超前性的思维特质。它是针对未来和未来发展所做的当前决策，能有效地预测和指导未来工作的开展，并取得良好的成效。可见，策划是科学决策的前提，也是实现预期目标、提高工作效率的重要保证。美国哈佛企业管理丛书编纂委员会形象地描写道：“策划如同一座桥，它连接着我们目前之地与未来我们要经过之处”，而策划的步骤是“以假定目标为起点，然后订出策略、政策，以及详细内部作业计划，以求目标之达成”。

策划与计划的含义虽比较相近，但却是两个不同的范畴，不能混为一谈。策划近似英文的 Strategy 加 Plan，而计划则是英文的 Plan。策划更多地表现为创新，包括发现问题、分析环境、确定目标、设计和优化方案。而计划在很大程度上是对决策结果的反映，比较多地表现为在目标、条件、任务等都已明确的情况下，为即将进行的活动提供具体操作方案和工作程序。

举例来说，同样是企业的营销人员，如果做的是产品的市场定位、渠道建设、广告策略等工作，这是“营销策划”；如果做的是产品在商场如何上架、如何宣传、如何试用或品尝等工作，那就是“营销计划”。在产品营销策略确定之后，至于在什么地方销售、如何去销售，交给一般营销人员即可。

第二节 商务与策划的产生

一、交换产生“商务”

所谓商务，在这里泛指一切经营行为或经营活动。今天，商务活动越来越频繁，人们接触商务的机会也越来越多，甚至与商务无法分离。在市场经济社会中，商务与财富有着极大的关系，因为财富是通过商务活动而产生和逐步积累的。商务产生的原因可以用两个字来概括，这就是“交换”。

人类社会进入新石器时代以后，随着生产力水平的提高，种植农业得到了很大的发展，畜牧业也开始由游牧部落专门来从事，因而逐渐从农业中分离出来，形成了第一次社会大分工。农业和畜牧业的发展，进而促进了手工业的发展，产生了各种手工技艺，有的技艺还相当精湛，因而又促使手工业脱离了农业，这就是第二次社会大分工。

由于生产力的提高，剩余产品开始出现，于是便产生了市场经济的萌芽——交换。此后，原始货币的出现，更是大大地促进了产品的交换和交易，这时专门从事经营活动的商人阶层开始出现，恩格斯将商人的出现称为第三次社会大分工。

3300年前，在我国历史上的青铜器殷商时代，作为交换和交易保障的交通运输就已经比较发达，这与我们今天的“要想富先修路”的观念十分相像。

在汉字中，“商”字具有独特的表达意义。我们从殷墟甲骨文中知道，商人多称自己是“大义商”，或者称为“商议”，说明他们承认自己就是为商。实际上，商最早是作为一个专用的地名或者族名出现的，它跟商业没有必然的联系，后来因为商朝人善于做生意，逐渐就有了“商人”的称谓。

据著名史学家吴晗考证，“周民中有一部分会做买卖的商人即殷遗民”，他们被迫集中在洛阳，并被歧视为“顽民”，经常被召集起来训话，过着被监视的生活。他们被另眼相看，既无政治权利，又失去了土地，为了维持生计，只好东跑西颠做买卖。在这一时期，商人开始分化为行商和坐贾，行商是走村串寨沿途买卖的商人，坐贾是有一定场所的、招徕他人来买卖东西的商人。《庄子》中屡屡出现的“鳜鱼之肆”、“屠羊之肆”的提法就是明证，这里的肆就是今天的商铺。

有了“商”的行为和行为人，就会有对各类“商行为”总括的概念：

商务——一切以利益为目的、以交换为手段、以货币为表现的个人或组织活动。

人与人之间因需求、利益交换而产生的各种“商务行为”，不但影响和改变了人们的世界观，而且也影响和改变了整个人类社会。

在市场经济社会，人仅有感性、理性是不够的，还必须有“第三性”。我国营销策划专家万钧在他的《第三性角度》一书中，首次提出了“商性”的概念，指出“商性”是现代商品经济社会中，人类在感性和理性之上更加需要的“第三性”。所谓“商性”就是在过剩经济背景下，人应该具有的更加适应利益交换的生存和生活方式，更加适应现代竞争环境的世界观、价值观以及创新思维的模式与技巧。人的“第三性”是市场经济的产物，也是人对市场规律的把握和行为意识的提高。

二、竞争产生“策划”

策划究竟是如何产生的，要了解这个问题，就必须首先了解策划的本质。

毫无疑问，生存是人类的第一要义。要生存就必然会与自然界抗争、与社会抗争，这种抗争从原始社会至今从来就没有停止过。人是有智慧的动物，无论是与大自然还是与人类自身，无论是与社会还是与利益团体，种种抗争无不是思维活动的表现形式。可见，策划是人类或社会竞争的产物，正如达尔文《物种起源》所言，“物竞天择，适者生存”，在竞争中只有适者才能生存、发展，而不适者只能被淘汰、消亡。

可以说，竞争在任何一个社会时期都会发生，所以策划的思想和策划的行为在任何一个社会时期都会存在。一般来说，竞争越激烈，策划活动就越频繁，策划思想就越丰富和精彩；反之，策划活动就稀少，甚至受到排斥、压制，停滞不前。

例如，在原始社会，为了生存，人要猎取动物为食，所以总要考虑捕猎的方法，如在野兽经常出没的地方挖陷阱、设埋伏等。在居住方面，人们先居洞穴，后搭盖茅草棚等简易居所，再后来发展为永久性的住房。再如，我国古代诸侯之间矛盾不断，政治、军事斗争激烈，由于当时的社会生产力落后，想获胜的一方完全依靠自己的实力是十分困难的，因而不得不用谋略争取打败对手。所以，**人类因生存而竞争，因竞争而产生“策划”**。

今天，人类生产能力的飞速提高所必然导致的“过剩”，使人类的竞争更加激烈、更加残酷。竞争使得强者愈强，而弱者愈弱。发达国家变得发达的过程，往往正是贫穷国家相对变得贫穷的过程；而富人变得越富的过程，往往也正是穷人相对变得更穷的过程。原因何在？因为实力和谋略都倒向了强者一方。

竞争使商务的交易不再是简单的产品之间的交换，而是“劳心者治人，劳力者治于人”。

要实现“生存”目标，在完全竞争环境中的首要原则就是：赢或者共赢。

人类社会的竞争，在不同的时期表现为不同的方式：农业社会以“力”取胜，工业社会以“物”取胜，到了信息时代、知识经济时代则是以“智”取胜。就像当代人的口头禅那样，“脑袋决定口袋”，今天不学策划，明天被人策划。

人类为什么能不断发展，社会为什么会不断进步？因为竞争与生俱来，人类因此而不断前进；策划与时俱进，社会因此而不断超越。

第三节　策划的起源和发展

一、中国是策划的鼻祖

策划起源于中国，春秋战国时期已十分兴盛，迄今已有几千年的历史。

在中国古代，策划主要用于军事和政治。从本质上说，中国古代策划是一种谋略。策划一词最早出现在《后汉书·隗嚣传》中："是以功名终申，策画复得。"

"策"的古文字为竹字头下加一个"宋"字，在《辞源》中"策"字有好几个意思：一是当名词用，指古代的一种马鞭子，这种马鞭子头上有尖刺，"鞭策"一词由此而来；二是当动词用，如鞭打马匹使它向前跑，"策马"、"策动"就是用鞭子打马的意思；三是指古代编连好的竹简，如"简策"或"策书"；四是指古代考试的一种文体，多就政治和经济问题发问，应试者的对答叫"对策"。

"划"字在古代与"画"通用，主要读音有两种，一是 huá、一是 huà。

读作"huá"音有三种解释：①用尖锐的东西把别的东西分开或在表面上刻过去、擦过去，如划玻璃、划火柴；②用桨拨水、划船；③合算，按利益情况比较，如划不来或划得来。

读作"huà"音也有三种解释：①划分：划界、划定范围；②划拨：划付、划款、划账；③计划：筹划、策划。

"策划"组成一个词组，在古代有筹划、谋划、计划、计策、对策等意思。

在英语中，包含有策划意思的词语有 plan、plot、scheme、strategy、engineer，等等，其中最能完整体现策划内涵的词是 strategy，更多地带有战略的、前瞻的、整体的、全局的意义。该词的词源是古希腊的高级军事将官名 strategos，大约相当于现代的总参谋长。很多跨国公司的组织结构中，都设有 SPD（战略计划部，中文一般译为"企划部"）。

中国是策划的鼻祖，古代《周易》等典籍之中就有"经权之争"的论述，从思想观念上的百家争鸣，到政治利益上的诸侯争权夺利，加之生产力落后，资源缺乏，所以产生了层出不穷的斗智斗勇的谋略故事，"策划"的概念由此而来。中国古代策划虽然集中在政治、军事和外交领域，但它对整个人类社会的影响是广泛而深刻的。

原始社会，夏启建立第一个奴隶制王朝，作出了第一个具有国家性质和政治体制改革的重大策划。春秋战国上至君王贵族下至谋士百姓，都非常重视策略的运用，齐桓公以"尊王攘夷"为宣传口号称霸中原，其军事政治策划的诉求点把握绝妙，孙武攻楚并著《孙子兵法》，勾践灭吴，张仪、范雎远交近攻，苏秦使五国联合，孙膑、庞涓斗智斗勇等，或征战或不战而屈人，春秋战国是中国从经权之争演化到谋略发展的重要时期。

因“策划而生”的嬴政，创建大秦王朝，统一了文字、货币、度量衡等，文化与经济的策划奠定了中国未来的发展方向；刘邦以“约法三章”为军事政治策略，刘彻以“罢黜百家，独尊儒术”确立封建统治思想；曹操以军事思想、文化策略营造统一，诸葛亮利用矛盾三分天下，权与术的结合使众多策略运用得游刃有余；北魏孝文帝以文化、风俗、农业的封建化大策划，促进了民族统一。

李世民策划“玄武门事变”登上龙椅宝座，武则天以女性的独特策略，创新改革，为李唐营造“开元盛世”；文成公主远嫁松赞干布，金城公主与赞普尺带珠丹结合，是婚姻与政治的巧妙整合策划；赵匡胤的黄袍加身和杯酒释兵权，军事与政治两手策略火候老到；王安石、范仲淹的变法是勇敢的政治改革策略；成吉思汗采取的逐步推进、迂回包抄军事策略，使子孙组建了一个人类历史上领土空前绝后的庞大帝国，等等，举不胜举。

可见，中国古代策划，在政治、军事领域的应用盛况空前，没有任何一个国家和民族可以与之相提并论。

二、中国策划的历史进程

策划在中国经历了漫长的发展历程。在中国文化古籍中，各种散见的中国古代策划思想和策划经验比比皆是，丰富多彩，其深邃的思想和精湛的艺术为后人所景仰，有的成为人们传颂的佳话，流芳百世。

粗略进行划分，中国策划大致经历了如下几个历史时期。

1. 原始社会时期的策划

据《周易》记载，在原始社会的后期我们的祖先就有“以谋捕兽”的策划行为和策划思想，即群体分工捕猎。此外，群居村落、火的利用以及谷黍等粮食作物的培育等，都是原始人对生活策划的结果。特别是原始人类从乱婚到群婚，继而又进化到族外婚，这种婚姻制度的改变，可能是原始人类在总结近亲繁殖的危害基础上，有意识地策划出来的。原始人早期的策划是最基本、最简单的生存策划，但后来逐步发展运用在部落冲突的争夺战中。在古文献的记载和传说中，最能体现当时策划思想的是黄帝与蚩尤两个部落的争战，由于黄帝实行“修武备，整内政，发展农业，积聚力量”的克敌制胜的方略，从而打败蚩尤而成为部落联盟的首领，成为中华民族的“人文始祖”。

总的来说，由于受到技术和认知能力的限制，原始社会人类的生存资源奇缺，部落的矛盾和冲突接连不断。在恶劣的自然条件下，人类为了自身的生存，为了取得族群的生存空间和改善生存环境，不得不做出各种各样的努力，策划由此应运而生。中国古代神话传说中的女娲补天、原始社会后期出现的大禹治水等事例，都充满了原始人类策划的色彩。

2. 奴隶社会时期的策划

人类进入奴隶制社会以后，策划的应用更为广泛。从土地制度上分析，早期夏商时期的井田制发展到商周时期的分封制度。这种土地分配制度上的变化，实际上是古人运用才智策划的结果。另一方面，随着青铜冶炼业的兴起，车辆和弓箭等武器制造技术获得了空前发展，促使战争的规模和作战方式发生变化，主要是战争的规模越来越大，作战的次数逐渐增多。这一时期，随着战事的艰巨和复杂化，智谋的作用开始受到重视，如商朝的姜尚（人称姜太公）以他高超的策划、有力的指挥辅助周武王消灭商纣王而建立了周朝。从忧国忧民、怀才不遇，到声名显赫的军事家、政治家，姜子牙通过绝妙的策划——“愿者上钩”而实现了人生的抱负。

3. 春秋战国时期的策划

春秋战国时期是我国由奴隶社会向封建社会过渡的时期，也是中国古代策划的鼎盛时期。这一时期，上至君侯贵族，下至平民百姓，无不十分重视策划。那时，诸侯之间相互争霸，各自聚集了一批谋士、策士，为其实现霸权出谋划策，如著名的“四君子”各有3000食客，他们都是为献计献策而来。在大批谋士、策士中，纵横家们更是大显身手，各领风骚。他们的智谋原则是见机行事，因势而谋，是中国最早的职业策划人，其突出的本领是“游说”。纵横家纯粹以利害得失为取舍，在他们心目中，王道仁术和狡诈欺骗只有利害之别，而无高下之分。在战乱不断、竞争激烈的年代，稍有学问和抱负的人都会千方百计提出一套自己的治国方案，因而形成了百家争鸣、百花齐放的局面。和纵横家一样，当时的儒家、道家、法家等，实际上也都是策划家。除了儒、道、法和纵横家之外，以孙子为首的兵家在当时也占有一席之地，兵家中许多策略至今仍然是策划人常用的招数。由于策划思想空前活跃，奇谋妙计层出不穷，春秋战国时期，以智谋为内核的策划水平已提高到相当的程度。因此，这一时期兵书巨著有如雨后春笋般问世。其中，具有代表性的有《孙子兵法》、《吴子兵法》、《尉缭子》、《孙膑兵法》、《战国策》等。

4. 封建社会时期的策划

封建社会从秦开始到清末期，前后2000多年。为了竭力维护自己的集权统治，几千年来，封建统治者实行的是愚民政策和文化禁锢。所以，总的来说，在整个封建社会时期，竞争弱化，各种学术思想受到压抑，策划并不活跃，甚至落后于当时的社会生产力的发展。这一时期，策划在汉朝一度活跃，特别是在东汉末年的三国鼎立阶段，由于魏、蜀、吴三国争夺天下，策划人才得到了重视和重用，一介书生诸葛亮，躬耕南阳，高卧山冈，心忧天下，放眼天下，帮助无权无钱的西蜀硬是和强大的魏、吴分庭抗礼，带动了以出谋献策为业的文人奇士一时间身价倍增，诸葛亮正是这一时期最具代表性的策划大师。此外，明清两朝，师爷辈出（如著名的绍兴师爷），他们入幕他乡，出谋划策，有的协助封疆大吏开拓疆土立下大功，有的以“文侠”之名流芳千古，有的甚至成为将相之才。

5. 新民主主义革命时期的策划

新民主主义革命时期特别是在中国革命战争中，毛泽东和中国共产党的先驱们，发挥集体智慧，把中国谋略和策划智慧发挥到了极致。特别是毛泽东的策划，不但挽救了党，挽救了革命，而且极大地丰富了现代军事思想，他所策划并领导的“四次反围剿”、“四渡赤水”、“二万五千里长征”以及“三大战役”等，在世界军事史上创造了奇迹。毛泽东的策划思想是毛泽东思想的重要组成部分，可以说，如果没有毛泽东的策划，就不会有中国革命的成功，新中国的诞生至少会推迟几代人。

6. 改革开放时期的策划

改革开放时期的策划分两条线：一条是国家和民族的振兴，一条是市场和企业的繁荣。1978年，中国实行对内改革、对外开放的政策，极大地解放了人们的思想，使国家和民族开始走上了振兴的道路。这个时期，邓小平高超的策划思想和策划才能得到了充分发挥，他充当了中国改革开放的总策划师。党中央依据邓小平的策划思想，制定并实施了党在新时期的路线、方针和政策。其代表性的策划思想有："实践是检验真理的唯一标准"、"经济特区"、"一国两制"、"三个有利于"等。与此同时，中国策划开始第一次大规模进入商务领域，极大地活跃了市场，推动了中国市场经济的发展进程。关于这一时期策划在商务领域的应用和发展，后面将有进一步的阐述和研究。

总的来说，历史上中国策划共出现三次大的辉煌，其中两次是在政治、军事领域（即春秋战国时期、新民主主义革命时期），一次是在经济建设领域（即改革开放至今）。

第四节　商务策划的发展沿革

由于策划在古代本质上是一种谋略，更多地运用在政治和军事上，这在很大程度上也制约了它的应用和发展。总的来说，中国策划在20世纪80年代以前，对经济发展的贡献率很小，反而落后于美国的战略计划和管理咨询。直到20世纪80年代中期，才开始兴起了中国策划史上的第三次热潮——以市场为中心，以商务活动为对象的商务策划。

为什么沉寂了上千年的中国策划，直到20世纪80年代中期才又重新活跃？一个重要的原因是，中国出现了史无前例的改革开放，市场的开放和活跃为策划奠定了经济基础。新时期中国策划业的诞生，不但是对中国古代谋略的继承，对传统咨询业的丰富和补充，而且催生了知识经济在中国的蔓延和发展。

一、策划行业概况

策划业在国外是社会公认的咨询服务行业，它源于咨询业。国外的咨询业经历了个体咨询、集体咨询、综合咨询等几个阶段，与此相对应的策划业也经历了个体智囊、智囊团以及思想库三种主要组织形态。所谓思想库，是一种规范化的独立的策划机构，如美国的兰德公司、斯坦福国际咨询研究所、日本的野村综合研究所等。它既有别于一般的学术机构，又不同于从事管理咨询、工程咨询、技术咨询、商业咨询的专业咨询机构，它的最大特点是强调“设计未来”。由于在高度发达的现代社会中，成功的机遇随处可见，而失败的陷阱也无处不在，因此，这样的策划机构，在发达国家备受人们的青睐。

策划在我国更是早已有之，以策划为职业的策划师其实也早已有之。在我国以个人咨询为特征的策划早在几千年前就已出现。古代军队里的军事、官府里的师爷，还有藏身于豪门富户中的谋士等，都是非常典型的个人咨询，他们的主要职责就是接受咨询、提供处理方法、安排具体行动、出谋划策等。而策划作为一种行业是从20世纪80年代中期兴起的。改革开放以后，我国的策划业得到了迅速发展，各种咨询服务遍地开花，小到婚庆典礼、求学求职、人生规划，大到公司创业、企业兼并、制度设计等，都能找到相应的策划咨询服务。特别是在广告、营销、演艺、影视、出版等领域，策划更是大显身手。

近年来，随着国外咨询服务机构纷纷进驻我国，它们或合资或合作或独资，或实际操作策划，或培训策划人才，使中国的策划业得到了进一步的发展。今天，策划已成为大众的工具，策划随处可见，可谓行行有策划，事事要策划。策划机构和组织正在不断壮大，并已成为一个独立的行业，其特殊的地位和作用也越来越受到人们的重视。

二、中国商务策划的发展沿革

概括从20世纪80年代改革开放之初开始至今的中国商务策划业，其发展历程大致可分为以下三个阶段。

1. 自发阶段：20世纪80年代中期~90年代初期

这个时期也可称“点子时代”。由于中国市场经济处于初级阶段，全社会对市场和经营知识的普遍缺乏，所以出一个与众不同的点子，对于企业来说如获至宝。在当时，一个点子就能救活一个企业或使一个产品红遍天下，有时甚至可以创造惊人的奇迹。

在这个以“点子”为特色的商务策划萌芽阶段，最著名的人物要数何阳，1988年他创立了民办的何阳新技术研究所，先后发明了近20项民用新产品，获得十几项国家专利，并获得各级政府的奖励。20世纪90年代他创立了以出点子为赢利的新生事物——点子公司。1992年，《人民日报》第一版刊登《何阳卖点子赚钱四十万——好点子也是紧俏商品》，此后，何阳被国内传媒称为“点子大王”。靠“个人智慧”，为企业提供“点子”激活市场，红遍了祖国大江南北。何阳时代的中国策划业就像一张白纸，只要在上面点上一个“点”，就会创造一个又一个市场“奇迹”。

这个时期，传媒对于“点子”在市场营销中作用的热捧与夸张，也培养、误导了公众观念的形成：“点子”就是“策划”。由于点子策划严重缺乏系统性，加上执行环节的某些失误，致使失败的策划案层出不穷：如被称为“野太阳策划”的郑州亚细亚商场；创造空前 CIS 神话的广东太阳神；勇夺央视“标王”的秦池酒、爱多 VCD 等，它们使红极一时的“点子”策划迅速跌入了低谷。

2. 自觉阶段：20 世纪 90 年代中后期

这个时期也可称“战术策划时代”。在策划的“点子时代”，策划业更多地呈现出一种个性化、无组织化，策划人习惯并热衷于新闻炒作和追求明星效应，一时间，明星、大师满天飞，仿佛策划无所不能。加上一些策划人在与企业合作中，漫天要价，不讲信用，使策划行业的社会形象受到了严重破坏。20 世纪 90 年代中后期，由于策划业的迅速衰落，迫使策划界的一些仁人志士开始反思，这就是策划必须随着时代的发展而发展，中国策划必须与专业和学科结合，必须注重战术的组合运用。

此后，一大批实战性策划专家，开始向策划的广度和深度进军，他们将策划与热门专业或新兴行业结合起来，通过整合资源，发挥个人的专业特长和策划智慧，创造了一大批策划成果，其代表人物有：CIS 策划余明阳、活动策划崔秀芝、广告策划叶茂中、营销策划赵强、房地产策划王志纲，等等。这一时期，著书立说也推动了“策划”的概念、价值和意识的传播与普及，特别是《策划学》(陈放著)、《转身看策划——一个广告人手迹》（叶茂中著)、《谋事在人——王志纲策划实录》（王志纲著)、《想对商人说我——恩波商战》（王力著)、《谁比谁傻》（赵强著)、《一个企划人的独白》（孔繁任著）等著作的出版发行，产生了广泛的社会影响，使全社会特别是企业界对策划重要性的认识逐步加深。

3. 学科建设和职业化阶段：21 世纪以来

这个时期也可称“战略策划或全程策划时代”。客观地说，20 世纪 80 ~ 90

年代兴起的策划热，为中国市场经济的发展作出了积极的贡献，具体表现在：第一，中国策划从幕后开始走向前台，第一次大规模地服务于经济；第二，中国策划艺术得到了发扬光大，许多企业和个人因策划的成功而改变了命运；第三，推动了广告和咨询业的发展，特别是广告业因策划手段和各种创意的大量使用而获得了长足进步。

但是，存在的问题也非常突出，最严重的问题是行业规范和学科建设的问题。

随着知识经济的到来和中国加入 WTO，企业之间的竞争越来越激烈，战术策划治标难治本的问题越来越突出，企业对策划的要求越来越高，进而引发了"企业全程策划"和"战略策划"的新概念。与此同时，创新人才的严重短缺和自身发展的局限性，也正在成为企业发展的瓶颈之一。为解决这些问题，一批现代商务策划理论专家，致力于将中国谋略智慧与西方管理科学进行整合，从人才规范和学科建设两个方面深入进行了积极的探索，取得了一些突破性的进展。

进入 21 世纪，市场发展的需要和政府有关部门的重视，推动了具有中国特色的商务策划知识体系的建立，为大规模培养和复制创新人才创造了条件。2002 年 6 月，国家人事部全国人才流动中心决定与 CBSA 全国商务策划师培训总部共同在全国范围内开展商务策划师认证培训工作，从此拉开了中国策划行业人才建设的序幕。2004 年 12 月，劳动和社会保障部颁布第二批 10 种新职业，商务策划师位列第一。经过一大批学者专家 5 年多时间的宣传和推广，商务策划师最终成为国家新职业，原国家人事部、劳动和社会保障部还相继推出了商务策划师资质和资格认证，这意味着中国策划的职业化建设已经步入正规化。2006 年 3 月，国家教育部公布商务策划进入高考新增专业，这意味着商务策划的学科建设正式拉开了帷幕。今天，中国策划正在发扬光大，"新职业、新学科、新产业"为商务策划提供了巨大的发展空间。

三、中国策划行业现状分析

改革开放 30 年来，中国策划得到了前所未有的大发展，策划不但是专业、事业、行业，而且是一门极富魅力的新兴学科。今天，各行各业都需要策划，都离不开策划。其中一个重要的原因是：中国的市场经济从一定意义上来说是策划的经济，没有策划就没有新产品、新市场，当然也就没有新的作为。在这方面，企业领导人的认识尤为深刻。市场经济的发展成就了中国策划行业，策划与经济的结合度越来越高，使其社会地位得到了前所未有的提升，其突出表现在以下几个方面：

（1）策划应用广泛化。过去策划的神秘色彩浓重，大部分不为人所知。市场经济的发展推动了策划在各个领域的应用，今天的策划早已打破了传统领域的界限，逐渐融入到社会生活的各个方面，可以说，各行各业都与策划密不可分，如房地产策划、金融策划、旅游策划、IT 策划、会展策划、婚庆策划，等等。

（2）策划活动产业化。各类咨询公司、策划公司、个人工作室等专业公司或机构如雨后春笋般出现，世界著名管理咨询公司纷纷登陆中国，如兰德公司、麦肯锡、罗兰贝格、安达信、波司登等。据不完全统计，2007 年，中国有各类策划咨询公司十几万家，从业人员上百万人，年营业收入超过 1000 亿元人民币。

（3）策划方法多样化。随着社会和各行各业对策划的需求日益增加，策划方法和技术手段层出不穷，如系统策划、整合策划、四维策划、全息策划等。这些策划方法和技术手段的出现，使策划人的视野大大开阔，手段更加灵活，策划效率和成功率也大大提高。

（4）策划工作职业化。自 20 世纪 90 年代以来，许多策划人选择策划作为自己的职业，有的成立专业公司，有的成为职业自由人。许多具有一定规模的企业纷纷设立企划部门，专门研究和解决本企业经营策略问题。据不完全统计，全国有近 300 万家企业设立了企划类部门，以策划为职业的工作人员超过 500 万人。2004 年 12 月劳动部颁布第二批新职业，商务策划师列第一位，国家职业政策的出台，进一步推动了策划职业化的发展。

（5）策划理论学科化。近 10 年来，许多策划人或根据实践经验，或研究典籍，或分析案例，或结合行业领域，从不同角度研究、分析策划方法理论，出版发行了大量策划类书籍，这些书籍有的重知识，有的重实战，有的重方法，为后来者学习策划提供了借鉴和许多有益的模本。2006 年 3 月，教育部公布新增 25 个专业，其中商务策划管理最为耀眼，成为一门全新的本科专业。从此，策划理论研究的学科化步伐大大加快，来自社会和高校的一些专家开始投身其中，《商务策划管理教程》（中国经济出版社 2006 年 7 月出版）的出版成为一个标志。

在中国市场经济中大显身手的策划业，近 10 几年来取得了长足的进展，但自身也存在一些问题，集中表现在以下三个方面：

（1）策划行业缺少规范。策划作为一个行业，长期没有行业管理组织，也没有相应的政策法规，行业规范的缺失，导致市场秩序混乱，如漫天要价、不讲信誉、服务内容单一和雷同、从业人员良莠不齐、服务质量差等问题比较突出，损害了策划人的形象，也影响了整个行业的健康、有序发展。

（2）策划科学含量不高。一直以来，中国策划强调艺术性，相对而言缺少科学性，思想多而方法少，定性多而定量少。策划当然不能没有艺术性，但必须建立在科学的基础上，否则策划方案空洞而抽象，执行起来就有很大的随意性。这方面，中国的策划公司与国外知名咨询公司差距较大，由于策划常常凭感觉和天赋，策划的成功带有很大的偶然性。

（3）策划过分推崇明星。整个策划行业缺乏组织和队伍建设风气，缺乏实事求是的精神，而习惯于包装个人，推崇明星，一些策划公司的老板把自己标榜成无所不能的点金大师，使一些了解真相的企业敬而远之，招致很多非议。明星固然重要，但随着市场竞争的加剧，企业经营形势越来越复杂，依靠明星的单打独斗很难解决企业的实际需要。

以上问题的存在和暴露，说明中国策划行业还处在发展的初级阶段，还很不成熟，与国外咨询行业相比还有很大的差距，需要从行业规范、学科建设、职业培训等多方面加强管理和引导。但总的来说，近年来中国策划业的发展是健康的、积极的，并且正迎来千载难逢的历史发展机遇。

专家们预言：商务策划正在成为未来收入最高、就业最稳定的热门职业之一，商务策划类创新人才最容易向经营高层跃升，最容易转化为新的资本所有者。

未来学家托夫勒先生更是大胆放言：主宰 21 世纪商业命脉的将是策划，因为资本时代已经过去，策划时代已经来临！

第五节　商务策划的主要领域

策划作为一门学科，应用领域非常广泛，大体可以分为：政治策划、军事策划、科技策划、商务策划以及生涯策划。

而其中的商务策划又可以分为企业策划和项目策划。由于企业是市场经济的主体，所以我们更多地关注企业策划，按照企业管理范畴，我们把现代商务策划划分为五大领域和十项专题策划。

一、五大策划领域

1. 战略策划：战略原是军事上的一个术语，原意是指导战争全局的计划和策略。用在企业上，战略策划就是制定企业长期发展的新方案。（长远、方向）

2. 生态策划：生态原是生物学上的一个名词，原意是指生物的生理习性，后用来描述各种生命体之间相互促进、相互制约的有机联系的形态。企业的生态策划就是制定企业在特定时间、特定环境下的生存状态新方案。（状态、平衡）

3. 融资策划：顾名思义，融资就是融入资源，融资策划就是制定企业获取或借助资源的新方案。这里需要注意的是，融资不仅仅是融入资金，应包括有形资产和无形资产两个方面。（资源、营养）

4. 管理策划：管理是企业决策的执行和操作系统，但管理也需要不断创新，管理策划就是为了实现管理创新而制定的人力资源与非人力资源相配合的新方案。（消化、协调）

5. 营销策划：营销的范围非常广，所以营销策划的门类也非常多，我们经常接触到的有广告策划、公共关系策划、CIS 策划、促销活动策划，等等。营销是什么？就是实现企业的社会价值和其产品（服务）的市场价值，而营销策划就是帮助企业制定最大限度地实现这两个价值的新方案。（价值、目的）

但是，需要注意的是：在具体的策划中，一般没有绝对的策划领域界限，一个系统性很强的策划方案很可能包含了多个甚至所有策划领域。

二、十项企业专题策划

因经营的复杂性，企业需要进行各种各样的专题性策划，最为常见的有以下10种：

1. 广告策划。即确定企业产品或服务宣传与传播的最佳方案。

2. 品牌策划。即确定企业产品或服务的市场识别与影响力的最佳方案。

3. 市场定位策划。即确定企业产品或服务指向的最佳方案。

4. 销售渠道策划。即确定企业产品或服务向消费者转移途径的最佳方案。

5. 市场推广策划。即确定企业产品或服务进入市场、获得预期占有率的最佳方案。

6. 促销策划。即确定促成客户购买行为和效果的最佳方案。

7. 公关策划。即确定企业与社会组织、社会公众相互关系及处理方式的最佳方案。

8. 企业形象策划。即确定企业形象识别与传播的最佳方案。

9. 企业文化策划。即确定企业共同理念、价值观和行为准则的最佳方案。

10. 企业重组策划。即确定企业之间通过产权流动、整合带来的企业组织形式调整的最佳方案。

第六节　商务策划与“第四项修炼”

策划从军事和政治的竞争领域进入商务领域，前后不过80多年的历史，其全球范围的标志性事件是1923年美国麦肯锡公司的成立。就领域而言，商务策划虽然仅仅是策划科学的一个组成部分，但它的应用范围之广、作用之大，与人类生活的高度贴近性，是策划在其他领域所不能比拟的。策划进入商务时代，标志着策划不再是神秘莫测，也不再是个别天才所为，而应是全民所拥有的一项创新技能。

2004年初，在北大讲坛《策划改变命运》系列讲座上，作者首次提出——“商务策划是人生的‘第四项修炼’”这一世纪命题，指出商务策划是现代人继外语、计算机、驾驶之后的第四项基本生存技能。也就是说，现代人除了掌握一门专业之外，还必须同时具备参与市场竞争的四项基本技能，其中商务策划是最重要的“第四项修炼”。

“第四项修炼”命题的重要意义在于：

第一，普及商务策划将推动创新人才的成长。说到底，企业、组织乃至国家之间的竞争最终都是人才的竞争，如果能使商务策划迅速普及开来，必能缓解社会对于复合创新型人才的需求。

第二，商务策划能够快速变知识为能力。大学生就业难，一个根本的原因是知识的转换工作没有做好，以目前的教育模式和教师队伍结构也不可能做得更好。学习并运用商务策划，无疑可为大学生们增长智慧、提高就业竞争力找到一条有效的途径。

第三，商务策划可以有效提高全民创新素养。中华民族的强盛并不取决于能为世界加工或生产多少产品，创造多少进出口贸易，而是全民的素养特别是创新能力能否真正提高。换言之，中国只有从制造大国变成创造大国、创新大国，中华民族才能真正强盛。历史的发展进程，需要全民拥有和掌握创新的科学和艺术，而商务策划一旦为全民所真正拥有，中国智慧必将成为新经济的引擎，必将带来巨大的社会财富。

“第四项修炼”着重解决个人创新素养和创新能力问题，也为今后企业和组织打造学习型组织和创新型组织（即进行“第五项修炼”和“第六项修炼”）提供了一种应用型工具。

“第四项修炼”的意义还在于：人生即经营，人的一生是经营的一生，总统的主要任务是经营国家，市长的主要任务是经营城市，老板的主要任务是经营企业，而个人主要是经营自己，其实都是一回事，无非是经营的规模、经营的对象不同罢了。

今天，人的一生都在经营，中国人所推崇的儒家“修齐治平”文化，实际上是人生三个不同阶段的经营：

修身——经营自我；

齐家——经营家庭；

治国、平天下——经营事业。

要经营就必须策划，必须掌握创新技能。人生短短几十年，为什么人与人之间会有如此大的差距呢？其中一个重要的因素是人的创新素质和能力的问题。策划可以改变命运，其中的道理是极其深刻的。

今天，自主创新已成为我国的一项基本国策，2020 年要把我国建设成为创新型国家，这是一项十分艰巨的任务。由于商务策划从本质上来说是一种创新型的思维活动，并且已通过大量的成功实践总结出相应的理论体系，所以，商务策划不但可以促进自主创新，而且可以为自主创新提供源源不断的方法和工具。

知识要点

策划的定义；人类社会的三次分工；商与商人的由来；策划的本质；中国策划的发展历程；商务策划在我国的三个发展阶段；商务策划的五大领域；商务策划的十个专题；“第四项修炼”的内涵及意义。

思考与训练

1. 为什么说策划是竞争的产物？为什么竞争越激烈策划的思想反而越丰富？

2. 为什么凡事都要策划？结合你曾做过的一件事情谈谈策划有什么实际作用。

3. 试分析商务策划在我国的三个发展阶段不同的特点。

4. 商务策划与自主创新有何联系和区别？

5. 危机是危险、威胁，也是机遇、商机，试用策划的观念分析其内涵。

6. 结合企业实际，深入剖析“第四项修炼”与“第五项修炼”的内在联系。

第二章

中国谋略智慧

本章重点介绍中国谋略产生的渊源、重要策划思想、经典著作及其应用。

策划是人的思维活动，更是一种智慧表现。无论是在东西方，策划无不表现出强烈的艺术性，其中尤以中国古代最为绚丽多彩。策划需要智慧，人类的智慧与生俱来，但策划的智慧是一种大智慧。

今天的人类社会知识和信息爆炸，科学技术突飞猛进，人们学习和了解知识的机会越来越多，掌握信息和运用信息的手段也越来越灵活，但人类的智慧并没有因此而成倍增长。相反，在新知识层出不穷的21世纪，人们越来越感到学到有用的知识非常困难，甚至出现了为学知识而学知识的茫然现象。中国作为东方文明古国，历史上出现过许许多多的大思想家、大政治家、大军事家，他们为后人留下了极其丰富的谋略智慧，今天仍能有效指导我们参与市场并赢得竞争。

第一节　谋略的形成

中国历史源远流长，一部中国社会的发展史，也是一部智慧发展史。中国智慧的表现形式十分独特，这就是难以清楚表达的“谋略”。

一、谋略的来源

在人类社会的漫长发展史中，中国谋略无处不在，从战天斗地、赢得生存，到国家的治理、民族的振兴；从统军作战、克敌制胜，到发展经济、市场营销；从人际交往、外交活动，到统御之术、体育竞技等，一个高明的计谋所起的作用和带来的影响，常常无法以物质和金钱的价值加以衡量。像老子的“无为而治”、“以柔克刚”统御之术的倡导，孔子的“文治武功”“刚柔并济”的推行、“小不忍，则乱大谋”的主张、“三纲五常”的运用，曾给社会以巨大而深远的影响，使数千年的奴隶主阶级和封建统治阶级，如同得到了一张无形的网，对维护统治阶级的地位，加强社会的控制，保证社会的安定，起到了极为重要的作用。孙子的“兵者，国之大事”，“兵者，诡道也”，“凡战者，以正合，以奇胜”，“不战而屈人之兵”等韬略，曾在统军和作战上发挥过无穷的力量。而苏秦、张仪的“合纵连横”、范雎的“远交近攻”、毛泽东的“三个世界”的理论，都极大地影响着当代乃至相当一个历史阶段的国家的外交格局，直接关系到国家和民族的安危。

从历史上来看，策划同于谋略，谋略藏于兵法，兵法用于战争。兵法是战争的产物，而战争是人类竞争的一种特殊方式，东西方概莫能外。

谋略，起初在战争中广泛运用，成为中国古代兵法中的重要内容。可见，谋略来源于战争而用于战争。公元前353年，周显王十六年，魏国围攻赵国国都邯郸，赵国向齐国求救。齐王命田忌、孙膑率军救赵。而军事家孙膑认为，魏国以精锐部队攻赵，国内必然空虚，不如带兵反攻魏国国都大梁。这样，迫使魏军返回应战，结果不费一兵一卒解了赵国之危。这就是历史上著名的围魏救赵。

中国历史悠久，战争连年不断，产生了许多兵法大家，推动了谋略的发展和应用，其中尤以孙子的著作和影响为最。

从本质上来说，中国谋略就是中国智慧。中国5000年的文明史，无不贯穿着谋略活动，因而策划无处不在，智慧俯拾即是。可以说，中国5000年的文明史也是一部谋略史、策划史。

在我国长达5000年的文明史中，涌现出无数高瞻远瞩、博学多才、足智多谋的思想家、政治家、军事家，他们在各自领域为后人留下了不胜枚举的策划活动范例，对此，历代典籍都有记述和总结。举一个非常典型的例子，你能想象用两只桃子杀死三位力大无比的勇士吗？但古代的晏婴就能做到。

春秋时期，齐国有三位力大无比的勇士，他们是公孙无忌、田开疆和古冶子。这三位勇士无人能敌，都立下了许多功劳。但他们个个自恃功劳过人，非常傲慢狂妄，别说一般大臣，就是国君也敢顶撞。

当时晏婴在齐国担任宰相，对这三位很是担心，因为他们勇武过人，但又没有什么头脑，就是对国君齐景公也不够忠诚，万一受人利用教唆，则必成大祸。所以，晏婴便与齐景公商议，要设计除掉这三人。

一日，鲁昭公来访，齐景公设宴招待，晏婴献上一盘新摘的鲜美的大桃子。宴毕，还剩下两只桃子，齐景公决定将这两只桃子赏给臣子，谁功劳大就赏给谁。当然，这是晏婴的计谋。

若论功劳，当然是三勇士最大，但桃子只有两只，怎么办？三人各摆功劳，互不相让，都要争这份荣誉，其中两人先动起手来，一人失手杀死另一人，自觉对不住朋友，自杀而亡。剩下的一位见闹成这个样子，三人为了两只桃子而死去两个，实在丢人，所以也当场自杀。

这样，没费吹灰之力，齐景公就去掉了心头大患。这就是历史上有名的“二桃杀三士”的故事。

晏婴的智慧不仅表现在善于“借刀杀人”，而且敢于巧妙批评君主，使他改邪归正。

齐景公是个残暴的君主，他滥施酷刑，砍了许多人的脚。晏婴看不下去，总想找机会提醒他。

晏婴家住在闹市附近，人声嘈杂，生活条件很不好。齐景公想另外给他盖个住宅，晏婴没有同意，他说：“我先人久居此地，如果我因为不满意而更换新宅，不是太奢侈了吗？再说离市场近，买东西方便，还能直接了解到许多情况，不是挺好吗？”

齐景公问：“那么，你可知道现在市场上什么东西最贵，什么东西最便宜？”

晏婴乘机说：“假脚最贵，鞋子最便宜。”

齐景公知道这是说他用酷刑之后，没脚的人要安假脚，鞋子便滞销而大幅跌价了。从此，齐景公便不再滥用这种酷刑了。

又有一次，一个人得罪了齐景公，齐景公非常生气，命左右的人把他绑在大殿下，准备处以分尸的极刑，并且说谁敢劝阻，一律格杀勿论。

这时晏婴走过来，左手抓住犯人的脑袋，右手拿着刀，抬头问齐景公："不知道古代贤明的君主肢解人时从哪个部位开始下刀？"

齐景公知道晏婴是用古代贤明的君主来劝说自己不要滥杀无辜，就离开座位说："放了他吧，这是寡人的错。"

另一则古代故事同样充满智慧，令人叫绝，它不但反映了古人的应变能力，而且还教育了后代要想成就一番伟业需要有广阔的胸怀，故事说的是：

春秋时期，楚庄王一次平定叛乱后大宴群臣，宠姬妃嫔也统统出席助兴。席间丝竹声响，轻歌曼舞，美酒佳肴，觥筹交错，直到黄昏仍未尽兴。楚王乃命点烛夜宴，还特别叫最宠爱的两位美人许姬和麦姬轮流向文臣武将敬酒。

忽然，一阵疾风吹过，宴席上的蜡烛都熄灭了。这时席上一位官员斗胆拉住了许姬的手。拉扯中，许姬撕断衣袖得以挣脱，并且扯下了那人帽子上的缨带。许姬回到楚庄王面前告状，让楚庄王点亮蜡烛后查看众人的帽缨，以便找出刚才无礼之人。

楚庄王听完许姬的话，却传命先不要点燃蜡烛，而是大声说："寡人今日设宴，与诸位务要尽欢而散。现请诸位都去掉帽缨，以便更加尽兴饮酒。"

听楚庄王这样说，大家都把帽缨取了下来，这才点上蜡烛，君臣尽兴而散。

席散回宫，许姬怪罪楚庄王不给她出气。楚庄王说："此次君臣宴饮，旨在狂欢尽兴，融洽君臣关系。酒后失态乃人之常情，若要究其责任，加以责罚，岂不大杀风景？"

许姬这才明白楚庄王的用意。

7年后，楚庄王伐郑。一名战将主动率部下先行开路。这员战将所到之处拼力死战，大败敌军，直杀到郑国国都附近。

战后楚庄王论功行赏，才知这员战将名叫唐狡。唐狡表示不要赏赐，坦承7年前宴会上那个无礼之人就是自己，今日此举全为7年前不究之恩。

故事的名字叫《绝缨宴》，它在我国流传十分广泛，至今仍令人津津乐道。

二、谋略的兴起和特征

中国历代开明的统治者，大都注意招贤纳士，礼贤下士。谋臣如云、善于纳谏，往往是君主英明和强大的象征。而精于谋划、料事如神的军师、谋士，则是聪明和智慧的象征。这是谋士和谋略能够存在和发展的社会基础。

以谋为生，以谋立足，以奇谋妙计名传后世的，最早的要数伊尹、姜尚。到春秋战国时期，由于诸侯割据，激烈的军事斗争，频繁的外交活动，促使大量的以谋划为职业的食客、谋臣和策士产生。齐国的孟尝君、魏国的信陵君、楚国的春申君和赵国的平原君，人称“四公子”，他们每人都养有3000名食客(也叫门客)。成语“毛遂自荐”就是其中的典型一例。战国时秦国之所以逐步强大，能够兼并六国，一个重要的原因是重用人才。除起用本国人才外，还高官厚禄聘请外国人来做官，委以重任，叫做“客卿”。李斯的名篇《谏逐客书》中就列举了一批客卿的姓名和功绩。人们熟知的商鞅、李斯等客卿，对秦国的强大都起了积极的作用。战国末期商贾出身的吕不韦也养门客3000，并命他们“人人著所闻”，汇编成《吕氏春秋》一书，通过整理和综合，“假人之长，以补其短”，为秦国治理国家、统一天下提供方略。

门客是非常富有智慧的，他们的作用十分独特，解决问题往往比武力和权力更加奏效，孟尝君的食客冯谖就是其中的一个典型。

冯谖是战国时代齐国人，原先穷得连饭都吃不饱，后来经人介绍，成为孟尝君的门客。冯谖性格古怪，吃饱没事经常唱着不如归去。然而，孟尝君对他却有求必应，因此，冯谖心甘情愿帮助孟尝君谋划，使他高枕无忧。

话说有一天，孟尝君问府里的门客：“有谁能算账理财，替我到薛地(今山东藤县）去收债？”

冯谖自告奋勇。临行前，冯谖问孟尝君：“债款全部收齐后，需要买些什么东西回来？”

孟尝君说："看我家里缺什么你就买什么吧。"

冯谖乘马车来到薛地，召集那些应当还债的百姓前来核对借据。借据都核对完了，冯谖假传孟尝君的命令，说把这些债款赐给百姓，于是烧掉他们的借据，百姓齐声欢呼孟尝君万岁。

冯谖马不停蹄地赶回齐国都城，大清早就请求见孟尝君，孟尝君见他这么快就回来，觉得很奇怪，问道："债全收齐了吗？你给我买什么了？"

冯谖回答说："都收齐了，我走的时候，您说看家里缺什么东西就买什么，因此我私下决定，您府里只缺一样东西，我替您买了义。"

孟尝君问："买义是怎么个买法？"

冯谖说："如今您只有一块小小的薛地，却不能抚育、爱护那里的百姓，反而用商贾的手段收取他们的利息。我因此私自假传您的命令，把借款赐给百姓了，并烧掉了他们的借据，百姓齐声欢呼万岁，这就是我为您买的义啊！"

孟尝君听了心里很不高兴，但脸上并未表现出来，只好说："好吧。"

过了一年，齐王疏远了孟尝君，他只好回到封地薛城去住。走到离薛城还有100里的地方，百姓扶老携幼迎接孟尝君。孟尝君感慨地对冯谖说："先生替我买的义今天我终于看到了。"

冯谖对孟尝君说："聪明的兔子要有三个洞穴才能避免夭亡。如今您只有一个洞穴，还不能舒舒服服睡大觉呀，请让我为您再凿两个洞穴吧。"

于是孟尝君给他50辆马车、500斤黄金，往西游说魏国。

冯谖对魏惠王说："齐王放逐他的大臣孟尝君到诸侯中，孟尝君才能过人，大德大贤，谁能得到他，谁的国家就能强大。"

于是魏惠王空出位置，派使者带着黄金千斤、赶着马车百辆去薛城聘请孟尝君。冯谖抢先回薛地嘱咐孟尝君不要急于去魏国。魏国的使者往返三趟，都被孟尝君推辞。

齐王听到这个消息，赶紧派人向孟尝君道歉，并亲自迎接他回到国都。

冯谖又嘱咐孟尝君，要他向齐王请求，由他出资在薛地建立宗庙。宗庙是帝王或诸侯祭祀祖宗的地方，宗庙建成了，孟尝君的功劳自然也就无人能比了。

至此，冯谖对孟尝君报告说："现在三个洞穴都凿好了，您就安心地去过快乐的日子吧！"

后来，孟尝君位居齐国宰相几十年，没有任何灾祸，除了孟尝君的为人处世之外，与冯谖的精心策划也有很大关系。

中国古代的谋略，主要有两种形式：君主的谋略与谋士的谋略。由于身份和地位的不同，两种谋略呈现出不同的特征：

第一，君主谋略的特征是：君主既利用谋士为自己谋略，同时在有关国家大政方面或处理一些重大问题时，自己也进行谋略。君主谋略的内容，有些是无先例可循的，虽然凭借逻辑推理做出，但未经或不可能经过严格充分的论证，因而有很强的个性化和不规范性。

在君主的谋略中，君主的个人价值观起决定性的作用，明显带有个性化的因素。因为君主贵为"天子"，拥有至高无上的权力，所以不管自己的谋略是否得当，是不是最优的或最高明的，只要他自己认为好，就必须付诸实施，别人是不能反对的。历史上有作为的帝王，他们的谋略有些是很高明的，实施的结果是有助于自己江山的建立或政权的稳定，如秦始皇的统一文字、货币、车轨、度量衡，赵匡胤的"杯酒释兵权"等。而一些昏庸的君主才浅识短、心无韬略，却硬要自以为是、刚愎自用，将自己的"歪主意"强行贯彻，结果轻则招致受损，重则导致灭亡。如春秋时期的宋襄公，固执己见地要等敌军过了河来，排好阵列以后，再擂鼓交战，结果兵败而自己受伤；三国时期的刘备，因执意为关羽报仇而违背"联吴抗曹"的基本国策，结果遭到"火烧连营"之败，自己死于白帝城。可见，君主往往宁可维护自己的权威而导致决策失误，也要体现个人的一言九鼎。

第二，谋士谋略的特征是：谋士是以自己的智力为主人出谋献策的，在谋略活动中依附于主人，其谋略具有非独立性。主要表现在：

首先，谋士要靠主人生存，当然要听主人的话，看主人的脸色行事，揣摩主人的意图，投其所好。如果在谋略中未能很好地贯彻主人的意志，或谋略不合主人的胃口，就会难以为谋，或被主人冷落，或招来杀身之祸。例如，三国时期，田丰在官渡之战前献谋于袁绍，力陈出兵之不可："今释庙胜之策，而决成败于一战，若不如志，悔无及矣！"这样的忠言惹得袁绍大怒，竟然杖击田丰。后来袁绍兵败，有人对田丰说，你的话灵验了，今后必然会得到君主的器重。田丰凄然笑道："若军有利，吾必全；今军败，吾死矣。"果如田丰所言，战败后的袁绍回来就把田丰杀了。

其次，谋略是否实施不取决于谋士而取决于主人。谋士可以对主人施加影响，但最终是否能被采纳还是由主人决定。例如，西汉时期的谋士贾谊，才华横溢、忠心耿耿，胸藏治国安邦的奇谋大略，但汉文帝却不愿听取他的谋略，视贾谊为麻烦，言语多余，后人对贾谊才华的埋没十分惋惜。

另外，历史上还有第三种类型的谋略，即既不是君主谋略，也不是谋士谋略，它们更像今天的自我策划，是为自己谋划，其中最典型、最成功的当数战国时期吕不韦的谋略。

战国中后期，秦昭襄王在位期间，因长子病故，立次子安国君为太子。这个期间，由于秦王采纳了丞相范雎"远交近攻"的战略思想，秦国已经成为战国七雄中实力最强大的国家，其次是赵国。为了完成统一六国的宏伟大业，秦国必须除掉赵国，但眼下赵国非常强大，必须等待时机。为了与赵国修好，秦国主动把秦王的孙子、安国君的儿子子楚送到赵国去当人质。

公元前261年，秦国攻打一个名叫韩国的小国，地处今天的河南济源—山西长治一带，这个小国眼看就要灭亡了，但镇守在山西上党地区的太守冯亭使出嫁祸于人的计策，将上党郡主动献给赵国，赵王接纳冯亭的献地激化了与秦国的矛盾，结果引发了战争。

两国开战后，赵军根本抵挡不住秦军，很快就败下阵来，从上党地区退至长平（今山西高平县西北一带）。

赵国主帅廉颇深知秦军锐气不可阻挡，硬打硬拼不行，只能采取战略防御，故而坚守城池，以逸待劳。久攻不下，秦军故意放出风来，说秦军最怕赵括，赵王本来就对廉颇用兵不满，果然起用赵括。这位纸上谈兵的少帅上任后，立即改战略防御为战略进攻。秦国主帅白起故意败阵，诱敌深入，赵括中计，被困长平，45万军队短粮46天，杀人取食，最后被迫全部投降。除去不满14周岁的240人之外，其余均被秦军活埋。从此，赵国元气大伤。

长平战役之后，作为人质的子楚沦落为邯郸街头的一个乞丐，风餐露宿，以讨饭为生。一次，在饭店里乞讨，子楚意外地结识了来赵国做生意的吕不韦（卫国大商人，在今河南商丘一带）。吕不韦知道子楚的身世后，决定对其进行战略性的投资，这次投资策划在中国历史上可谓空前绝后。

吕不韦的谋略思路：首先，将自己最美丽的一个小妾转嫁给子楚，这位小妾转嫁之前已有身孕，不久生下一个男孩，取名嬴政。同时，用重金买通监视子楚的赵国官员，使子楚在赵国的行动范围逐步加大，慢慢就无人看管了。最终协助子楚逃回秦国。

子楚回到秦国后，昭襄王很快去世，于是安国君继位，是为孝文王。但不幸的是，在操持完昭襄王葬礼后的第3天，安国君就一病不起，前后不到一年就死了。吕不韦来到秦国后，提前对皇后进行攻心策划，投其所好，使子楚最终接任了王位，是为庄襄王。子楚回到秦国后，仅仅一年多时间就当上了国王。

子楚继任王位后，为了报答吕不韦的知遇之恩，便任命他为宰相，并封文信侯，享有洛阳地区10万户的封邑。

子楚在位也只有3年时间即病逝，于是，太子嬴政继任王位，时年13岁。由于年纪太轻，秦国由宰相摄政，前后共9年时间。这9年，吕不韦大权在握，飞黄腾达，日进斗金，享尽了荣华富贵。

吕不韦的眼光和胆略是过人的，他的一次大策划比他做几辈子生意赚的还多。

嬴政继位26年后，将楚、齐、燕、韩、赵、魏六国先后消灭，将长达400年战乱的中国统一起来，成为中国第一任皇帝，史称秦始皇。

第二节　谋略大家及其思想

有实践就有理论和思想，谋略思想是社会实践的结果和总结。谋略大家产生谋略思想，中国谋略思想既产生于兵家，也产生于哲学家、思想家和社会活动家，他们的理论和思想不但对当时的社会活动有着直接的指导作用，而且也极大地影响着后人的思维和行为。

中国谋略大家群星灿烂，各个历史时期都有其杰出的代表，如原始社会时期的黄帝、伏羲、神农等，奴隶社会时期的伊尹、周文王、姜子牙等，春秋战国时期的孙子、吴子、鬼谷子等，秦朝末年的张良、韩信、陈平等，东汉末年的诸葛亮、司马懿、郭嘉等，举不胜举，但作为重要的思想流派和对后世有巨大影响力的谋略思想，主要集中在春秋战国时期，概略可分为四大思想和理论流派。

一、儒家之智

儒家是春秋末期由孔子创立的一个学派，它是先秦百家中影响力最大的学派之一。但是，中国第一个封建王朝秦代“以法为教”、“焚书坑儒”，汉初又十分崇尚黄老学术，所以儒家一直受到冷落。直到西汉时期，由于汉武帝采纳了董仲舒的“罢黜百家，独尊儒术”后，儒家才得到了前所未有的发展。“五四”运动前的2000多年间，儒家思想一直统治着中国人的思想。作为中国传统文化，儒家思想至今仍是中国文化的主流，仍在发挥着积极的作用，这种作用在市场经济条件下越发显得弥足珍贵。

从策划的角度分析，儒家思想和春秋战国时期其他诸子百家一样，作为一套行之有效的治国方略，由儒家子弟不断地推荐游说给各诸侯国家。虽然在开始阶段，各诸侯国并不感兴趣，也很少有人采纳，但后世的实践证明，孔子的治国方略即治理国家的策划方案是可行的。特别是秦命之短促、秦亡之教训使儒学得到了后朝士大夫们的重视，最终成为封建社会各朝各代的守治之术。

儒家的谋略思想主要体现在它的“仁、义、礼、智、信”上。儒家通过构建一套伦理道德体系，先从人的行为规范做起，稳定民心，即先做好思想统一工作。儒家深谙这是一切工作的基础，也是策划的前提。策划如果没有思想准备，没有一套既定的规矩，那么什么事也做不成。所以古人告诫：“谋事不仁义者，后必败。”中国几千年的封建统治实践证明，以儒家的“仁义道德”来安民、教民是非常有效的。

儒家以“仁”、“义”为理想人格，以“礼”为行为规范，以“智”、“信”为评价道德的标准。儒家提倡的“仁、义、礼、智、信”是相互关联的一个整体，“勿以善小而不为，勿以恶小而为之”，要求凡事都必须三思而后行，这也是儒家策划思想的精髓所在。

儒家的智慧集中体现在“谋圣”和“谋天”上，并通过这两个环节来谋人世之大利。“谋圣”是儒家策划治国的方法和目标，谋是方法，圣是目标。“谋”即设定、设计、筹划，“圣”即具有完美性格的圣人，是榜样。榜样的力量是巨大的，榜样可给众人以示范，让人可以模仿、学习，这是策划治国平天下的最佳方法之一。古祀典云：“有功于民者祀之，能御灾捍患者祀之。”显然，这种尊重知识、崇尚能力、树立榜样的做法，对于引导人们追求“圣”之境界是有相当促进作用的。“谋天”是儒家策划治国营造的一种神秘力量。如果说“谋圣”是在人间树立榜样，让人去追求和模仿的话，那么，“谋天”则是通过设计“天”这个虚拟的世界来制约人的思想和行为，给人以“要想人不知，除非己莫为”的心理压力。其治国的奥妙在于：天国理想，人间追求；人间追求，天国明察；善有善报，恶有恶报。加之对皇帝和皇权的神圣化，如皇帝是天子，即天之子；皇权是天授、神授，等等。这套有神论断，结合社会实践，一旦被民众接受，就会产生巨大无比的威力。

“谋圣”是让被统治者处于一种积极主动的服从状态，而“谋天”则是一种混合着恐惧的神秘性威慑与服从，两者的要害都在服心。儒家强调，“以德服人者，众心悦而诚服也”。民众服心，天下必能太平。以服心为治国之本，将王业大命根基扎根于老百姓的自觉选择之上，这是具备儒学功底的统治者的精心策划。

服心之道，在于感召。儒家的修身养性着重于培养自己的德性去感化他人，其核心是道德。要感化他人，是不能欺骗的，因此有诚和信；要让人感动恩服而不能暴虐夺杀，因此有德和义；要使人心悦诚服，四方归来，而不能冻饿饥寒，因此有体民、恤民、保民、惠民，有安民、富民，养而后教之的仁政；要让天下有条不紊，又不能乱伦乱矩，因此有男女之别、礼教之数、三纲五常。在这些近乎完满、完备的体系化措施中，感化服人最基本的法则是“推己及人”的仁和恕。

概括而言，儒家治国的经邦之术有：正礼仪、安民养民、举贤良和兴教化。

二、法家之术

法家的主张与儒家的由上而下、然后再自下而上的仁义道德不同，主要体现在五个强调：权力的应用、严格的管理、权威性、实力和严格执法。

先秦法家比较注重“法”。如李悝，他收集当时各诸侯国的刑律，编纂成《法经》，并分“盗法”、“贼法”、“囚法”、“捕法”、“杂法”、“具法”六个部分。它是我国古代第一部较为完整的法典。后来商鞅继承了李悝的重法观点，并在秦国实践，这就是有名的“商鞅变法”。“法”强调的是依法行事，以律治国。在一定条件下，李悝、商鞅的做法是可行的，所谓“治乱世用重典”。但是，过分地强调“法”的作用，以至于拘泥不化，不通人情，往往会使管理者与被管理者之间的矛盾加大，从而酝酿出更大的乱世。再者，“法”有善恶之分。善法合乎人性，一般会被民众所接受；而恶法则背乎常理，往往遭到民众的强烈抵制。所以，“法”应根据时代、条件、环境的改变而改变，不可拘泥成规，这也是后世所谓“变法”的根据。

从法的角度出发，商鞅指出“三法”，即“法源”、“法用”和“法理”。所谓“法源”，即制法之源本于禁民、畏民，而禁民、畏民的目的就在于求君之尊，这是治国谋略的关键；所谓“法用”，即法律之用在于“为治之本”，防患于民和禁备于民；所谓“法理”，即法之所以能禁备于民，是因为法律刑威在上，明确无误。“法”是由国家制定的并由国家强制力保证实施的公民必须遵照执行的行为规范。而在法家手中的法，则是治国的方案。

法家的三个代表人物，各有侧重点，商鞅重“法”，申不害重“术”，慎到则重“势”。“术者，因任而授官，循名而责实，操杀生之柄，课群臣之能者也，此人主之所执也。”为保证君主的权势，申不害建议君主必须用术，君主应以“独视”、“独听”、“独断”的手段来实行统治。慎到主张君主可以“握法处势”，强调“法”必须与“势”结合起来，以“法”获“势”，以“势”执“法”，“法”、“势”结合，相辅相成。

法家权谋最具特色的是驭臣策略。君子对臣子，首先是用防并重、既夺且予的关系，其基本原则是不仁、不亲、不信、不贵。《管子》对之总结为“用臣八策”；韩非子则有“结智五法”的精辟论述。法家的驭臣之谋又可具体分为三大策略——独断独揽、深藏不露和参验考察。

法家谋略在整体策划上的基本特征是法、术、势的综合运用。从内在精神看，分为抱法、处势、守术，这三者是权谋的不同形态。从势出发，法家极其强调君王的绝对权威性。无论是韩非子的“人君三守”，还是申不害的“人君南面三术”，都在强调独自决断和大权独揽。而在法与势的关系上，势也是加强法的权威性的保证。法、势相备，天下大治而人君不劳。

秦王统一天下用的是法家之智，但秦政被人们喻为“暴政”、“苛政猛于虎”，最终成于“法”又灭于“法”。法家在中国王朝的历史演变中创造了许多辉煌的统治业绩，但其刻毒又为世人所诟。

三、道家之谋

道家由老庄学和黄老学两大派别构成，前者以《老子》、《庄子》、《列子》等书为代表，后者以《管子》中的“心术”、“内业”、“经法”、“十六经”以及《淮南子》等书为代表。后世所称的“黄老之学”或“黄老道术”，实际上是这两个流派的统称。

道家的代表人物是老子和庄子。老子姓李，名耳，春秋末期楚国苦县人，道家学派的创始人。他和孔子是同一时代人，年龄长于孔子。曾担任过周王室的守藏室之史，相当于国家图书馆馆长。老子致力于“柔弱”、“无为”的个人道德修养，见当时社会道德衰败，失望至极，便西出函谷关，后隐居而不知所终。庄子，名周，战国时期的宋国人，与孟子同一时代，年龄小于孟子，一生大部分时间过着贫困的隐居生活，甚至乞讨告贷而不愿为官。

尽管道家内部有黄、老之分，但道家的“无为而治”、顺其自然的思想却是统一的。需要澄清的是，黄老所主张的“无为”并非不闻不问，不管不束，而是以“无为”的手段达到“有为”的目的。黄老也主张以法治国，“是非有分，以法断之，虚静谨听，以法为符”。黄老也反对凡事不争不取，认为“不争亦无成功”。黄老的智慧在于以软克硬，以柔克刚，以“无为”制“有为”。

老子主张“无为”与“无为而治”，其《道德经》一书，是道家学派最具权威的经典著作，虽只有5000多字，但内容极为丰富，是一部关于人性修养、处世哲学、治国之道、军事哲学、养生之道等的智慧之学。

《道德经》更是一部哲学著作，包含的辩证法思想极其丰富。《道德经》哲学的最高范畴是“道”，道是宇宙的本体，是宇宙间一切事物赖以形成的最终根源。《道德经》说：“有物混成，先天地生，寂兮寥兮，独立而不改，周行而不殆，可以为天下母。吾不知其名，字之曰道。”也就是说，道是不断运动着的，而宇宙间的万事万物都是由道的不停运动而产生出来的。所以，老子说“道生一，一生二，二生三，三生万物”。“道”这个“万物之宗”、“天下母”，并不是有意识地创造万物的上帝，它的“独立”、它的“周行”以及它的化生万物，都是“自然”，是本来的样子，这就是“人法地，地法天，天法道，道法自然”。

儒家以仁礼治天下，黄老以心智王天下。黄老心智心术有两个方面的含义：第一，洞观天下利害所必须的精神修养、应对态度和能力，属于“得道”。第二，得道之后，御道而行的具体施用，属于“道用”。所谓“道术”，就人的体悟、掌握、施用而言，乃是心智新术。

道家十分强调修身，站在以智慧王天下的立场上，修身积德。内得神明，才能归化天下，使天下人归之若水之就下。因此，内德修身是治国王天下的开始。

老子认为，天下利害的生成转变原本就是有根有本的，只是人们心神浮躁、视而不见而已，具有高智慧的人则能以澄明之心洞若观火。静、虚、一、守是达到“元境”的主要方法。静者，静观其变，以静制动，静以待之，冷静的思考是获得智慧的主要途径。虚者，即不去追求现实中的杂乱无章的实际利益，淡化名利，不为凡人俗事所烦扰，把自己有限的精力放在优于世俗的高雅领域，使自己站得高、看得远，从而达到统领全局、指挥若定的境界。一者，即简洁、统一、一致，还有原始、质朴、真实的意思，就是道家所说的“道”。老子说：“道生一，一生二，二生三，三生万物。”强调道是万事之本，只要掌握了万事最根本的部分，凡事都可以迎刃而解。守者，即保持、坚持，凡事都可以守为攻，以静制动，以不变应万变，融会贯通。

在法天意识的背景下，黄老道术的真正心机智慧体现为对人世间一系列利害转化关系的洞察。所谓“道用”，就是抓住这些利害关系的根本处和关键处，御之用之。在王与民的关系处理上，贯穿“圣人不仁，以百姓为刍狗”的思想，采取“以下为上，以智为愚”的智慧策略，是一种相当冷静的算计。从君与臣的关系处理上，从老子的“小国寡民，无为而任自然”的道，转变为具有可操作性的黄老刑名之术，这里有从思想形态到现实形态的转变，君道无为而臣道有为，是“无为而治”的真实情况。

作为一种处世智慧，黄老道术提倡“慈”与“忍”。这已不仅仅是一种计谋，而是内化为一种精神状态，成为影响中国人性格、心理的重要思想。“慈”是对爱的谋算，是主体趋利避害的法宝，其功能是“持而保我”；“忍”是对真诚的回避，已不再是出于正义和原则，而是纯粹出于个人应对天下利害的心机。

老子提倡无为，绝不是要人们无所作为，更不是主张懒汉哲学，无所事事，而是主张人的活动应顺应道之自然，认为这样就可因道之力顺利地有所作为。无论从战略意义上还是从方法论上说，老子所提倡的“无为”都是积极的，它不是以“无为”达到无结果，而是通过“无为”实现“无不为”即有为。

道家之谋的核心之一是“弱用”论思想。在道家看来，一时强大的东西，可以在运动中转化为弱小。同理，富贵可以转化为贫贱，柔可以转化为刚，盈可以转化为虚，事物的这种向自己对立面的转化，是“道之动”，即道本身所包含的运动规律。人们可以运用这种规律，为自己谋利益，使实力较弱、在斗争中处于劣势的一方，有效抗御乃至战胜强大的对手。老子把这种运用概括为“弱用”论——“弱者道之用”。

老子的“弱用”论，包括以下几个方面：

(1)“哀者胜”——以弱胜强的主要条件。强和弱、优势和劣势之间的相互转化，是有条件的。竞争中处于弱势的一方，绝不是在任何情况下都能战胜强大的对手，必须审慎地研究这些条件，积极促进条件的形成，兵强马壮还要善于抓住时机巧妙地利用这些条件，才能做到以弱胜强。以弱胜强的条件是什么？老子指出“抗兵相加，哀者胜矣”。“哀者”即哀痛和哀怜，或者说是悲愤和同情。“哀者”对内一致悲愤，同仇敌忾；对外博得同情，即“得道多助”。所以，实力较弱的一方处于“哀者”的地位，是以弱敌强、以弱胜强的首要条件。如果不是这样，而是内部分崩离析，外部孤立无援，那么，即使本身实力较强，也有可能被对手击败，更何况那些实力较弱的情况了。这个思想运用到现代商战，就是要求企业奠定“内治”、“外交”的基础，否则无法参与激烈的市场竞争。

(2)“以正治国”——以弱胜强的基础。要想在竞争中取胜，首先要做好内治工作来加强自己的实力，对于实力较弱的一方，内治尤为重要。已处弱势而又不对内加强治理，那就只会使原来的强弱差距更加扩大，最终的失败就是不可避免的了。老子对“以正治国”的要求很严，不但要求对大事、难事必须十分认真、谨慎地做，对小事、细事和似乎简单、容易的事，也不得疏忽大意。《道德经》中反复强调：“图难于其易，为大于其细。天下难事，必作于易；天下大事，必作于细。”“合抱之木，生于毫末；九层之台，起于累土；千里之行，始于足下。”老子特别告诫人们：要“慎终如始”，因为在工作的最后阶段，容易产生麻痹大意的情绪。“以正治国”的思想充分说明，老子所说的“无为”，绝非无所事事，一事不干，而是不可违背自然之道而强为。

（3）“后动制敌”——以弱胜强的策略。老子的“弱用”思想，除了要求“以正治国”外，还要求“以奇用兵”。其特点是：提倡后敌而动，伺机制敌的原则。在《道德经》出现之前，中国战争史上早就有许多后动制敌的战例。老子最先从理论上总结了这方面的军事经验，提出了后动制敌的军事思想，并把这种军事思想建立在道家哲学思想的基础上，从而使它成了“弱用”论主要内容的一部分。

事实上，老子不仅在以弱胜强的军事斗争中提倡后动制敌，而且在处理人和人、国与国的关系中，一贯提倡“居后”和“处下”。老子把这看做是立身、待人、处事、治国的一个普遍原则，看做自己的“三宝”之一。老子说：“吾有三宝，持而保之；一曰慈，二曰俭，三曰不敢为天下先。”“不敢为天下先”既然是“三宝”之一，那就有普遍适应性，也就是说不仅势弱的一方不应争上抢先，即使是力量较强的、占有优势的一方，也能从居后、处下中得到更大好处。

四、纵横家之说

纵横家实际上就是策划家，他们在春秋战国时期所起的作用是显著而独特的，尽管后人对他们褒贬不一。

纵横家没有固定的政治信仰，也不从属于任何学派，他们只是利用自己的知识，为统治者分析形势，提供政治、军事、外交等各方面的策略，以此换取高官厚禄。

在弱肉强食的竞争年代，国家如何生存，弱者如何在强手如林的环境中立足，而强者如何利用自己的长处争取更大的势力范围，如何防止优势的削弱，这是竞争各方都必须充分考虑的问题。事实表明：强可化弱，弱可变强，强弱可以在较量的各方之间转换。策划得当，弱者可以战胜强者；策划不当，强者也会被弱者所蚕食。

纵横家的策划原则是见机行事，见势而谋。纵横家有点像职业谋士，弱者用我，则主张合纵以弱弱成强之策对付强敌；强者用我，即主张连横以进一步削弱弱者。“合纵”的代表人物是苏秦，“连横”的代表人物是张仪。

纵横家纯以利害得失为取舍，在他们的心目中，王道仁术与狡诈欺瞒唯有利害之别，并无高下之分。

纵横家具有三大特征，决定了他们具有其他诸家难以比拟的策划彻底性：

（1）无从一而终的固定事主。

（2）无固定的政治主张。

（3）无势利营求之外的道德束缚。

战国时期，秦国在商鞅变法之后，一跃成为七国中实力最强的国家，对其他六国（楚、齐、燕、韩、赵、魏）构成了严重的威胁。从此，社会上出现了一种从未有过的长期紧张局面。于是，以秦国为对象，产生了两种崭新的但也恰恰针锋相对的战略思想和外交政策：一种是合纵对抗政策，即围堵政策，主张从北到南，各国缔结军事同盟，共同抵御秦国的侵略，秦国如对某一国家发动侵略，即等于向所有的盟国侵略，各国同时出兵作战；另一种是连横和解政策，即和平共存政策，主张从西向东，各国同时与秦国签订友好条约，保持双边的和平关系。

当时，东方的齐国与秦国旗鼓相当，双方都在不断兼并周围弱国、扩大势力范围，诞生了“合纵”和“连横”两个中心——以齐国为中心的“合纵”和以秦国为中心的“连横”。这就是我国历史上所谓的“合纵”、“连横”的外交斗争。实际上，“合纵”和“连横”都是争取暂时同盟者的一种外加手段，目的都是进一步兼并土地，扩张领土。

“合纵”和“连横”是两幕精彩的历史剧，他们的导演就是“合纵”的代表人物苏秦、“连横”的代表人物张仪。

苏秦在研究社会局势和各国君主的心理后，提出对秦国采取合纵对抗的政策。苏秦先后跑到六国进行游说，六国完全同意签署这个盟约，并一致任命苏秦为他们的宰相，让他担任“纵约长”——南北联盟组织的秘书长。公元前333年，围堵政策完成，第一次“合纵”形成，纵横家苏秦的个人目的也就达到了。

在苏秦组成第一个“合纵”联盟的同时，秦国立即采取行动。就在“合纵”的第二年，即公元前332年，秦国首先向魏国让步，愿把从前侵占魏国的襄陵（今山西襄汾）地区7个城市归还。那7个城市距魏国前首府安邑（今山西夏县）100多里，是防务上最重要的屏障，如果能把它们收回，安邑就可以无忧了。魏国自然不能抵御这个诱惑，于是同意脱离合纵，不仅如此，为了扩张领土，魏国还向盟国赵国发动攻击。齐国在秦国的鼓励下，认为可以从赵国瓜分到一部分土地，所以也参加到魏国一边。两国军队虽然最终被赵国击退，但第一次合纵联盟只维持一年便告瓦解。这时，身在赵国的苏秦无法向赵王解释魏齐两国的叛盟行为，只好前往燕国，出任燕国宰相。等到合纵联盟瓦解之后，秦国却拒绝归还襄陵7城，魏国在大怒之下攻击秦国，结果又被秦国击败。

合纵对抗盟约尽管瓦解，但这种观念已被各国君主认可。于是，15年后的公元前318年，魏、楚、韩、赵、燕五个国家再次缔约，并推举楚王华槐担任纵约长，集结五国联军，进攻秦国东方的重镇——函谷关（今河南灵宝东北）。但慑于秦军的威力，各国都不敢先行攻击，结果又一次遭到失败，合纵盟约再次瓦解。好在另一个联盟始终存在，这就是齐楚联盟，钳制了秦国的扩张侵略。

所以，历史上“合纵”和“连横”的关键是楚国，或者说齐、秦斗争的焦点在于争取楚国。因为楚国是南方的一个大国、强国，领土最广大，人力资源最雄厚，秦国不敢轻视它，尤其惧怕楚国和齐国联合。在当时的条件下，秦国还没有实力来战胜齐楚两国的联盟，只能靠智取。而在此时，“连横”高手张仪横空出世，他正是深谙此道的策划高手，正是他上演了一幕“一人打败楚国”的神话，帮助秦国彻底摧毁了“合纵”联盟，最终战胜了六国。

战国后期，张仪肩负拆散齐楚盟约的任务，前往楚国出任国相。楚怀王听说张仪到来，腾出上等的宾馆，亲自到宾馆安排张仪的住宿。

张仪来后，楚王说：“我国偏僻鄙陋，不知先生您有何指教?”张仪认真地对楚王说：“大王如果真要听从我的意见，就和齐国断绝往来，解除盟约，我请秦王献出商於一带600里的土地，今后大王可以多选秦国的美女作为侍妾，秦楚之间娶妇嫁女，永远结为兄弟国家。这样大王既能得到大片土地，向北又能削弱齐国，而西方的秦国也可以得到好处，我实在想不出还有比这两全其美的计策啊！”

600里的土地有多大？那是50万大军用3年时间都难以取得的。这么大的利益放在面前，很少有人能够拒绝，何况代价只是解除盟约，并不需要什么实际的付出，所以，楚王非常高兴地答应了。一位叫陈轸的臣子提醒说，废除盟约楚国将被彻底孤立，到头来，不但得不到商於土地，而且齐秦一旦联合起来，一定会祸患临头。但楚王根本听不进去，很快就把相印授给了张仪，还赠送了不少财物。

不久，楚国就和齐国断绝了关系，废除了盟约。之后，楚王派了一位将军跟着张仪到秦国去接收土地。

张仪回到秦国，假装没拉住车上的绳索，跌下车来受了伤，一连3个月没上朝。楚王听到这件事，说：“张仪是不是觉得我与齐国断交还不彻底？”于是，派了一名勇士到宋国，借了宋国的符节，到齐国辱骂齐王。齐王勃然大怒，斩断符节而委屈地和秦国结交。秦齐建立了邦交，张仪才上朝，他对楚国的使者说：“我有秦王赐给的6里封地，愿把他献给楚王。”

使者回复楚王，楚王这才知道受到了愚弄和算计，愤恨不已，于是出兵攻打秦国，没想到秦齐两国共同迎战，杀死楚国官兵8万余人，并夺走了丹阳、汉中的土地。接着，楚国派出更多的军队去袭击秦国，在蓝田，双方展开更大规模的战争，结果楚军大败，于是不得不割让另外两座城池和秦国媾和。

纵横家十分重视“说”的应用，即“游说”。纵横家为了实践其策划方案，总是不断游说诸侯，“说”在他们的活动中居于核心地位，因为无论是进言献策，还是外交周旋，都要通过“说”的环节来实现。要在说话中实现权谋，“不战而屈人之兵”，“说”的作用尤为重要。

《鬼谷子·谋篇》中描述了如何在游说之中实现谋略：以“说”为手段，在其中极尽权术伎俩。只要能达到抓住对方，说动对方，使对方接受你的策划方案，达到自己为君所用的目的，可以使用一切可用的“说”的手段，包括揣度、引诱、逢迎、欺骗、恐吓等。

策划的关键问题往往是方案如何为人所用的问题，实现的重要手段就是向策划的适用对象，即策划的需要者或决策者说明该策划方案的可行性、实施的必要性和不实施的危险性。策划方案本身的科学性和可操作性自然重要，但策划者如果无法将这些科学性和可操作性传达给他人，那么，再好的策划也可能会“胎死腹中”。纵横家重视游说技巧，讲究说服艺术，这一点是相当明智的。另外，纵横家没有固定的事主，有人用我，我即为之服务；人不用我，我就去游说别人，这种从业态度，对现代策划人也是有借鉴意义的。

张仪的游说就很有代表性，其机智和灵活令人叫绝。在拆散齐楚盟约之前，其实张仪把“连横”的政治主张第一个献给了楚王，他想在楚国谋个官位，但楚王一点也不感兴趣。官虽未当上，但张仪却凭一张不烂之舌，在楚国赚了一大笔钱。

那时候张仪很不得志，生活穷困潦倒，于是跑到楚国游说，因得不到楚王的赏识，生活日益拮据，同去的人都在埋怨，嚷嚷着要回家去。

张仪听说楚王正宠爱两个美人，一个是南后，一个是郑袖，于是眉头一皱，计上心来。他对同去的人夸下海口说：“只要让我见到楚王，我包管大家吃山珍、穿绫罗。如若不然，你们敲掉我的门牙。”

过了几天，张仪终于见到了楚王。楚王对他那一套连横主张毫无兴趣。张仪不慌不忙地说：“如果大王真的不喜欢我的话，请准许我离开这里，去晋国跑一趟。大王不想从晋国要点什么东西吗？”

楚王听了，态度很冷淡，说：“金银珠宝、象牙犀角，本国多的是，晋国的东西没什么稀罕的。”

“大王不喜欢那边的美女吗？”

这句话像电流一样触动了楚王的神经，他连忙问：“什么？你说的是什么？”

“大王，我说的是晋国美女。”张仪假装正经、绘声绘色地说，“晋国的女人个个貌若天仙，粉红的脸蛋，雪白的肌肤，说起话来脆如银铃，走起路来如风摆杨柳。”

楚王听得心花怒放，立即命令张仪去办。

张仪回到住处故意叫人将这个消息传到南后和郑袖的耳朵里。两人听了，慌作一团，连忙派人去和张仪疏通，并献上黄金千两。张仪向来人表示，他一定推辞去晋国，不让两位美人失望。

起程前，楚王为张仪饯行。张仪对楚王说："如果楚王叫最信得过的人给我斟酒，我将三生有幸，把楚王交办的事办得更好。"于是，楚王把南后和郑袖请出来，轮流给张仪斟酒。张仪见了南后、郑袖，故作惊讶，扑通一声跪在楚王面前，连说："死罪！死罪！我对大王说了谎话。"

"这是怎么回事？"楚王奇怪地问。

张仪说："我的足迹遍及列国，但从未见过像大王两位爱妃这样绝色的美人。上次我对大王说要把晋国的美女献给大王，那是因为没有见过大王两位爱妃的缘故。我对大王说了谎，罪该万死！"

楚王松了一口气，说道："原来是这样，那你就不必去晋国了。我一向认为天下没有比我的两位爱妃更漂亮的女人，你的话就是最好的验证嘛。"

就这样，张仪凭他的如簧巧舌，在楚王面前玩了一回"空手道"，白得黄金千两。

纵横家游说列国，往往都取得了成功。他们是如何游说的呢？最关键的就是学会"揣情"，这是纵横之智的基础和核心。所谓"揣情"，就是了解被说服者的内心需求。一份策划再好，如果对方不需要，再怎么游说也是无效的。所以，纵横家在游说前首先要做的工作是了解对方内心的真情，也就是对方想什么，要什么，怕什么，期望得到什么。如何得到这些真情呢？唯一的方法就是"揣情"，而"揣情"的手法有摩、揣、诱、钓等。摩，即猜测，通过察言观色，估计对方；揣，即以我之心，揣他人之意，以常人之情，揣他人之情，然后通过面对面的询问或调查获得对方的真实信息；诱，即以利益诱导，通过宣传应用某策划方案的巨大利益，让对方看到希望，看到成功的可能；钓，即通过一点一滴的利益和成功，取得对方的信任，最终被我完全说动。

揣情是纵横家成功之本。为了达到此目的，逢迎、依顺、讨好、饰言、夸张、激将、反说、类比等术，尽可使用，从而使对方防不胜防。游说动人的最高境界是"御志"和"结内"。"御志"即御其志，就是让对方完全相信自己，达到倾心相赖、言听计从的境界；"结内"即结欢心，是指与被游说者结交友情，甚至成为党羽。

事实上，纵横家除了具有能言善辩的技巧外，还必须有卓越的智谋，这就需要量权为谋。纵横家绝对不是一味巴结逢迎，而是要在具体环境下审时度势，裁量自己的选择，以达到进退自如、趋利避害的基本目的。

第三节　中国智慧经典

策划是对中国智慧的运用，同时也为中国智慧提供给养和来源，其经典著作集中反映了中国策划和谋略的高深，它们不但是中国人的智慧宝藏，而且是全世界思想库的重要组成部分。人们熟知的《孙子兵法》、《三十六计》、《资治通鉴》、《三国演义》等正是这些智慧经典的杰出代表。

《孙子兵法》：由2500年前大军事家、谋略家孙武所著，全书现存13篇、5000余字，是中国现存最早的一部古代兵家经典著作。它深刻地总结了春秋末期及以前的作战经验，揭示了战争的重要规律，奠定了中国古典兵学的理论基础，现被纳入哈佛大学的经济学课程，更是美国西点军校的必修课程。

孙武系春秋时期齐国乐安（今山东博兴北）人。生卒年不详，约活动于公元前6世纪末至前5世纪初，吴国将军。《孙子兵法》一书广泛地论述了战争观、战略战术、军队建设、军事地理与地形、军事预测、军事后勤、军事哲学等基本问题。

《孙子兵法》主张指导战争必须从客观情况出发，将战争建立在“知己知彼”的基础上，只有这样，才能保证战争的最后胜利。它明确指出决定战争胜负有以下五大因素：一曰道，二曰天，三曰地，四曰将，五曰法。“道”，是指政治，战争的胜负首先取决于正义和非正义，正义的战争才会得到支持，只有名正言顺，才能为战争的胜利奠定基础；“天”，即天时；“地”，即地利；“将”，即将帅才德和人和；“法”，即方法，是军队组织、指挥、训练、供应、赏罚等方面的法令制度及其执行情况。强调从7个方面对敌我双方的优劣条件进行估计和比较，从而在战前判断谁胜谁负，这7个方面是：“主孰有道？将孰有能？天地孰得？法令孰行？兵众孰强？士卒孰练？赏罚孰明？”

孙子主张“知常知变”。知常以求稳，知变以取胜。他还要求将帅做到“尽知”、“先知”。孙子说：“不尽知用兵之害者，则不能尽知用兵之利。”“明君贤将，所以动而胜人，成功出众者，先知也。”在行动上，孙子强调避实击虚，不提倡硬碰硬。孙子说：“夫兵形像水，水之形避高而趋下，兵之形避实而击虚，水因地而制流，兵因敌而制胜。”

在《孙子兵法》中，战争的一切情况都被看做是虚实的两个方面，战争的一切变化都被看做是虚实的变化。虚实之间可以相互转化，而“兵不厌诈”皆在虚实之间。虚中有实，实中有虚。战争的形势，通过兵之奇正、分合的变化而变化。攻守的过程，便是出于虚实形势变化，运用分合、奇正手段，进行有目的制胜活动过程。

在《孙子兵法》中，有大量的关于谋略之术，如“欲擒故纵，欲进故退”、“奇正相生”、“以迂为直”等，这些谋略在战争中不断得到应用，也为今天的商战提供了许多有益的借鉴。当然，中国古代的兵法，绝不止一部《孙子兵法》，还有鲜为人知的《太公兵法》、《黄石公兵法》、《吴子兵法》、《六韬》和《尉缭子》等，它们同样展示了中国古代神奇的智谋方略。

《三十六计》：是一个流传性读本，由《易经》演变而来，约于明、清之际成书，集兵家谋略之精华，是谋略学、策划学的渊源之一。全书有36条计策，记载了春秋战国时期36个脍炙人口的故事，也是36个令后人叹为观止的策划经典案例。《三十六计》是古往今来各种竞争获胜奇术的汇编，应用领域十分广泛，在政治、军事、外交、商贸、企业经营、人际关系、个人生活等各个方面都获得过巨大的成功。

《三十六计》集古代兵法策略之大成。在你死我活、纷繁复杂的战争条件下，求存取胜、避害趋利是每个军事将领乃至每个士兵都要学习和掌握的。三十六计包括“胜战计”、“敌战计”、“攻战计”、“浑战计”、“并战计”和“败战计”六套，每套六计，六六三十六计。由胜战计至败战计，计计连环。分析三十六计，可以获得大量的有关策划方法。对策划人来说，三十六计是三十六种谋略、三十六种策划手段和技巧，分析并灵活掌握它们是有极大现实意义的。

“胜战计”是策划者处于优势地位（即我强敌弱）时所采取的计谋，它包括瞒天过海、围魏救赵、借刀杀人、以逸待劳、趁火打劫、声东击西六计，其共同的特点是利用自己的优势，如何以强待弱、趁势取胜。在我强敌弱的条件下，我方虽有优势，但必须注意分清对手是防备周全、整肃严明，还是陷入困境、指挥无方等多种情况。只有分清敌我情况后，方能区别对待，并采取“欺之、分之、假借、伺机、趁势、利用”等措施。经商与作战一样，也不能有有优势就必获利的侥幸心理，虽然有优势，但不做好应战准备，也一样会遭到失败。

“敌战计”是策划者与竞争者处于相当地位（即敌我对抗）时所采取的计谋，它包括无中生有、暗渡陈仓、隔岸观火、笑里藏刀、李代桃僵、顺手牵羊六计。“敌战计”为我们提供了大敌当前，如何与敌人对阵，如何审时度势，如何隐蔽自己、保守秘密、保存实力的办法。例如，在实际策划活动中，寓广告目的于新闻报道、媒体传播中，就是典型的“暗渡陈仓”。

“攻战计”是策划者与竞争者在进攻与防守过程中所采取的计谋，它包括打草惊蛇、借尸还魂、调虎离山、欲擒故纵、抛砖引玉、擒贼擒王六计。“攻战计”为我们从另一个角度提供了策划思路，即从进攻与防守的角度进行谋划，以攻为守，主动攻打，掌握主动权。

“浑战计”是策划者与竞争者的较量处于混乱无序状态时所采取的计谋，它包括釜底抽薪、浑水摸鱼、金蝉脱壳、关门捉贼、远交近攻、假途伐虢六计。“浑战计”的精髓就在于“浑”，在纷繁复杂的混战条件下，来自多方的角逐，使竞争处于混乱状态，使危险来源不明，情势消长不等。此时，一个精明的军事家，可以借乱用计，乱中取胜。而在现代策划活动中，成功有时并不完全取决于自己或对手的强弱，而取决于策划者能否在错综复杂的环境中保持清醒的头脑，理清策划要素，变乱力为我力，在浑中取胜的能力。

“并战计”是策划者与竞争者双方势均力敌、相持不下时所采取的计谋，它包括偷梁换柱、指桑骂槐、假痴不癫、上屋抽梯、树上开花、反客为主六计。当敌我双方势均力敌、相持不下时，任何一方都不存在速战速决、浑水摸鱼和乱中取胜的机会。这时，只能步步为营，利用一切可利用的条件，频更其阵、警以诱之，静不露机、假之以便、借局布势、乘隙插足，最终以达到战胜的预期目的。在现代商战中，如果遇到两个或两个以上的策划主体以相同的策划目标展开策划，并且彼此之间实力相当时，势必会出现十分激烈的竞争局面。这时，策划人可以在不改变策划目标的前提下，通过变换策划方案，推出与其他主体无争的策划活动，减少与其他策划主体的正面冲突，从而实现自己的策划目的，这就是在策划竞争中的“偷梁换柱”。

“败战计”是策划者竞争失败时所采取的计谋，它包括美人计、空城计、反间计、苦肉计、连环计、走为上计六计。失败是竞争的常见结果，有竞争就必定会有失败。战争如此，策划以及其他任何工作也都是如此。处在失败境地的竞争者应如何应对劣势？如何反败为胜？如何挽回败局？这正是“败战计”所要回答的问题。策划是一个复杂的系统工程，在策划过程中，难免会出现这样或那样的问题，或突发危机，或政策陡变，或财力不能到位等，在这种情况下，策划者首先要解决的是信心问题，在失败中求生存，在失败中寻找机会，力争转危为安，转败为胜。

《资治通鉴》：是北宋著名政治家、史学家司马光历经19年创作完成的历史巨著，上起战国（公元前403年），下至五代（公元959年），纪事1362年，该书系统地总结了封建统治和帝王们的经验教训，涉及政治、军事、文化、经济，是一面历史“巨镜”，所以宋徽宗评价它是“鉴于往事，有资于治道”，并赐名为《资治通鉴》。这部著作是毛泽东主席最爱读的历史书籍之一，《资治通鉴批注》系他的读书笔记，极具治国价值，备受后人推崇。

《三国演义》：是在《三国志》的基础上，由元末明初的小说家罗贯中所著。该书融汇了中华民族的智慧，写的是1700多年前魏、蜀、吴三分天下，互相征伐的故事。中国四大古典名著，分别讲述了人世间四个关键字：《红楼梦》的“情”、《水浒传》的“义”、《西游记》的“斗”、《三国演义》的“谋”。而“谋”的化身是诸葛亮（公元181～234年），字孔明，人称卧龙，他与另一谋士庞统（字士元，人称凤雏）齐名。刘备三顾茅庐聘请诸葛亮出任策划总监，他很快解决了刘备的生存问题，后又部分解决了刘备的发展问题，但在与另一位谋略家、为曹操服务的策划总监司马懿的斗智中，因战略的偏差（如过分依赖、相信与吴国联盟）、下级执行人才水平差（如马谡）、管理与策划不协调（刘备的后代无管理才能）等原因，“出师未捷身先死”，但诸葛亮的“鞠躬尽瘁，死而后已”的忠诚和敬业精神一直为后人所称道。

中国策划不但充满智慧，而且极富艺术性、戏剧性。如同武术、中医、书画、京戏、烹饪一样，中国策划其实是一门功夫。

竞争对于人类是永恒的，“物竞天择，适者生存”。不参与竞争，只有任人宰割，死路一条；但参与竞争而不会变通，缺少谋略，也难以成功。

在人类几千年的文明史中，人类的策划实践从未中断过，大到朝代更替、国家战争，小到人生追求、婚姻家庭，无不需要策划，无不需要运用策划的智慧。

知识要点

中国智慧的渊源；中国谋略的兴起和特征；中国策划思想主要流派；中国智慧经典及作用。

思考与训练

1. 结合中国历史史实，分析中国谋略智慧产生的背景及渊源。

2. 试分析儒家、法家、道家、纵横家的思想和理论分别对现代商务策划的影响和所起的作用。

3. 试用《孙子兵法》中某一著名论断写一条500字的商战策略。

4. 试从《三十六计》6套计策中各选一计举例说明现代商战对其如何灵活应用。

5. 试分析三国时期，曹操、孙权、刘备各自策划的特点。

6. 如何理解中国策划是一门功夫，你是如何训练自己的策划能力的？

第三章

策划的基本特征

> 本章重点介绍商务策划的概念、特征、原则与基本方式。
>
> 从单一服务于政治、军事到更广泛地服务于市场的各个领域，策划开始有了知识属性和基本特征。如同从事其他行业一样，商务策划有其自身的规律，在实际运用中必须了解和掌握其基本特征。

策划在中国有几千年的历史，现如今各行各业都需要策划，但策划在人们心目中的概念却大多是模糊的，甚至有的会把策划与虚假、欺诈联系起来。为政治、军事服务的策划难免有阴谋之嫌，难以从容地与大众见面、说理，而为经济、市场服务的策划则更多的是阳谋，是能力与方法的结合。凡事都有规律可循，但文无定法、法无定式，策划也是一样。

第一节　策划的主要概念

策划是一种创造性的智力活动，它一方面是针对未来的构想、谋划、计划、决策和实施方案；另一方面是运用各种工具及手段改变现状、达到预期目标的实施过程。所以，策划是程序，也是过程，在本质上是人运用脑力的理性行为。

由于中外专家学者们对策划各有不同的研究方向、研究重点和不同的理解，所以关于商务策划目前还很难形成统一的观点。这里选择国内外有代表性的

4 种作简要介绍。

一、事前设计说

典型代表是美国学者威廉·纽曼（William H. Newman），他在《组织与管理技术》一书中指出：一般来说，策划即是在做事前决定做何事，计划并经过设计后的行动路线。

事前设计说强调策划要首先明确做什么，然后周密地进行计划，行动不能盲目，要精心设计行动步骤，防止漫无边际。这种策划思想明确而严密，做事要点突出，对初学者来说尤其宝贵。

二、思维活动说

典型代表是日本的策划大师星野匡，他在其所著的《策划力》一书中写道：从虚构出发，然后创造事实，加上正当理由，而且要光明正大地去做，这就是策划。

思维活动说强调策划要大胆构想，要敢于突破传统，敢于创造，要有信心和正当理由，然后放手去做，不要担心别人的嘲笑。这种策划思想对一向循规蹈矩的人来说，特别有启发意义。有些人并非没有创新能力，而是囿于常规和习惯，不敢“胡思乱想”，结果思想越来越守旧，创造能力大打折扣。

三、商务创新说

我国著名策划专家、原《经济日报》总编辑艾丰先生对策划的定义是：以软科学为基本理论武器，以大量的宏观和微观的政治、经济、社会、文化等各个方面的信息和知识为原材料，运用综合的创新思维方式，为某一个主体的战略和策略的制定及实施而特别进行的谋划性和辅助性的工作。**简言之，商务策划的核心和灵魂就是商务创新**。

商务创新说强调策划要以软科学为基础，要有敏锐的政治、经济头脑，要掌握多方面的信息原材料，在此基础上，充分运用创新思维开展切实可行的谋划。这个定义第一次从根本上否定了点子就是策划的传统认识，明确提出策划要借助软科学，其核心是解决商务创新问题。

四、决策过程说

本教程作者认为：**商务策划是更加获益的经营创新决策方式，是整合企业有效资源、实现最小投入最大产出，把虚构变成现实的商务过程。**

决策过程说强调策划是一种创新决策方式，揭示了策划的特性和功能，其本质是以无博有、以小博大。这种策划思想较好地反映了策划的科学性和艺术性的结合，成为国内首部经营创新人才评价标准——《商务策划师资质评价标准》中关于商务策划的基本定义。

第二节 商务策划的基本要素与特征

策划是对未来将要发生的事情所做的当前决策，所以，策划永远是为了将来。策划因竞争而起，为赢得竞争而做。从本质上看，它是人类运用脑力的理性行为，是一种创造性的思维活动。商务策划是一个完整的思维活动，基本要素必备，而且特征明显。

一、商务策划的基本要素

策划发展到今天，由于应用领域越来越广泛，作用越来越明显，人们对它的认识也越来越深刻，出现了从不同领域和学科角度对其总结和概括。从构成事物必要的因素这个角度来看，策划的基本要素有以下五个方面，也就是说一个完整的策划一般包括以下全部内容。

1．策划的主体

即策划人或决策者。任何策划都是为利而谋，商务策划更是如此。所以谁在策划、为谁策划是必须明确的问题，承担策划的人不是为自己策划就是受别人委托而策划。

2．策划的客体

策划过程中的客观环境和主要竞争者。任何策划都必须考虑环境因素，受到客观环境的制约，如国家政策法规是否允许、市场时机是否成熟等。同时还要考虑竞争对手的情况，因为你能想到的事情竞争对手也能想到，甚至想得更周到；你能做到的事情竞争对手也能做到，甚至做得更好。所以，策划的客体包括客观环境和竞争对手两个方面。

3. 策划的资源和条件

策划人或决策者的优势和条件。所谓优势即需要策划的一方具备什么样的资源，这些资源最好是竞争对手所没有的，甚至独一无二。所谓条件即策划的一方所具备的能力，如人财物的能力、工作实施能力等。任何策划都需要一定的资源和条件，策划是对资源的整合和应用，资源和条件是客观存在的，策划人无法创造。

4. 策划的思维方法

策划人的创新方法和手段。这是策划的核心所在。策划是创新思维活动，在一定的资源条件下，策划的成败取决于策划人的思维能力，这种能力包括对创新方法和手段的把握和运用。

5. 策划的对象和目标

策划的具体对象和想要达到的目的。任何策划都有很强的针对性和目的性。策划的对象是策划需要解决的具体问题，而目标则是策划所要达到的具体指标。

按系统论的观点，以上五种要素缺一不可，但在某些情况下也并非如此，如“点子”策划，往往只需一个好的创意即可成功。

二、商务策划的基本特征

任何事物都有其基本特征，商务策划也是一样。尽管策划的思维千差万别，策划的形式多种多样，策划的方法层出不穷，但成功的策划都具有一些共性的东西。通过分析、总结，商务策划一般具有如下基本特征。

1. 一定的虚构性

策划往往首先是一种假想或想象，或因现有条件和能力不足而需要策划，或想以无博有、以小博大、以较少投入而获得最大产出而策划，所以策划“从虚构出发，然后创造事实”。虚构需要一定的想象力，是合理、具有预见性的想象，绝非胡思乱想，头脑发昏。虚构其实也是一种创造，其基本要求是：

（1）透过现实，看到别人看不到的景象；

（2）善于联想，在情理之中，但出人意料。

把“美乐通宁”变成“脑白金”是史玉柱的虚构，把手机的中文短信变成人人会发的电报是丁磊的虚构，把“超级女生”变成“酸酸乳”是牛根生的虚构，等等等等，这些虚构想象力丰富，看到了市场后来发生的动人景象，合情合理，出人意料，所以他们都取得了巨大的成功。

2. 相对的新颖性

策划是一种创新思维，要求必须具有新的创意和做法，但这种创新是比较而言，并不是绝对化，所以又叫“相对的新颖性”。满足以下任何一种即可：

（1）相对于策划人或决策者自己以前的思维新颖；

（2）相对于实施对象和区域发展新颖（一个方案对于策划人来说也许是陈旧的，但对实施企业和地区来说却是新颖的，如国际咨询机构为中国企业的咨询，我国东部的经验对西部而言）。

相对的新颖性既可以是思维方面的，也可以是做事形式或内容方面的。思维的新颖往往是观念的改变，如将古老的中国策划发展成为商务策划、将小康变成社会主义的全面小康、将推销变成营销、将工厂变成虚拟企业等都是思维的新颖；做事形式或内容的新颖则更加广泛，往往只要加一加、减一减、变一变、动一动即可实现，如自行车加电瓶成为电动车、方便面由袋装变成桶装、油纸伞变成折叠布伞、图书由印刷品变成光盘、大学由本科变本硕变本硕博连读等都是形式的新颖；手机由模拟变数字变3G、放映机由录像机变VCD变DVD、房地产业主变股东变经营者等都是内容的新颖。

追求相对的新颖，可以不断地出新意，给市场以新鲜感，同时降低策划的成本和风险。

但策划不能过于新颖，如新颖到让决策者、管理者无法理解的程度则无法被接受。

3. 相对的超前性

策划是创新型的思维，所以需要有一定的超前性，必须基本满足以下两个方面的条件：

（1）相对于其他决策者思维形成所需的时间超前（策划者想到时可能会有很多人想到了，如不超前，则可能在策划方案实施时发现竞争者的方案超过自己）；

（2）相对于市场形成或成熟的时间超前（如在市场形成或成熟后策划，往往事倍功半，策划的代价太大）。

把保健品“脑白金”定位于礼品、把“太太口服液”上升到丈夫对妻子健康的关爱、把汽车推向家庭（奇瑞、吉利）等都是相对超前性的杰出典型。相对的超前性最重要的是超前于竞争对手、超前于市场的形成。

但策划同样也不能过于超前，过于超前一般难以让决策者和管理者接受，过于超前也可能在行动时机成熟之前暴露了公司的秘密，反而启发了竞争者。过于超前有时并不被消费者理解，付出的往往是惨痛的代价，摩托罗拉的“铱星计划”就是一个典型。

摩托罗拉公司在中国的发展战略体现了高人一筹的相对超前性，但他们也曾犯过过于超前的错误。1998 年，为了抢占市场，摩托罗拉从银行大举借债，耗资 50 亿美元，推出了震惊世界的“铱星计划”，这个计划就是建造低轨卫星系统，形成一个覆盖全球的超级通信网络。由于是卫星系统，比地面网络先进很多，用户可以在地球的“任何能看见天的地方”直接通话。“铱”在元素周期表上排第 77 位，“铱星计划”就是用 77 颗低轨卫星组成一个移动通信网，但实际操作时只用了 66 颗。单从技术角度分析，铱星系统非常先进，它可以真正实现“在地球的任何地方、任何时间与任何人通话”。但从市场来看就有问题了，每部手机高达 3000 美元，合人民币 20000 多元，每分钟通话费 7 美元，合人民币 50 多元，所以费用十分昂贵。但当时的预测是非常乐观的：全球至少有用户 100 万户，仅中国市场就有 10 万户，所以前景十分看好。

于是，1998 年 11 月，摩托罗拉公司把 66 颗卫星送上了天，但是，整整半年时间全球只有 1 万个用户，而中国只有 900 多户。用户只有原来预测的 1/10，而运营和维护的成本大得惊人，不要说归还银行的本金，连利息也远远支付不起。结果，亏损巨大，前后只挺了 9 个多月的时间，1999 年 8 月 13 日，铱星公司实在不堪重负，不得不向美国破产法院申请破产，最终亏损 40 多亿美元。

为什么会遭到如此惨败？用相对的超前性来分析，一句话，就是因为过于超前，在“错误的时间、错误的市场，投放了错误的产品”。

4. 可操作性

策划仅仅新颖、超前还不够，还必须具有可操作性。所谓可操作性，即方案切实可行，技术经济合理。

方案可行主要应体现：第一，是否具有竞争优势或独特性；第二，是否符合政策和环境；第三，是否切合企业自身需要和实际条件；第四，是否有明确、可执行的工作程序。

方案的技术经济合理则是从技术经济的角度进行衡量，即技术是否先进、成熟，经济是否节约、高效，也就是技术与经济的结合较好、效益明显。

如炸开喜马拉雅山，彻底改变我国西部缺水问题的策划，其新颖性、超前性十分突出，但完全不具备可操作性。摩托罗拉“铱星计划”的失败从可操作性角度来看，也是因为技术先进但经济严重不合理而造成的。

第三节 商务策划的原则

商务策划的基本原则是指在商务策划过程中所必须遵循的客观规律，它是策划实践经验的概括和总结。

策划的内容和形式千差万别，使用的方法策略也千变万化，但万变不离其宗，它们都需要遵循以下一些最基本的原则。

一、利益主导原则

所谓利益主导原则，就是策划以利益为主导因素，以利益为先决条件。非利不谋，非利不策，这是春秋战国时期纵横家的行事原则，对他们来说，策划自身是否正当并不重要。

人们的一切活动，包括一切策划活动，实质上都是在谋求某种利益。人类的任何行动，包括个人和组织在内，都有其特定的利益目标和追求。可以说，利益是激励人们改造客观世界而自觉活动的客观动因。一方面，利益是刺激人们产生思想动机的动力，人们为了追求利益而产生竞争。这种竞争是社会发展的动力，自然也为策划的产生和发展提供了条件。凡谋利活动，必须有一定的谋利工具、手段和其他必要的物质基础，其中，策划无疑是谋利的重要手段。另一方面，随着竞争的加剧，策划水平也在不断发展和提高，反过来使利益竞争更加激烈。利益形式的多样性决定了利益竞争的复杂性，也就决定了策划的复杂性。

策划和利益的关系十分密切。策划就是为了帮助个人或组织为达到某一特定目标而进行的活动，策划因利益而启动，利益是策划活动的前提，利益也是策划成败的试金石。没有利益的策划是没有用的策划，也是没有价值的策划。利益既能推动策划活动的加速，也能阻碍策划活动的进行。没有利益，不但策划人没有积极性，执行者也同样没有积极性。所以，没有利益或目标，策划也就失去了意义。

二、创意创新原则

策划活动的关键是以创意求得创新，创新以创意为前提，通过创意并创造出理想的活动效果才是真正的创新，否则，就可能只是翻新，或者顶多是更新。创意也要讲求实际效果，否则，停留在思想中的创意也只能是创造想象中的空中楼阁。空想式的创意只是幻想，不是策划。商务策划的创意要有经营价值、市场价值，有些创意甚至可以直接出售，这就是创意经济。商务策划活动十分重视创意与创新的原则，著名策划专家王志纲把这一原则称之为策划的“三性”，即唯一性、排他性、权威性。他指出，“任何一个项目要提升出它的特异性，然后强化它与众不同的地方，这就是排他性，并赋予它一个权威的说法，这样才能在市场中处于引导地位”。

三、整体策划原则

整体策划也叫系统策划，这一原则要求策划者必须将策划看做一个系统的整体。也就是如何处理好整体利益和局部利益的关系。对任何组织来说，局部利益都要服从于整体利益，如果只注重局部利益，最终可能会因小失大，得不偿失。

从策划的过程即时间角度来看，有远期和近期之分，眼前的最优不一定就是整体的最优，眼前的利益可能会损害长期的利益，所以，策划任何项目时都应进行全面的系统分析，把握重点，统领全局。

运用整体策划原则，要求策划人必须把握以下几个方面：

（1）将所有有利于策划的因素整合在一起，并以整体的形象一致对外，尽量减少内耗，集中优势力量，确保达到策划目标。

（2）局部服从全局，以全局带动局部。为了全局有时要不惜牺牲和舍弃局部。有时虽然局部蒙受了一些损失，但从全局着眼，局部的舍弃可以换来全局的胜利。

（3）为了整体策划目标，不要被眼前利益所迷惑，要注重策划的长期性、有效性。

（4）策划的整合分内、外两个部分：内部包括功能、目标、结构、层次、元素等策划内部系统的各要素；外部包括政治、经济、科技、文化等策划外部的各要素。显然，策划犹如一盘棋，谋势重于谋子，这个“势”就是全局和整体，而“子”就是局部。可见，不能通盘考虑，要想取得最后的胜利是不可能的。

四、客观可行原则

所谓客观可行原则，是指策划必须基于内外环境资源要素，从实际出发，不能脱离客观条件的允许，方案要可行，能够或便于操作。策划是思维活动的产物，任何一项策划，即使经过严密的论证也还是纸上谈兵，如果不能从纸上走向现实并保证其最终的实现，那么策划就等于空谈。

客观可行是策划由创意变成现实的必备条件，策划需要崭新的创意，但要使之变为现实，须具备一定的条件。策划的客观可行原则包括两个方面：第一是客观性，即策划必须从实际出发，必须建立在客观现实的条件基础上，而不能凭空捏造。尽管策划的创意有时带有很大的想象和偶然性，但它们必须有客观现实的依托，通过一定的努力可以达到。第二是可行性，客观是可行的前提，但客观未必都可行，二者并非因果关系。从一定意义上来说，可行是对客观的延伸，是对客观的深度反映。如何保证策划的可行性？首先，策划的创意要被法律、法规、道德、民情、环境等所接受和认可；其次，策划不能过于超前，过于领先决策者、执行者的认知，过于领先市场、消费者的意识，都存在不被接受或难以接受的问题。所以，策划必须将主观意志与现实生活的客观实际相结合，必须因人而异，因事而别，必须做到顺应历史、顺应潮流。

客观可行原则的具体要求是：

（1）要进行可行性分析，选出最优方案。可行性分析包括利害分析、经济性分析、科学性分析和合法性分析四个方面。

（2）要进行可行性试验，以证明策划的可行性。可行性试验一般以局部试点方式进行，以检查策划方案的重心是否落实在最关键的现实问题上，方案的整体机构和运作机制是否合理，实施结果是否有效。

（3）要具有运行性和有效性。运行性和有效性是可行性原则的根本要求。运行性要求策划应该是可以运行的，具有一般的行为特点；有效性即收益和成功率，是指策划方案在实施过程中，能合理有效地配置企业的资源要素，达到策划的效果。一个具备可行性的策划必然具有运行性和有效性。

五、随机制宜原则

策划活动离不开有机性和系统性，而健康的机体和系统是随机和灵活的，这种灵活反馈的机制就是随机制宜的原则。它所强调的是策划活动因时、因地、因人而进行。实际上，这也是把运动变化发展的观点作为策划学的哲学根据，随机制宜就是在策划中处理好机遇与规律的关系。规律是客观的、必然的，而机遇是随机的、偶然的，二者要达到统一，既要充分发挥人的主观能动性，又要顺应客观发展规律。也就是说，在策划过程中，要善于掌握、利用、巧用规律，顺应必然规律，及时抓住机遇。

从根本上来说，策划是没有固定不变的模式的，即策划没有定式。策划人既不能崇洋媚外，也不能食古不化，对于中外策划大家们在实践中总结提炼的策划模式、策划方法，只能参考、借鉴和模仿，绝不能照搬照套。

策划是一个实践性很强的创新过程，内外部各种因素随时都在变化，所以单有好的策划方案是远远不够的，还需要通权达变，灵活机动。策划的目的只有一个，那就是成功，但策划的路子很多，只要能保证策划的最终成功，策划人不应拘泥于既定的策划方案和短期的策划目标，而应在慎重权衡利弊的基础上，机动灵活地加以变动。

坚持随机制宜的策划原则，需要正确把握机变的限度。对策划目标的调整或对策划方案的修正，并不是随意而为的，应有一定的限度。这种限度可从三个方面来把握：

（1）根据信息变化的可靠程度决定是否对策划进行调整和修正。

（2）根据变化的范围和幅度来决定调整和修正的幅度。

（3）根据估计可能会产生的实际效益来决定调整和修正的力度。

第四节 策划的基本方式

策划方式是在策划中对具体行动方案如何产生的反映。策划方式很多，可谓层出不穷，但各种方式都有其优缺点，关键是如何利用现有人才、资源、环境、工具等进行科学地策划。

策划是科学，也是艺术，不能为方式而方式。这里给出几种策划的基本思路。

一、人文法

人是策划的执行者，如何发挥好人的优势，利用各种人才的互补与激励来提高策划的效果非常重要，这种方式本身就是一种策划。

1. 集思广益法

针对某个策划问题，请大家都来发言，提出自己的见解，所有的人都不得提反对意见，然后把大家的意见综合提炼就可得到一个策划方案。这是一种把个人智慧集中起来的做法，选择的人最好是这方面问题的内行或专家。

2. 调查法

针对某个策划问题，由策划人组织调查，得到相关方面的信息，然后对这些信息进行分析得出结论，最后根据调查的结论进行策划。这种方法体现了策划的客观性，策划的直接依据是通过调查所得到的第一手资料。

3. 经验法

针对某个策划问题，策划人根据自己多年的策划经验，努力找出与本次策划背景相似的一些案例，然后结合本次策划的对象、环境、资源等因素的不同而进行新的复制性策划。这是策划人最常用的一种方法，策划需要丰富的经验和在经验基础上的不断翻新。

二、系统法

系统方法是综合哲学观点与专门学科而进行的。主要原理是把事物看成一个完整的系统，这个系统既包括自身组成要素的各个方面，又包括各要素之间的联系，还有与这个事物相关联事物间的关系与各自所处的地位。所谓系统方法，就是要求从系统的一个方面或几个方面或整体出发，对其进行整体分析和研究，找到解决问题的方案。

1. 逻辑法

事物各要素及相关事物间总有一定的逻辑顺序、关系。从这些关系入手，找出规律，作为分析问题的依据，而后再根据实际的条件、问题进行策划。

2. 预测法

同样需要找出事物发展的线索或规律，再根据以前的资料及目前的情况预测其发展趋势，然后根据预测的结果进行策划。预测法中最著名的是德尔菲法。

德尔菲法是 20 世纪 60 年代由美国兰德公司首创和使用的一种策划方法。德尔菲是古希腊的一座城市，因阿波罗神殿而驰名。由于阿波罗有着高超的预测未来的能力，故德尔菲成了预测、策划的代名词。

所谓德尔菲法，是指采用信函、电话、网络等方式，反复咨询专家们的意见，然后由策划人做出统计。如果结果不能趋向一致，就再征询专家们的意见，直至得出比较一致的方案。这种方式的优点是：专家们互不见面，不会产生权威压力。因此，可以自由地发表自己的意见，从而得出比较客观的看法。

3. 抓主法

即抓事物主要矛盾方面。我们知道，事物间的联系存在是由众多矛盾相互交错构成的，抓住其中主要的方面，就可事半功倍，这样的策划省时、省力，非常实际。

4. 取向法

是抓主法的逆向思维。在找出事物内部及外部的关联因素并进行分析之后，有时并不一定只选取主要方面，而是根据实际问题的侧重点不同，选取一个或多个，将这些因素结合起来进行策划。

5. 类比法

有时策划的项目没有资料和事例作参考，这需要在找出内外部关联之后，与其相类似的项目进行比较，具体分析各因素的关系与地位，从而对本事物有一个清晰的认识，最终找到解决问题的方案。

三、体式法

体式法是我国学者陈火金提出的一种策划方式。所谓体式法即整体策划法，把策划的过程看做一个整体，对整个策划项目进行全方位的、由点及线及面及体的策划，这与策划的整体原则要求是完全一致的。体式法是一种战略策划思路，即从策划整体战略高度来考虑，进行全局性和长期性的策划。

体式策划包括点式策划、线式策划和面式策划三种形式：

点式策划即出点子，是出主意、当顾问的角色，这种策划解决的都是一些比较简单的问题；

线式策划即对某一问题的某一方面所做的策划，此时的问题比较复杂，它是由多点问题组成的某一个方面的问题；

面式策划则是对某一问题所做的全方位的策划，包括点、线策划在内。

一般说来，策划一个项目，作为一个整体，它都是由点、线、面组成的。策划人在策划之前，首先要将这些点、线、面分析出来，然后再系统地针对各点、线、面的具体问题展开策划。

由上可见，策划方式在策划中占据着十分重要的地位，有方式就有办法，有办法就容易开展策划。但是，对策划人来说，一方面要注重对各种方式的学习和掌握，另一方面还要灵活运用，突破思维定式，不断地寻找和总结更多、更新的策划方法。特别需要注意的是：方式是达到目的的手段，“条条大路通罗马”，只要能达到目标，在不违法、违规、损害公众利益的前提下，策划就没有固定的模式，正所谓“法无定式”。

对策划方式的不定，我们应作如下正确的理解：

(1) 策划路径很多，策划者可以灵活应用，随时改变方式，活用已有的方式。

(2) 策划方式自身在不断变化，再成熟的策划方式也不可能一成不变，它会因应用者的删减、添加、改造而有所不同。

(3) 策划就是创新，策划方式随着策划人的智力创造而不断涌现。

知识要点

商务策划的概念及四种定义；商务策划的基本特征；商务策划的利益主导原则、创意创新原则、整体策划原则、客观可行原则、随机制宜原则；商务策划方式的人文法、系统法、体式法。

思考与训练

1. 为什么商务策划有多种定义？试从“好记星”的市场营销分析商务策划的基本特点。

2. 试举例说明商务策划的基本特征，是不是所有的策划都必须具备这些特征？

3. 试从蒙牛的“超女营销”的市场策略分析商务策划的基本原则。

4. 根据自己的行商经验或其他企业的策划资料，总结2～3条商务策划的人文方式。

5. 如何理解策划方式的不定，试为一款民族品牌的小汽车提供3种上市促销活动的策划方式。

6. 试用系统方法和体式法策划一个新开楼盘，并分析两种策划方式的异同。

第四章

策划的基本原理

本章重点介绍策划的基本原理、商务策划的功能和作用、策划科学的形成以及策划与咨询的关系。

策划从本质上是以小博大，设计最优方案，把虚构变成现实的种种奇思妙想和行动，它一定是针对未来之事，谋求比较优势，这是策划的基本原理，也是策划的目的。

策划是艺术，也是科学。策划需要智慧，需要环境，更需要科学。分析和研究策划的基本原理不仅是还其本来面目，将艺术变成科学，将偶然变成规律，而且是对现代策划的丰富和发展。任何一门艺术都要发扬光大，任何一门科学都要不断进步，神秘色彩浓重的策划则更是如此。

第一节　策划的基本原理

无论是古代策划还是现代策划，都是对科学原理自觉或不自觉的把握和运用。通过对古今中外大量经典策划案例的分析和研究发现，策划的基本原理主要有奇正、系统、博弈、裂变、整合和简易六种。

一、奇正原理

奇正原理是策划的第一大原理，它是思维创新的核心表现。奇正原理出自

《孙子兵法》："凡战者，以正合，以奇胜。"

对于奇正概念，春秋以后各代大师多有阐述：动为奇，静为正（宋·梅尧臣）；正者当敌，奇兵从旁击不备也（汉·曹操）；正兵贵先，奇兵贵后（《尉缭子》）；正亦胜，奇亦胜（唐·李世民）……成语当中更有耳熟能详的如"出奇制胜"、"出其不意，攻其不备"，等等。

策划贵在用奇，奇在众所不意，也就是在众人所忽视或意料之外而又在情理之中。我们知道，竞争产生策划，策划为了更有利于竞争，竞争的核心是寻求和突出差异。我们策划对手时，也正是对手在策划我们的时候，奇于对方之外，则胜；奇于对方之同，则平；奇于对方预料中，则败。

如何用奇呢？在很大程度上是对"正"的透彻把握和应变，所以古人的告诫是："不知用正焉知用奇。"

当然，真正明白策划的奇正原理，还需要掌握运用上的辩证性、灵活性、应变性，这正如唐朝军事家所说的：善用兵者，无不正，无不奇，使敌莫测。

日军偷袭珍珠港的奇正原理

太平洋战争爆发前，美国一直没有参战，并靠做军火生意大发横财。这时，日美关系已孕育着许多危机，甚至到了一触即发的程度。但是，美国人总是想通过和谈来解决问题。从1940年11月起，美国国务卿便与日本驻美大使开始了漫长的外交谈判。日本恰恰利用了美方想用和谈解决矛盾的心理，精心策划了一次偷袭计划。

1941年12月7日，是个星期日，夏威夷的早晨与往常一样，电台放着轻柔的音乐，人们还沉醉于周末的狂欢之中，珍珠岛的大部分官兵都上岸度假去了，完全没有作战的准备。美国的军舰宛如商场橱窗里的展示品，一艘艘停泊在港中，飞机则一架架整齐地排列在舰艇上，完全是一幅"太平盛世"景象。

一个多月前，日军秘密集结在北方择捉岛单冠湾的军事行动美军浑然不知。日军调动了6艘航空母舰、2艘战舰、3艘巡洋舰和27艘微型潜艇，这支日本海军史上最强大的部队经过一个多月的秘密航行，美军丝毫没有觉察。日军接近目的地——美军基地瓦胡岛附近时，派出袖珍潜艇潜入珍珠港打前哨被美军发现并炸毁时，美方也没有醒悟过来。当日军的轰炸机向美陆军的飞机场飞去时，美军正在升国旗、奏国歌。结果，这次偷袭非常成功，打得美军措手不及。日军第一批183架飞机对准机场上的美军飞机狂轰滥炸，美军飞机尚未起飞就损失了238架。与此同时，鱼雷机群冲向美军战列舰，当即击沉搁浅美军舰艇5艘。制空战斗机群控制了珍珠港上空，掩护轰炸。一时间，成千上万的炸弹扔下来，地面上弹片嘶叫，水上鱼雷纵横交错，到处硝烟弥漫，烈焰冲天。美军珍珠港指挥官金梅尔上将和他的夫人目瞪口呆，不知所措。在开始轰炸约1小时后，第二批171架日机又飞临珍珠港上空，进行了第二轮轰炸。日军偷袭珍珠港，前后不到2小时，击沉美军战列舰4艘，重创1艘，炸伤3艘；炸毁其他舰艇10余艘；炸毁飞机260余架；美军共伤亡4500多人。而日本人只损失飞机29架，1艘舰艇和5艘微型潜艇，人员伤亡不到100人。美国太平洋舰队在这次偷袭后完全瘫痪了。

日本偷袭珍珠港，是世界军事史上的一部杰作，更是“奇正原理”运用的经典案例。它的成功，是策划者成功地利用了“和平”手段，进行政治欺骗和战略伪装，并制订出极其周密的行动计划。孙子曰：“攻其不备，出其不意，此兵家之胜，不可先传也。”这正是日军偷袭珍珠港得手的秘诀。

不过，今天我们审视日军的策划，他们虽赢了战术，却输了战略。珍珠港的惨剧和极大的耻辱，促使美国对日宣战，这是加速日本在第二次世界大战中失败的一个重要因素。

在现代商战中，奇正原理的运用十分广泛，成功案例层出不穷，如感冒药“白加黑”就堪称典范。

盖天力“白加黑”感冒片，1995年推向市场，仅半年销售额就突破了1.6亿元，分割了全国15%的感冒药市场份额。这一现象，被称为“白加黑”震撼，在营销界产生了强烈的冲击。

“白加黑”它看似简单，只把感冒药分成白片和黑片，并把感冒药中的镇静剂“扑尔敏”放在黑片中，其他什么也没做；实则很不简单，它不仅在品牌的外观上与竞争品牌形成很大的差别，更重要的是它与消费者的生活形态相符合，达到了引起共鸣和联想的强烈传播效果。普通感冒药的缺点是服用后容易瞌睡（药中含有“扑尔敏”所致），这对大多数白天要上班、上学的消费者来说，无疑是个心理大障碍。而“白加黑”感冒片“白天吃白片，不瞌睡；晚上吃黑片，睡得香”的承诺，正中消费者的下怀。这样一来，“白加黑”就不仅仅是感冒药了，它还给消费者解决感冒疾病与日常生活的矛盾提供了一个良好的方案。

感冒药市场同类药品甚多，市场高度同质化，与康泰克、三九、丽珠等生产厂家相比，盖天力药厂的实力较弱，为什么短短半年时间就能后来居上？一个重要的原因是正合奇胜运用得当。

二、系统原理

系统原理要求策划人能够高瞻远瞩、深谋远虑，能够从整体上把握、控制和驾驭全局。

系统原理的核心，是把“策划”当做一个完整的系统和过程，用控制论、信息论、系统论等方法中整体的、联系的、结构的、功能的、层次的、非线性的观点，对某一策划对象进行分析、综合、归纳，从而求得好的策划方法，最终达成整体效益。

诸葛亮《隆中对》的系统原理

诸葛亮在《隆中对》中成功地运用了系统原理。作为一个策划人，诸葛亮在为刘备出谋划策之前，胸怀大局，从长远利益的高度对当时的时局和未来的走向作出了准确的预测。

当刘备第三次来茅庐拜访，表明自己的志向后，诸葛亮说：

“自董卓造逆以来，天下豪杰并起。曹操势不及袁绍，而竟能克绍者，非惟天时，抑亦人谋也。今曹已拥百万之众，挟天子以令诸侯，此诚不可与争锋。孙权据有江东，已历三世，国险而民附，此可用为援而不可图也。荆州北据汉、沔，利尽南海，东连吴会，西通巴蜀，此用武之地，非其主不能守；是殆天所以资将军，将军岂有意乎？益州险塞，沃野千里，天府之国，高祖因之以成帝业；今刘璋暗弱，民殷国富，而不知存恤，智能之士，思得明君。将军既帝室之胄，信义著于四海，总揽英雄，思贤如渴，若跨有荆、益，保其岩阻，西和诸戎，南抚彝、越，外结孙权，内修政理；待天下有变，则命一上将将荆州之兵向宛、洛，将军身率益州之众以出秦川，百姓有不箪食壶浆以迎将军者乎？诚如是，则大业可成，汉室可兴矣。

“将军欲成霸业，北让曹操占天时，南让孙权占地利，将军可占人和，先取荆州为家，后即取西川建基业，以成鼎足之势，然后可图中原也。”

一席话，说得刘备心服口服。诸葛亮的隆中决策，纵论大势，了然心中。他建议刘备占荆州、益州两地，安抚西南各族，东连孙权，内修政治，待机北图中原，最终统一中国。对刘备欲成霸业的优势和劣势，进行了多角度、多层次、多方位的分析，充分体现了诸葛亮在策划中的系统方法和系统思想。

系统原理要求策划人或决策者必须在思维过程中，始终围绕策划的目标，将策划对象、策划目标、策划环境以及策划主体所构成的系统的各个要素整合统筹起来，把策划涉及的方方面面以及构成策划的各个部分统一起来，形成完整的策划方案和达到优化的策划效果。

在现代商战中，成功运用系统原理，既可以为某个项目的策划取得竞争优势，也可以作为企业发展的整体思路而实现持续经营、稳步发展，前者如天津“基辅号航母”旅游项目、湖南卫视“超级女声”大型娱乐活动推广、北京世纪城房地产项目营销等，后者如联想集团柳传志的“科、工、贸”，“搭班子、定战略、带队伍”，海尔集团张瑞敏的“国际化战略”等。

三、博弈原理

管理学里关于决策的基本原则中，有一条叫做“满意原则”，意思是不求最优而求满意。这也是博弈所追求的原则。

博弈原理的核心与著名的博弈论（又叫对策论）有关，顾名思义，就是研究冲突对抗等竞争条件下最优决策问题和不同决策之间的均衡问题。

在中国古代最著名的典故中，有一个《田忌赛马》的故事，说的是齐国大将军田忌经常与齐威王赛马，但每次比赛都输了。因为齐王的一等马比田忌的一等马强，齐王的二等马比田忌的二等马强，齐王的三等马也比田忌的三等马强，因此，一对一，每次都是齐王赢、田忌输。孙膑听说后为田忌献上一个计策，他让田忌用自己的三等马对齐王的一等马，用一等马对齐王的二等马，用二等马对齐王的三等马。结果，田忌先输第一场，却接连赢了后两场，终于

2∶1 反败为胜。孙膑这样做为什么就能赢呢？这正是巧妙地运用了博弈原理，分清楚了“总胜”与“局胜”的不同目标间的关系，从而实现三局两胜。

《田忌赛马》是以己之长，克敌之短，舍弃局部利益赢得整体利益的典范。

博弈制胜，真正的难点，往往还不是技巧的运用，而是心态上对得失平衡的把握，是对代价、对“损失”的看法，与对对手的正确分析判断。世界永远是动态的平衡，先舍后得，方为成就大事业的大智慧。

诸葛亮“空城计”的博弈原理

空城计是《三国演义》故事中特别精彩的一幕，说的是诸葛亮智退司马懿 15 万大军，它是长期以来人们津津乐道的一个计谋，充分展示了诸葛亮的胆略和智慧。

故事的梗概如下：诸葛亮一出祁山，北伐中原，节节胜利，但由于用人失误，重用了言过其实的马谡而使街亭失守，被迫退回汉中。在紧急布置好撤退安排后，诸葛亮亲自带领 5000 兵马到西城县搬运粮草。突然，快马接连报告说，司马懿亲率 15 万大军直扑西城而来。这时，诸葛亮身边一个大将也没有了，只有一班文官，原来所带的 5000 兵马，已经分出一半去搬运粮草去了，城里面只剩下 2000 多士兵。众文官一听这个消息，都不禁大惊失色，不知所措。

诸葛亮急忙登上城楼察看，只见远处果然尘土飞扬，魏国的兵马杀声震天，分兵两路向西城杀来。情况万分危急，诸葛亮命令把所有的旌旗藏起来，城里的 2000 多士兵各自把守自己的位置，严禁高声说话和走动。然后，将城墙四门大开，每座城门上用 20 个士兵假扮城老百姓，打扫街道。安排完这些后，诸葛亮身披鹤氅，头戴纶巾，带着两个小书童，捧着一张琴，来到城楼之上，凭栏而坐，让小书童点上清香，自己则坐下弹起琴来。

诸葛亮刚坐下一会儿，司马懿的大军就来到城下，先头部队看到这种情况，不敢冒进，急忙飞马向司马懿报告。司马懿听了报告，忙止住三军，亲自骑马来到前面，远远地向城头张望，果然看见诸葛亮一个人坐在城楼上，正在焚香弹琴，左右各站一个书童，而城门大开，门里有 20 多个老百姓，都在低头打扫街道，好像全没在意魏国大军的到来。

司马懿一看，吃了一惊，慌忙回到中军，传令叫后军变作前军，前军改成后卫，朝北面的山路撤退。这时，司马懿的次子司马昭上来说："父亲，为什么要撤退，会不会是诸葛亮根本就没有兵马，故意装成这个样子？"司马懿回答说："诸葛亮平生最是小心谨慎，从不冒险。现在，他大开城门，一定是设了埋伏，我军要是轻率进攻，那就中了他的计了。你们哪懂这些啊，还是赶快退兵吧。"于是，魏兵急速退去。

见魏兵撤退，蜀国官员都松了一口气，有人不解地问："司马懿是魏国的著名军师，今天又有15万精兵，为什么见了丞相马上就撤退呢？"诸葛亮回答："司马懿想我平生做事谨慎，一定不会冒险，今天看见如此情景，他以为一定有埋伏，所以就退走了。"

诸葛亮的这次博弈可谓神鬼莫测，它是建立在对司马懿的充分了解和估计到司马懿认定自己不会冒险的基础上的。司马懿对诸葛亮很了解，所以他撤兵。但诸葛亮不但了解司马懿，而且还进一步了解司马懿对自己的了解，这是真正的知己知彼。

在现代商战中，企业之间几乎天天都在博弈。这种博弈绝不是简单的赌博或孤注一掷，而是"聪明而理性"的"局中人"在竞争中如何采取策略使自己的效用或利益最大化，同时其利益获得不完全取决于单方面的计算，还取决于其他参与对手的策略运用问题。所以博弈原理可以用于指导人们的竞争活动。大量的实践证明：在企业竞争中，高人一筹的策略往往能产生单纯的物质力量难以达到的效果，或成为物质力量的"倍增器"，使物质力量发挥超常的功效，进而提高竞争效益。

进入20世纪90年代后，随着市场经济的快速发展，竞争日趋激烈，一些处于劣势的中小企业意外地发现：运用博弈原理往往能够为自己带来"以小博大"的机会。

2001年，国内某大型企业（以下简称A集团）在审视自己的经营业务时，认为国内的"解酒产品"市场不仅有较大的潜力而且没有领导品牌，而自己既有产品，又有队伍和经验，还有充足的资金，应该有所作为。于是采取了快速撇脂的推广策略，即优质优价和大规模宣传的方式，在央视等强势媒体投入重金做宣传，并在全国范围内不遗余力地开展招商、终端建设、维护，等等。此时，一个名不见经传的小对手某小型公司（以下简称B公司）仔细分析了A集团的思路，权衡了自己的实力和双方的目标、利益、弱点，想出了一个“借梯登楼”的策略：在重点地区实施拦截。即在某些区域（一般以地、市级为单位）派出推广人员使产品较为密集地覆盖了该区域的终端，其零售价格较A集团的产品低一半左右（优质中价）。同时在该区域投入一定的宣传，在该区域形成了相对的优势。

对于A集团而言，只能眼睁睁地看着B公司蚕食自己的市场而无法还手。因为A集团采取的是大宣传、高价位的策略，它的方案已在全国范围内轰轰烈烈地全面铺开实施，一时不能轻易改变，况且大投入、高产出的设想也使降价成为难以考虑的事，否则损失巨大。这样，A集团巨大的宣传在B公司的经营区域内便成了培育市场的工具，而B公司的地面部队加上有竞争力的价格和区域性的宣传，就有可能获得该区域市场的大部分份额。

所幸的是B公司把握住了博弈中利益分配的“度”，即既要搭便车占A集团的便宜，又要在其能忍受的范围内，不过分激怒它，避免出现两败俱伤的局面，所选的几个重点区域既是自己力所能及的，又是符合目标利益的。结果是A集团在大部分地区受益，而B公司则在某几个区域受益，为自己找到了有利的竞争机会。

2008年，金融海啸席卷全球，经济寒冬如乌云压顶。在众多企业纷纷收缩战线，减少投入，锐减广告准备过冬的时候，人称“史大胆”的史玉柱却逆“寒”而上，从11月初开始，在中央台投入3个亿，连续3个月高密度投放广告，推出与五粮液携手打造的“黄金酒”，其广告策略如同脑白金和黄金搭档的同胞兄弟一样——“送长辈，黄金酒”，都是围绕礼品营销，豪赌中国保健酒市场。这不是简单的与同行博弈，而是与寒冷的市场更大的博弈。

四、裂变原理

裂变，是现代物理学的概念，物理学家研究发现核能释放基本上就是无休无止的核子碰撞。引用到策划学上，就是点子创意之间的无休止的碰撞与互动激发。

原子核能够产生裂变，其裂变原理由爱因斯坦的质能公式给出。例如，

1公斤铀裂变可以释放出约900亿度电的能量，够一个大型城市用好几年；而仅仅13克的铀，可以使一艘航空母舰绕地球一周。

如同原子核裂变的道理一样，人的创意、智慧也能产生裂变。而且只有产生裂变，才能实现策划的一箭双雕、一箭多雕的意外效果。

尤伯罗斯承办第23届奥运会的裂变原理

你能想象出来，一个人能办奥运会吗？但美国人尤伯罗斯就办到了。

1978年11月，就在洛杉矶市获得奥运会主办权后一个月，市议会通过了一项不准动用公共基金办奥运会的市宪章修正案。洛杉矶市政府只好向美国政府求助，但被美国政府拒绝，并表示不会提供一分钱。

万般无奈之下，洛杉矶政府破天荒地提出设想，能否由民间私人来主办这届奥运会。可是，这么大的赛事、这么大的风险谁承担得起呢？前几届奥运会全都亏损，且数额巨大，如1976年加拿大蒙特利尔第21届奥运会，亏损达到10亿美元；1980年前苏联莫斯科第22届奥运会亏损更多，达几十亿美元。恰在这时，一个名叫彼得·维克多·尤伯罗斯的人站了出来，他卖掉自己的旅游公司，筹得1040万美元作为启动资金，但这点钱怎么能举办无底洞似的奥运会呢？且看尤伯罗斯的创意和智慧是如何裂变的：

主创意——提高奥运形象的竞争意义，接受企业赞助，帮助它们提高产品知名度。主创意确立后，裂变随即发生。

裂变一：立即派出大批工作人员到美国、日本等经济发达国家，广泛搜集那些有实力和意向通过赞助奥运会提升知名度的企业，这样的企业很快就有了12000家。

裂变二：先在其中的10多个有名的企业里散布同行业竞争的计划和出资数额，挑起同行业之间的竞争。然后，爆炸性地宣布了招标计划：第23届奥运会的赞助单位仅招30家，多一个也不要，每个赞助企业至少出资400万美元，少一分都不行，并且每一种行业只选一家。这样做的目的是造成能够赞助本届奥运会的企业相互竞争，结果，各大厂商纷纷抢先行动，互争席位，将赞助额越抬越高。例如，百事可乐和可口可乐这对欢喜冤家就首先掉进了陷阱。1980年的奥运会，百事可乐占了上风，并以此为契机，完成了企业形象和利润的双重飞跃，开始与可口可乐分庭抗礼。不甘就此认输的可口可乐于是下定决心要在这届奥运会上挽回面子。当尤伯罗斯向这两家大公司抛出400万美元的底价时，百事可乐因没有思想准备而犹豫不决，而可口可乐为了一举击败百事可乐，报出了1300万美元的天文赞助数额。果然，百事可乐没有还手，放弃了竞争，而可口可乐成为第23届奥运会饮料行业的独家赞助商。

就这样，通过30家赞助单位筹集了2.8亿美元；通过出售奥运会指定商品专卖权，引起各大公司竞争，集资3.85亿美元。

裂变三：将奥运会实况电视转播权作为专利拍卖，通过成功地策划美国广播公司和全国广播公司的竞争，最终与全国广播公司达成了2.5亿美元的协议。

裂变四：奥运会开幕前，要从希腊的奥林匹亚把火炬点燃空运到纽约，再蜿蜒绕行美国32个州和哥伦比亚特区，途经41个城市和1000个镇，全程1.5万里，最后通过接力传到洛杉矶，并在开幕式上点燃。尤伯罗斯发现，参加奥运火炬接力长跑是很多人梦寐以求、引以为荣的事情，于是，历史上从未有过的、只需交纳3000美元就可参加美国境内奥运火炬接力跑的办法出台了，这一商业化火炬传递又筹集到3000万美元。

裂变五：实施“赞助计划票”，制作各种纪念品出售等，筹集数千万美元。

最终，“一个人办奥运会”取得了前所未有的成功，而尤伯罗斯更是从这届奥运会上赚到了2.5亿美元的巨额财富。

当策划的能力发展到一定阶段后，它所积累、聚合的各种主客观资源及创新思维习惯、实战经验就会产生“核裂变”，不断衍生出新的创意，新的概念，新的模式。

裂变原理体现在策划的过程中，表现为策划思路的不断延伸和丰富，产生了一系列的变化，使得策划方案的全过程更加完善与生动。

五、整合原理

整合原理与系统原理在分析问题方面有某些相近的思想，它要求策划人把策划对象所在系统可能涉及的各元素、各层次、各结构、各功能等，按照创意、目标的主线整合起来，扬长避短，避实击虚，以实现 1+1>2 的系统整体功能。

整合有围绕功能、目标为主的整合，有以结构、层次、元素为基点的整合。具体整合的形式有：市场整合、资源整合、资本整合、智本整合、营销整合、文化整合、传播整合等。

整合是一个优劣互补、智能匹配、功能放大的再造过程。整合出效益，整合出奇迹。有时看似不可能实现的东西，一经整合却能产生意想不到的效果，甚至完全改变了世界。例如，金属元素的不同整合可以生成各种用途更大的新型材料，机与电或光与电或光、机、电的整合可以形成一系列高新技术产品。策划也是一样，如能将市场各种要素巧妙地进行整合，就会变不可能为可能，变弱小为强大。

蒙牛市场营销的整合原理

1999 年开始起步的蒙牛完全是白手起家，典型的"三无企业"——无工厂、无奶源、无市场。短短 6 年时间，蒙牛销售收入从 1999 年的 0.37 亿元飙升至 2005 年的 108.28 亿元，年平均发展速度高达 323%！在中国乳制品企业中的排名由第 1116 位上升为第 2 位，创造了在诞生之初 1000 余天里平均一天超越一个乳品企业的发展奇迹！

蒙牛从无到有，从小到大，从大到强，凭什么能够屹立于奶制品的华山之巅，并成为中国企业发展的一面旗帜？除了产品品质优良、企业管理有方、政府支持等因素之外，蒙牛的飞速发展还得益于其极为成功的营销策划。可以说，牛根生和他的蒙牛是中国企业中运用整合原理最为杰出的典范。

巧妙的整合可以实现 1+1 远大于 2 的系统功能。蒙牛深谙此道，自 2003 年以来，通过两次营销大整合和事件营销手段，实现了企业发展的飞跃和爆炸式的增长。

一次是在 2003 年获得"央视标王"后，经过大胆、精心的策划，蒙牛决定参与"神五飞天"这一重大事件。"神舟"五号载人航天飞行，在中华民族史上是一件开天辟地的大事。在此之前，世界上发射过载人飞船的国家只有两个：前苏联和美国。两个超级大国在冷战年代，用载人飞船震撼了世人。

今天，一个第三世界的国家——中国，也要涉足载人航天飞行，这是全世界最大的新闻，各种宣传机器开足马力，自然吸引了全球的眼光。有什么事件，能调动这么多的媒体？有什么信息，能牵动这么多的人心？用营销的眼光来看，拿广告的尺度来量，这是花几个亿、几十个亿甚至上百亿都无法达到的宣传规模和效力。要是有企业能够搭上这趟飞船，那么企业腾飞的高度是多少呢，岂止一千米、一万米？

这样的史无前例的机会牛根生和他的蒙牛居然敢抓，并且通过整合各种关系最终抓住了。蒙牛当然首先要考虑自己能为国家做点什么，从什么地方切入。经过公关，他们了解到，首批航天员候选者共14人，全部是万里挑一的空军精英，航天员身体比金子还贵，他们的食谱规定就达8页之多，其保健之严格，不亚于一国总统。对，就从这里入手！于是，蒙牛人开始卧薪尝胆，接受多次极为严格、仔细的筛选，接受一系列物理的、化学的检验，最终蒙牛牛奶从众多品牌的牛奶中脱颖而出，并于2003年4月被确定为“中国航天员专用牛奶”。

2003年10月16日6:46，随着北京指挥控制中心宣布“中国首次载人航天飞行取得圆满成功”，蒙牛的“为中国喝彩”的电视、报纸广告立即如雪花似的飞向中国，一个重大的谜底揭开了：蒙牛，“中国航天员专用牛奶”！从此，蒙牛品牌一夜成名，销售额迅速大增，一举扭转了与同行“拼价格”、“拼渠道”、“拼促销”的被动局面。据AC尼尔森发布的统计数据，蒙牛液态奶销量自2003年10月~2004年7月，连续10个月居全国之冠。也就是说，从“神舟”五号飞天当月起，蒙牛牛奶便开始荣登榜首，踏上了领跑中国液态奶行业的轨道。

蒙牛的另一次营销大整合是在2005年2月，与湖南卫视宣布共同启动“2005超级女声”。“超级女声”是湖南卫视推出的一档娱乐栏目，受众面广，影响力大。2004年，湖南卫视的“超级女声”节目首战告捷。据湖南卫视公布的《2004超级女声影响力分析》显示，2004年湖南卫视的平均收视率位列同时段全国所有卫星频道第二，仅次于央视一套。蒙牛从中嗅到了商机。他们敏锐地看到，“超级女声”节目对其酸酸乳产品而言是个很好的整合营销良机，于是便从这年的9月份开始筹划介入“超级女声”。

在此次营销活动中，蒙牛展开了强大的宣传攻势。继双方宣布共同启动“2005超级女声”新闻发布会之后，蒙牛的电视广告、路牌广告等一系列广告宣传会便暴风骤雨似的全面铺开。蒙牛将酸酸乳的目标消费群体定位在12~24岁的女孩，并选择首届“超女”季军张含韵为形象代言人，发布以“酸酸甜甜就是我”为号召的广告，充分表达了个性、前卫的广告诉求，彰显了消费者的个人魅力与自信。另外，每件蒙牛酸酸乳产品包装上都印有“超级女声”的宣传信息，它们本身就是一个很好的宣传，在提升“超级女声”知名度的同时，也为自己造了势。

借助“超级女声”之势，蒙牛还设立了“超级女声”夏令营：凡购买酸酸乳夏令营六连包即有机会参加抽奖活动，中奖者可以免费去长沙观看“超级女声”总决赛，还有机会享受长沙游。此活动进一步与终端销售进行结合，将活动影响力转化为产品销售力。

“超级女声”整合营销的成效是惊人的：仅酸酸乳一个产品半年销售即达20多亿元，实现净利润2.5亿元。2005年，蒙牛总收入跨过百亿大关，实现利润4.56亿元。可以说，“超级女声”整合营销起了决定性的作用，而蒙牛为“超级女声”的广告宣传投入只有区区1800万元。

蒙牛整合营销不但使自己名利双收，而且为“超级女声”活动推波助澜，使之商业价值大增，如今“超级女声”正在不断推陈出新，向多个领域进军，谁能说后面的跟进者没有受到蒙牛整合大策划的启发和影响呢？

六、简易原理

简易原理即要求策划方案简便、易行。大道从简，越是深刻的往往越是简单的。一套策划方案是否简洁明了，是否切实可行，最能反映策划者的策划水平。复杂而牵强的策划方案不但难以操作，而且会大大增加实现的成本。

高水平的策划者，能够从成千上万的参变量、变化因素、限制因素中迅速抽象出具有创造性的简单可行的决策方案。高水平的策划案是至简至易的。所以，策划要尽量做到环节、工序少，人员、职责分工明确，文字表达通俗易懂，不反复劳工费时。

大策划不一定就复杂，中国的改革开放是大策划，农村改革是从小岗村的家庭联产承包责任制开始的，而城市改革是从建立14个沿海经济特区开始的，这些思想是至简至易的。

史考特·摩格“卖美国”的简易原理

作为世界上最强大的国家，美国能卖吗？显然不可能。美国的土地能随便卖给外国人吗？也不可能。所以，要用“卖美国”的方式来获取商业利润似乎是一件不可思议的事情。但是，美国土地公司总裁史考特·摩格却能做到，他用简易原理完成了一个复杂的大策划。

史考特·摩格“卖美国”的商业大策划的主创意是：拥有一片美国。其策划的思路是：购买者掏钱买一份美国土地证书，就可以在美国50个州都拥有一平方英寸的土地。这些土地可以让主人自由进出，也可以赠与、转让、继承，但不能开发建设。在世界范围内公开“出售美国”，听起来吓人一大跳，案子不可谓不大。但这种拥有本质上不过是买一本美国的土地证书而已。史考特·摩格本人很清楚，此案看起来似乎很复杂，其实难点是合法性的问题，只要解决了这个问题，操作完全可以做到简单、易行。

于是，在策划实施之前，史考特·摩格花了两年时间，首先得到美国证券管理委员会（SEC）的认可，然后又使每一块土地在每一个州的土地局得到认可，这样“拥有一片美国”就披上合法的外衣了。

如何使“拥有一片美国”的大策划变得简单、易行、富有成效？史考特·摩格的操作办法是：

第一，确定简易的操作方式。即将“拥有一片美国”的概念变为土地证书销售活动，而不是真正的土地交易。不管是哪国的公民，只要你花上一部分钱，就能成为美国一小部分土地的主人，这在土地价值不断上涨的年代里，是极具诱惑力的，何况你拥有的是世界上最强大的美国国土。

第二，确定最佳推出时机。时间定在1992年。这一年，是哥伦布发现美洲大陆500周年，全世界都将举办各种纪念活动，特别是西班牙、葡萄牙语系的国家，它们的庆典活动更是盛况空前。史考特·摩格看准时机，及时推出“拥有一片美国”作为其文化庆典的一部分，其不同凡响的效果可想而知。

第三，确定重点购买市场。尽管这一活动在11个国家进行，但史考特·摩格把重点放在了中国，并由深圳海王集团作为独家代理商。史考特·摩格清楚、海王集团更清楚，在中国大陆，有相当一部分怀有崇美心理的消费者，虽然“拥有一片美国”既不能开发利用，又不能作为赴美签证的依据，它只是一张地契，但是，这张证书却能圆许多人曾经可望而不可即的梦。结果，“拥有一片美国”在中国一开卖，深圳、海南、北京、上海、南京、天津等地，迅速掀起了一股抢购热潮，大有供不应求之势，最终在中国卖出近10万份，成交额达数亿美元。

简易原理要求化繁为简，抓住策划的重点，使策划方案变得简单、可行，特别是便于操作。

大策划不一定就复杂，中国的改革开放是大策划，为什么能取得举世瞩目的成就？关键在于邓小平的策划思想，如农村改革是从小岗村的家庭联产承包责任制开始的，而城市改革是从建立14个沿海经济特区开始的，这些思想是至简至易的。

邓小平思想中含有许多简易的智慧，如香港回归——主权是不能谈判的、港人治港；对待台湾与大陆统一问题——一国两制、可以各自保留军队；中国的改革开放事业——一百年不动摇、两手抓、两手都要硬，等等。当年，毛泽东的“枪杆子里面出政权”更是一语道破天机，体现了非凡的政治远见。

以上基本原理体现出策划思维的基本属性和必要过程，在策划的实际运用中，应根据策划对象的不同有所侧重，有所选择，有时只用其中的某一个就足以解决问题，有时则需用几个甚至更多。但不管策划的实际情况如何，策划的基本原理都不是截然分开的。

第二节　策划的功能与商务作用

一、策划的功能

策划的功能是指策划的功效，它是由策划的本质属性决定的，这就是利益性、竞争性。策划的功能大致可概括为以下五个方面。

1．策划的竞争功能

竞争功能就是策划人以智谋及其策划方案协助策划主体赢得政治、军事、文化、经济、科技和社会形象等方面的优势地位，如诸葛亮的《隆中对》。

2．策划的放大功能

放大功能就是通过策划帮助策划主体在资源不足的情况下，实现以无博有、以小博大的神奇效果，如大英图书馆搬迁和史玉柱的第一次创业。

3．策划的预测功能

预测功能就是帮助策划主体对长远问题或本质问题进行准确的判断，提高策划主体对未来形势的把握和适应能力。例如，2007 年底，王石的房地产拐点论、马云的提前过冬，都准确地预测到了国内经济形势将发生重大变化。

4．策划的决策功能

决策功能就是帮助策划主体谋划、探索、设计多种备选方案。策划是决策的一种方式，通过这种方式进行决策，可以提高决策的质量，如史玉柱的“脑白金”营销、“好记星”电子词典的品牌和渠道策略。

5．策划的创新功能

创新功能就是利用科学的策划程序，帮助策划主体探索解决问题的有效途径，寻求新的突破，实质上也就是如何创新的问题。例如，蒙牛的“酸酸乳”营销、朱新礼的汇源果汁市场拓展等。

二、策划的商务作用

在过剩背景下的市场竞争中，商务策划突出地表现出了性质上的竞争功能、作用上的放大功能、程序上的预测功能、目的上的决策功能和效果上的创新功能。即所谓：没有策划的计划多是空话；没有策划的规划多是废话；没有策划的优化多是套话。

策划的商务作用主要表现在以下两个方面。

1．微观作用

（1）提高岗位职能；

（2）提高决策质量；

(3) 提高人才的职场竞争力。

2. 宏观作用

(1) 改变企业的发展方式；

(2) 避免企业死于非命；

(3) 节约企业资源；

(4) 提高市场推广速度；

(5) 促进和提高企业竞争能力。

策划的商务作用越来越被企业家们所重视，甚至可以说没有策划就没有新的市场奇迹产生，马化腾的创业和他的QQ产品就是一个有力的例证。

策划是为了经营省力而采取的比较费神的一种决策方式，策划最终要“消灭策划”，即每一个策划者在每次策划的时候都希望把策划做到尽善尽美的程度，并且今后可以复制使用。但事实上，大多数策划是无法尽善尽美的，无论多么绝妙的策划都会很快被竞争对手所掌握，自然会引发自己或对手进行新的策划，这样周而复始，人类社会就在不断的策划中进步，市场就在不断的策划中更加繁荣。

当今社会，处处都有策划，没有策划就不能领先。但我们也应该明白：策划不是万能的，只有当策划对象有生存或发展的内在依据时，策划才能发挥作用，因为策划只能发现规律，不能凭空创造规律。

第三节　策划科学的形成

策划是一门以策划活动为研究对象的新兴学科，它将科学的分析、归纳和数理技术与创意创造巧妙地统一起来。策划是一门综合性较强的学科，它与许多学科有着紧密的联系，特别是与运筹学、决策学、预测学、系统论、控制论、信息论以及古代的谋略学和现代市场竞争理论等有更密切的关系。

一、策划科学是东西方结合的产物

策划科学的形成经历了十分漫长的过程。策划最早产生于古代中国，西方与“策划”相对应的概念——“战略性计划”是在企业、经济竞争的环境中产生的，直到20世纪50年代，美国才普遍使用“战略性策划”作为商业竞争武器。由于西方特别是美国，率先进入了市场经济阶段，竞争充分，使得“策划”——“战略性计划”科学得到了快速发展。所以，策划科学是东方智慧与西方管理科学结合的产物。

策划科学的形成，不仅受西方管理科学的影响，而且也受到日本企划的促进，日本企划与商务策划定位相近，主要是指企业经营策划。所以，**现代商务策划≈西方战略计划+日本企划应用+中国谋略智慧**。

管理科学中的决策理论、思维科学中的创造理论、哲学中的关于战略、竞争与创新理论都是策划学科思想、原理与方法的主要来源。

管理科学也是策划科学成长的主要土壤。许多具体的管理科学方法后来成为商务策划的常用方法，尤其是在20世纪的发展，使得战略学方法从艺术走向艺术与科学结合、由定性走向定性与定量结合的转变，使策划科学具有了理论框架和应用工具。

思维科学中的创造理论和方法也是策划理论思想的一个重要来源。从程序到步骤到思维导图，使日益复杂的策划思维有机地整合到了统一的图形上，为策划思维与工作能借助信息技术手段展开创造了基础条件。这将在第五章“策划思维与模型”中详细介绍。

上述这些创造思维方法与管理科学方法结合成一体，使策划思维的结构和过程有了基本内核，进而为策划科学最终形成相对独立、完整的知识体系奠定了坚实的基础。

二、现代商务策划科学产生的背景

我国古代丰富的策划实践和策划思想，为人类的策划活动积累了丰富的经验。而国外的其他民族也运用他们的超凡智慧，在策划实践中创造了一个又一个奇迹。

自18世纪60年代产业革命开始以后，西欧和北美等国家逐渐在工业、技术等诸多领域取得了领先的地位。伴随着科学技术和社会经济的飞速发展，策划业也步入了前所未有的繁荣时期，无论是在数量、规模、内容、形式等方面都出现了嬗变和飞跃。这主要表现在从个体策划到集体策划，从专业策划到综合策划，从技术策划到战略策划，从经济领域拓展到社会生活的各个领域，并出现了国际合作的新形式。在这一进化过程中，形成了在世界上享有盛誉的大型综合机构，如国际应用系统分析研究所（IIASA，1972），美国兰德公司（RAND，1948），美国斯坦福国际咨询研究所（SRI，1946），德国系统工程与革新研究所（ISI），日本野村综合研究所（1965）等。

第二次世界大战后，特别是20世纪80年代以来，信息化、全球化、创新、知识经济、战略管理、企业再造、学习型组织等新概念层出不穷，在这些新概念的背后，是经济与技术的发展对商务内容与决策方式提出的全新的要求，为了适应这些发展要求，作为决策的一种新的方式，策划科学开始加快了它的系统化进程。

1959年，美国的丹尼尔·贝尔提出了“后工业化社会”的概念，1982年美国的J. 奈斯比特在《大趋势》一书中提出了“信息经济”的概念，1986年英国的福莱斯特在《高技术社会》一书中提出了“高技术经济”的概念。这些新概念都试图描述一个新的经济社会形态。20世纪80年代以后，以著名经济学家P. 罗默为代表的经济学界提出了较为系统的知识经济增长理论，在资本和劳动之后，第一个把知识列为又一个生产要素，并指出：知识资本具有连续增长和回报递增的特征，是经济长期发展的第一推动力。1996年，经济合作与发展组织（OECD）发表的“科技和工业展望”报告中，第一次正式使用了“基于知识的经济”（Knowledge —— Based Economy），并把知识分成四个主要形态：事实知识、原理知识、技能知识和人际知识。1997年2月，美国总统克林顿开始使用“知识经济”的概念，从此，知识经济的思想迅速走向社会生活，知识经济时代到来了！

在知识经济时代，有三个最基本的特征：知识化、信息化、全球化。

所谓“知识化”是指知识不仅作为一种生产要素，而且还作为生产的支柱和主要产品；经济不再建立在物质资源的消耗基础上，取而代之的是知识和智能；脑力劳动成为经济社会的主体，1956年，美国的白领阶层人数首次超过蓝领工人人数，到了1990年，白领与蓝领的人数比例达到了84:16！在知识化的大趋势下，人力资源成为企业的第一资源，企业从重视人才发展到了追求人才；

内部培训已经作为企业资本投资的重要组成部分；企业的无形资产作用在迅速提高，一些世界500强企业的无形资产是有形资产的3倍以上。如何最大限度地把知识生产出来呢？如何使人们的大脑联合起来形成知识生产线呢？“信息化”就显得十分重要。

所谓“信息化”是指在信息手段和工具的帮助下，人的思维可以从繁杂的计算整理中解脱出来，集中精力来突出发挥人的创造力；人们可以远距离地联合起来，实现智力的合理分工，突出发挥人们的集体智慧作用；使企业间的合作快捷，企业与市场之间的联系更加紧密，大大地提高了生产效率和经营效益。信息化带来的后工业革命，把地球变成了一个村庄，最显著的变化是经济“全球化”。

所谓“全球化”是指决策、研发、供应、生产、销售等经营活动的影响因素来自全球。知识化使无形资产成为支柱性生产要素，而无形资产的流动性很强，贸易自由化、金融国际化、企业经营跨国化成为潮流。

知识化在信息化的作用下，全球生产知识，全球共享知识；知识化、信息化环境下的全球化，使企业竞争要素高度“泛化”，企业很容易被看不见的敌人打倒。决策目标的多元化、经营资源的多元化、竞争空间的全球化，使企业决策更加困难，传统的决策思维方式已经严重地不合时宜。所以，“创新”成了时代的最强音。

“创新”主要包括创新（Innovate）行为、发明（Invent）行为和创造（Create）行为。

“创新”的概念早在1912年就被熊彼特（J. A. Schumpeter）提了出来，他认为“创新”的主体是企业家，创新的主要方式是对生产要素重新优化组合，主要包括五个方面：开发新产品、采用新生产方法、开辟新市场、获得新资源、建构新组织。他对经济学和管理学发展影响很大，创新经济学和创新管理学对企业创新实践起到了持续推动作用。企业创新主要包括：技术创新、制度创新和管理创新三个方面。从1912年到1980年，“创新”还只是企业发展需要关注的众多方面中的一个，而到了1980年以后，知识化、信息化、全球化趋势日益明显，“创新”成为企业发展的首要推动力。

现代企业创新的方式方法主要展现在企业战略理论、组织管理理论和企业再造理论等知识体系中。在知识化、信息化、全球化的综合作用下，现代企业所处的环境是跳跃性变化着的，为了应付这种多变剧变的环境，企业战略理论得到了长足发展。美国的企业战略学家安索夫（H. I. Ansoff）、竞争学大师迈克尔·波特（M. E. Porter）等都对战略管理理论作出过杰出的贡献。

战略管理理论解决了企业应对多变环境的思考模式问题，而组织管理理论是从企业内部形态的创新来寻找解决方法。1990 年，彼德·圣吉（P. M. Senge）出版了《第五项修炼》，书中一个核心观点是企业竞争优势来源于比对手学习得更快，这就是“快鱼吃慢鱼”说法的理论根据。企业要想提高“快”的能力，就要建立学习型组织，通过培训、沟通等手段使整个企业持久地处于浓厚的学习气氛中，组织中的每个成员的创造性思维均能得到充分发挥，使整个组织保持一种有机的、积极的、高度柔性的、连通的、扁平的、符合人性的、相互促进的、持续发展的状态。

综上所述，策划是人类与生俱来的思想工具，在谋略艺术阶段，策划科学已经扎根；在科学阶段，策划科学已经积累了丰富的素材和理论方法；在知识化、信息化、全球化的今天，在创新浪潮的催生下，现代策划科学开始茁壮成长并带动了一个行业的迅速发展。

中国实行社会主义市场经济之后，一方面古老的中国谋略思想焕发了青春，以“点子”的形式初步展现了出来；另一方面，中国实行了改革开放政策，向西方学习企业管理和经济管理经验，西方的“战略性计划”科学也被一并吸收了过来。两个知识来源会聚在一起，构成了中国现代策划科学的营养。

三、策划科学的相关学科知识

策划既是思维，也是实践，需要相关学科的支持。从事策划实践也好，策划科学研究也好，都会涉及其他一些学科和相关知识，而一项成功的策划，往往是多种学科知识相互渗透、交叉、汇合的结果。所以，对策划人来说，了解并掌握与策划科学相关的学科知识是十分必要的。这些学科主要是：

1．法学

在商界，一项成功的策划，首先必须是合法的。不同国家、不同地区在不同历史时期的法律会有所不同，从而有可能一项策划在一国是合法的，而在另一国却是非法的；或在一国的昨天是合法的，而在今天是非法的。所以，要从事某项策划，就必须首先从法学的角度来审视，以保证策划的合法性。

策划需要创新，而创新往往要打破常规，寻找最有效、最奇特的途径去实现策划的目的，这是策划的基本特性所决定的。但是，创新往往蕴涵着越界、违法的可能性。如何保证策划既合法又创新，这确实是一个难题。可见，无论从事何种策划，都要有法律的意识，都要研究策划方案法律的可行性，也就是说，策划人必须掌握一定的法学知识。

2. 思维科学

思维科学是研究人的意识与大脑、精神与物质、主观与客观的综合性科学。思维是人脑对客观事物的反映。根据著名科学家钱学森的观点，思维科学可分为思维科学的基础科学、思维科学的技术科学和思维科学的工程技术三个层次。思维科学的基础是思维学和社会思维学。思维学又由抽象（逻辑）思维学、形象（直感）思维学和灵感（顿悟）思维学组成。

策划科学与思维科学关系相当紧密。策划的核心是出谋献策。策划方案的产生，是人脑思维的结果。策划人要获得成功的策划方案，就要充分运用思维科学的成果。对策划人来说，充分认识人脑的思维规律，自觉按思维规律思考问题，从而提高思维效率；注重对思维规律的研究，洞悉其他策划主体的心态及其思维过程，进而利用这种思维，有的放矢，展开策划，无异于如虎添翼。

3. 信息科学

信息科学是以信息为主要研究对象，以信息的运动规律和应用方法为主要研究内容，以计算机等技术为主要研究工具，以扩展人类的信息功能为主要目标的一门新兴的综合学科。信息科学是由信息论、控制论、计算机科学、仿生学、系统工程与人工智能等学科相互渗透、相互结合而形成的。

信息科学对研究策划科学或进行策划实践是一项十分重要的基础知识。策划活动的首要环节是信息收集，因此要求策划人必须充分掌握获取各种相关信息的方法。正如军事指挥员，只有“知己知彼”，才能“百战不殆”。信息是策划的前提，是策划的耳目。准确、及时、有效的信息是策划的重要依据。否则，策划将成为空中楼阁，即使勉强作出策划方案，在实施过程中也会漏洞百出。因此，无论是研究策划学还是进行策划实践，都必须学会从信息科学的角度，研究并掌握信息的获取方法、加工方法和利用方法，树立信息利用的经济学观念。

4. 行为科学

行为科学是研究人与动物行为的一般规律的科学群，而且是一个不断发展的科学概念。它大体分为基本学科与应用学科两个方面，基本学科致力于发现并分析行为的基本事实，提出理论；应用学科则致力于将理论创造性地应用于工业、教育、医疗及政法等实际领域，解决问题实际问题并使理论得到检验和发展。行为科学的主要任务是解释、预测和控制人及动物的行为。其研究方法主要有：观察法、实验法、个案法以及调查法等。

策划作为一种有目的、有计划、有意识的智力活动，从制定到实施，在任何情况下都不能越过人这一重要环节。再好的策划，如果得不到策划决策者、执行者的支持，只能是一种空想，绝无成功的可能。所以，开展策划必须研究和考虑如何调动决策的参与者、特别是策划的决策者的自觉性、主动性和积极性，这正是行为科学为策划要解决的问题。

5. 系统工程

系统工程也叫系统科学、系统方法或系统分析，它是以系统及其机理为对象的，研究系统的类型、性质和运动规律的科学。系统科学产生于20世纪40年代末，是20世纪各门学科方法的结晶。它包括五个方面的内容：

（1）系统概念，即关于系统的一般思想和理论；

（2）一般系统理论，即用数学的形式描述和确定系统的结构和行为的纯数学理论；

（3）系统理论分论，指为了解决各种特殊的系统结构和行为的专门学科，如图论、博弈论、排队论、控制论、信息论等；

（4）系统方法，即为了对系统对象进行分析、计划、设计和运用是所采用的具体应用理论及技术的方法步骤，主要指系统分析和系统工程；

（5）系统方法的应用，即将系统科学的思想和方法应用到各个具体领域中去。

策划本身是一项系统工程，要求策划人必须具有系统科学的概念。系统科学中的许多理论和方法，对于策划实践和策划研究都有启发作用。

第四节 策划与咨询的关系

策划与咨询的含义非常接近，二者既有联系又有区别。在西方，早期的咨询业包含策划，也可以说，咨询和策划的性质是基本相同的，只是东西方的说法有所不同。后来，随着大量创造性思维成果的出现和应用，使策划逐步从咨询行业中分离出来，成为咨询行业的一个分支。

在我国，咨询业产生于20世纪80年代初，而策划业兴起于90年代初，总体要比咨询业晚10年左右。这个时期，正值中国经济转型和市场快速发展阶段，企业从过去习惯拍脑袋的决策思维方式向科学的决策思维方式转变，作为一种更专业、更接近市场的决策方式，策划越来越受到企业家们的重视。总的来说，中国咨询业是从工程咨询、法律咨询、科技咨询、管理咨询逐步走过来的，而中国的商务策划则是从广告策划、公关策划、营销策划、CIS策划、品牌策划一路发展起来的。目前，中国策划类机构已超过10万家，从业人员超过100万人，加上数百万家企业中各类企划从业人员，总数超过300万人。

由于策划是从咨询行业中分离出来的，所以二者相互渗透、紧密联系。一般地，大型的咨询机构都有两个组成部分，一个部分从事策划，主要是开发创意、积累原始的案例库；另一个部分则主要从事传统的咨询、传播和推广知识，用已经建立的案例库中的方案去解决新用户委托的同类问题。所以，策划和咨询二者可以形象地比喻为"复印原件"和"复印机"的关系。即：

策划——制造"复印原件"（创造知识）

咨询——做"复印机"（咨询公司）和开发复印纸（用户）

咨询作为一个行业，起源于1800年的英国。而咨询行业的杰出代表是美国的麦肯锡公司，它成立于1923年，经过80多年的发展，现已成为世界上最为成功的战略咨询公司。目前，它在世界各地共设有84家办事机构，雇佣了来自89个国家近7000名专业人员。麦肯锡的咨询对象包括"财富100强"中的大多数企业，世界上最大的150家企业中，有100家是麦肯锡的客户。此外，美国国家和地方政府机构以及许多外国政府机构也都委托麦肯锡做咨询项目。在国际商界，麦肯锡享有盛誉，是大型企业借用外脑时选择的第一品牌。

20 世纪 90 年代初，国外管理咨询公司跟随自己的客户纷纷登陆中国。进入 2002 年，国外咨询公司的前 20 强已经有一大半落户中国，与此同时，国内在工商部门注册经营管理咨询业务的企业也已达到 3 万多家。

在中国市场上，国外管理咨询公司的咨询必须有一个本地化的过程。国外咨询公司对中国企业需求的理解能力并不占优势，但在进行规模化运作的时候，它们多年积累下来的理论体系、方法论，特别是其全球知识库是中国本土咨询企业所不能比拟的。但是，“咨询业本身是创造性工作，不光是做一个对比诊断就完事了。”一位曾在最大跨国咨询公司就职的咨询师说，“看看他们的作品吧，没有闪光点，70% 都一样！”这说明策划在中国本土有着巨大的优势和潜力。

第五节　新经济时代对策划的要求

21 世纪是知识经济时代，这一新经济具有一系列的特征，它不再是众多媒体和出版物传播的新名词，而是正在创造着新的经济模式、新的经济运行规则。

一个新概念或一种新技术的出现，往往标志着时代的变迁。新经济一出现，便在世界范围内迅速而广泛地传播开来，现在已渗透到经济与社会生活的各个领域。新经济在给企业之间的竞争增大游戏空间的同时，也在让企业体验着新经济的游戏规则，需要企业接受新的资源观，掌握新的运作工具。也可以说，新规则、新资源、新工具是新经济时代的基本要求。

1. 新规则

新的游戏规则，需要新的策划思想。新经济时代，企业的经营方式发生了重大变化，出现了“虚拟经营”，营销方式朝数字化方向发展，信息管理成为管理方式发展的新趋势；企业的创业模式与传统的模式有很大的不同，建立了“企业孵化器”，出现了风险投资，创业不论资历而凭智力；人们对资本有了新的认识，知识与智力被凸显到了重要的地位，知识成了一种全新的生产要素，成为一种新的资本，并最终确定财富的分配；企业的竞争方式也与传统的竞争方式有了很大的不同，“快鱼吃慢鱼”正在成为一种主导的竞争规则，速度成为决定竞争的重要因素，创新成为竞争的灵魂，人才的竞争成了企业竞争的关键，双赢互利成为新经济时代的基本竞争方式。

2．新资源

新的资源观，需要新的策划方法。在以自然资源为基础的资源经济时代，传统的工业需要大量的资金、设备和储备，有形资产起着决定性的作用。其指导思想是建立在尽可能多地利用自然资源上，目的是产生更大的利润，较少考虑甚至根本不考虑环境效益、生态效益和社会效益。这种建立在自然资源取之不尽、用之不竭，以向自然掠夺为目的的生产经营方式，必然导致许许多多无法解决的环境、生态和社会矛盾。而新的资源观要求科学、合理、高效地利用现有物质资源，充分利用智力资源，开发尚未利用的富有的自然资源来取代已近耗竭的稀缺自然资源，使之可持续发展。

新经济时代，人力资源成为企业的第一资源，信息和时间是另外两种重要的资源。新的资源观要求企业不应只重视实、硬、显、正等资源，更应重视虚、软、潜、负等资源，还应重视各种资源间的相互转化和整合利用；不但要会利用企业的可控资源，更重要的是要学会寻找和利用可拓资源。这就要求策划者必须用新的策划方法去进行策划，以把企业不可用的资源变为企业的可用资源。

3．新工具

新的运作工具，需要新的策划工具。新经济时代是信息运营的时代，微电子、计算机、光纤通信、传感器、软件工程、信息网络、人工智能等信息技术，正在发展成为决定新经济的基本因素。现代信息技术为企业提供了很多新的生产模式、管理技术和设计、制造技术，如适时生产（JIT）、企业过程重组（BPR）、企业流程再造（ERP），等等。这些新工具的运用向策划人提出了严峻的挑战。策划人必须创造和运用新的策划工具，才能适应信息时代的要求，只有借助新的信息传递工具，才能作出科学有效的策划。

2008 年的金融危机，迅速导致全球经济衰退，使人们开始对过去的经济发展方式产生怀疑。但是，在同样的经济大背景下，由于领导人的忧患意识和策划能力的不同，一些企业不但没有受到或很少受到冲击，而且经营稳健甚至增长明显，这是值得令人深思的。实际上，危机中有机遇，危机也可以理解为危险的机会，善于策划的人总是能够从中获得意想不到的商机。

知识要点

策划的基本要素；策划的基本原理；策划的功能；策划的商务作用（宏观与微观）；策划科学的形成；知识经济的三个基本特征；策划与咨询的关系；新经济时代对企业和策划人的三个基本要求。

思考与训练

1. 从策划的基本要素举例说明“点子”与策划的关系。

2. 试收集六个案例分别说明策划的六大基本原理，并总结几条策划的其他原理。

3. 从策划科学的形成，简要总结中国与西方在策划思想方面有哪些不同。

4. 为什么知识经济时代更需要策划？

5. 在商务领域，为什么西方更多的是咨询，而中国更多的是策划？

6. 策划的创新出奇与现实的可行原则之间有矛盾吗？如何解决？

第五章

策划思维与模型

本章重点介绍策划思维的特点、结构、程序和思维方法，以及将其整合为一体的四维策划模型。该模型的建立遵循古为今用、洋为中用的原则，并用十分简易、明了的图形加以说明。

策划思维是一种创新思维，它比常规思维更具复杂性。为了更好地思考问题、解决问题，我们需要了解这种来自我们人类自身的创新思维的基本状况。其实人的思维并无具体形状，也不可能有固定的运行路线，但如果能建立一套假想的模型，将其无影无形的“游走”变成可以理解、接受的图形，那么人们思考问题将变得直观起来。当然，任何模型都不过是一种分析工具，它只能引导人的思路，而不能直接解决任何问题。

第一节　策划思维的特点

策划就是创新，创新的基础是创新思维。

思维是人脑对客观现实间接的和概括的反映，是人以感觉和知觉为基础，运用分析和综合、抽象和概括等智力操作，对感觉信息进行加工，以存储于记忆中的知识为媒介反映事物的本质和内在联系。

根据国际心理学研究的公认论断，创造性思维一般应该包含六个要素：新颖性、流畅性、变通性、精细性、可行性、指向性。

在创造性思维活动中，求异思维占主导地位，也有求同思维的成分，并且二者是密切结合的。想象是创造思维的重要表现形式，创造思维区别于一般思维的特点之一是想象力。要想从大量感性材料中把握事物的内在联系，就需要运用想象力，去设想、构思事物内部的机理和结构联系的图景。正如爱因斯坦所说："想象比知识更重要，因为知识是有限的，而想象力概括着世界上的一切，推动着，并且是知识进化的源泉。"

关于创新人类一直没有停止过探索，人类的不断进步就是创新思维的不断提高和丰富。作为以创新为目的的策划思维，有别于常规思维，其显著的特点是：

1．超前性

打飞机需要超前量。时间和速度是策划的重要因素，所谓"难得者时，易失者机，迅而行，速哉"（《兵经百篇·速字》）。要想做到事到临头时不会失去机会，只有提前发现和把握，否则只会是"时不再来"。

要成事必须从认识到决策做到适度超前，关键在于一个"度"字，过于超前，反而会招致失败。

2．发散性

别在一棵树上吊死。可以细分为正向、反向发散性思维，具有从不同的角度分别连接思维的目标，并不断向各个方向延伸扩展的特点，当然前提是思维者必须要有较宽的知识面。

条条大路通罗马，如解决圆珠笔漏油的问题，既可以从笔珠的角度，也可以从油的角度，还可以从笔杆的长短角度着手。

3．联想性

人类没有联想，世界将会怎样？联想思维是指由某一事物联想到另一事物而产生认识的心理过程。联想思维在人类的思维总量中约占20%的比例，其基础是人类在成长中获得的各种经验、习惯与知识，导致出现从对一个事物或现象的由此及彼、由彼及彼的推断和创造。

基于人类对于世界和事物认知的共性，所以联想性的思维表现有助于唤起人们在感受上、思维上的共鸣，巧妙利用公众思维的联想性，是广告策划、创意设计以及品牌战略中的重要武器。

4. 逆向性

反其道而行之。一般人都习惯于正向思维，即按常规去分析问题，按事物发展的进程进行思考和推测。但任何事物都有其两面性，如果在思考时只往一个方向努力，势必钻进牛角尖。思维的逆向性常常会带来“山重水复疑无路，柳暗花明又一村”的效果。

打破常规习惯的桎梏，出位求解。所谓“进一步天涯绝路，退一步海阔天空”，就是逆向思维奇妙的运用。比如，军事上“最危险的往往是最安全的”就是这个道理。

5. 新锐性

思维敏锐而锋利，能迅速捕捉信息，引领潮流。新是目标，锐是手段，包括自身感知力的敏锐和目标冲击力的锐利。在瞬息万变，新奇点子层出不穷甚至“过剩”的高速发展时代，成功有效的策划必然高度贴近目标对象的心理需求，表现出对新鲜时尚的敏锐把握和成功引领。

从顺应需求，到发现需求，到创造需求，是新锐性形成的三个过程。创新思维的这一特性，要求策划人的知识信息储备不仅要广博厚实，更要新鲜敏捷，思维经常处于聚合和裂变状态。

第二节 策划思维的结构

我们知道，策划是产生行动方案的过程，这个方案也许只有一个，也许有多个。可见，策划是决策的前奏，决策是对策划方案的选择和确定。从这个意义上来说，策划是决策的一种方式。从思维过程来看，策划就好比是建筑设计，而决策的过程就像是确定设计方案，决策的结果就是确定最终要建造什么样的大厦。无论是设计、确定设计方案，还是建筑施工都需要一个过程，需要若干要素组成。既然策划思维的过程相当于建筑设计的过程，那么它需要哪些要素呢？这个问题就是策划思维结构问题。

一般情况下，人的思维受其经验、阅历、知识、习惯等因素的影响和支配，都有一个结构性的问题，其结构是否科学、有序直接影响思维能力。人的创新能力之所以不同，本质上是人的思维结构不同。我们知道，同样是由碳元素组成，因分子的结构不同，自然界产生了石墨和金刚石两种截然不同的物质。

策划思维是在一定的头脑状态下，思考和设计如何“做正确的事情和正确地做事”。如何“做正确的事情”是看问题的角度问题，而如何“正确地做事”是做事情的程序问题，它们是认识论和方法论的高度统一，二者缺一不可。

所以，策划的思维结构是：状态、角度、程序、统一四个要素的组合。

1．状态：即策划人的思维框架。当策划人遇到新的问题时，首先把所要面对的问题分别进行“知己、知彼、目标”三个方面的分析和概括，从中可以得出基本结论：有无必要和有无能力解决当前的问题。

（1）知己（自我）：代表策划的主体，是策划人或决策者的主观条件；

（2）知彼（对象和环境）：代表策划的客体，是策划人或决策者的客观条件；

（3）目标（要求）：代表策划的企图和要达到的目的，是主客观条件共同作用的结果。

2．角度：即对问题的认识和立场。看问题既有着眼点、出发点，也有途径和目的性。对看问题角度的把握是“做正确的事情”的前提和保证，如果找不到解决问题或有利于问题解决的角度，那么策划就不能进行下去。

3．程序：即做事情的步骤及先后次序。做任何事情一般都要有认识步骤和行动步骤，这些步骤有些是前人在长期的实践中总结和提炼的，也有些是策划人的想象和发挥，甚至是无中生有。可见，程序既有客观规律的一面，也有人的主观意志的一面。

4．统一：即把角度和程序有机结合起来的过程。角度和程序二者相互影响，只有角度正确，即从“做正确的事情”认识出发，程序才有意义，这时候“正确地做事”才有价值。反过来，如果程序出了问题，即不知道如何“正确地做事”，那么无论角度如何独到、如何符合“做正确的事情”的立场和原则，也不会产生实际的策划效果。

第三节 策划思维过程与常用方法

我们把策划形象地比喻是对建筑物的设计，那么这种设计需要哪些工序，每道工序有何要求？把它们有机地组合起来就是策划思维过程。这个过程可以概括为 8 个字：搜集、整理、判断、创新。

1. 搜集：利用各种手段，最大限度地将需要解决的问题的资料和相关资讯进行完整的“打捞”。

2. 整理：对搜集到的全部资料进行有序的排列，实事求是地反映客观事实，无须掺杂任何情感因素。

3. 判断：在整理的基础上，对问题首先做出定性化的判断。判断是认定优势和劣势因素的过程，也是决定策划是否值得展开或继续的前提。

4. 创新：一旦判断策划可以展开或可以继续，就必须克服劣势因素、发挥优势因素，进而形成新优势资源，为问题的解决寻找新的方案。

一般来讲，创新是指新事物以及产生新事物的过程，包括新思想、新实践、新事物。

创新与发明最大的区别在于创新是经济行为，而发明是技术行为，简单地说，创新是发明的商业化过程或商业化结果。20 世纪世界著名经济学家熊彼特（Joseph A. Schumpeter，1883～1950）在其1912 年出版的《经济发展理论》一书中，首次使用了创新（Innovation）一词，他将创新定义为“新的生产函数的建立”，即“企业家对生产要素的新组合”。

在企业经营管理中，创新包括以下五种情况：

（1）引入一种新产品；

（2）采用一种新的生产方法；

（3）开辟一个新的市场；

（4）获得一种新的原材料或半成品的供应来源；

（5）实现一种新的工业组织形式。而这五种创新的前提，就是创新思维。

现代科学证实，人的创造发明也是有规律可循的。为此，专门研究创造的学问——“创造学”应运而生。创造学包括三个主要领域：创造科学、创造性科学和创造工程。创造科学作为创造学的基础理论，主要是研究创造活动与创造过程，揭示创造的规律；创造性科学则着重研究人的创造性，应用于培养和开发人才；创造工程则着重研究创造技法，直接应用于创造发明活动。

创新离不开方法。自从20世纪30年代美国创造大师奥斯本总结创造出第一种现代创新技法至今，全世界提出的创新技法林林总总达上千种，据说有案可稽的也有300多种。上海市闸北区和田路小学吸收各种技法的精华又结合小学生的心理、生理与知识基础，将创造心理学中的“检核表法”加以改造、提炼和通俗化，逐渐归纳出12个“一”的“和田技法”，以它的儿童化，通俗易懂的特点跻身于众多创造技法之中，多年来一样受到成年人的接受和青睐，在国内外广泛传播，显示了很强的生命力。

“和田创造12技法”包括12个“一”，即：

“加一加”——加高、加厚、加多、组合等；

“减一减”——减轻、减少、省略等；

“扩一扩”——放大、扩大、提高功效等；

“变一变”——变形状、颜色、气味、音响、次序等；

“改一改”——改缺点、改不便或不足之处；

“缩一缩”——压缩、缩小、微型化；

“联一联”——原因和结果有何联系，把某些似乎不相干的东西联系起来；

“学一学”——模仿形状、结构、方法，学习先进；

“代一代”——用别的材料代替，用别的方法代替；

“搬一搬”——换个地区换个行业，移作他用；

“反一反”——能否颠倒一下；

“定一定”——定个界限、标准，能提高工作效率。

在思维创新过程中，如果按这12个“一”的顺序进行核对和思考，就能从中得到启发，获得某种提示，诱发人们的创造性设想，从而获得策划的灵感和思路。当然，“和田技法”重要的不是告诉我们如何掌握创新方法的知识，而是能够变成一种思考的习惯。

第四节 创新技法在策划过程中的应用

创新技法是人类在不断创造的科学和社会实践中，通过摸索和总结，由创造学家们根据创新思维的规律整理和发现的一些方法和技巧。

把创新技法应用于策划活动，通过确定相应的逻辑程序、指导原则和操作流程，帮助策划者克服心理定式和思维障碍，使其联想、发散、超前、逆向等创造性思维的能力得以顺畅发挥，以获得有价值的创新策划方案。

创新技法繁多，前面提到的300余种，每一种都有其最适宜发挥功效的特定对象和环境。其中常用的有60多种，根据它们在创新思维的过程阶段发挥功效的侧重面，大致可分为以下10种类型：

1．研究类创新技法。侧重于科学研究与发现，运用范围最广，如观察法、实验法、模拟法、假说法、归纳法和演绎法等。适用于策划过程的制定方案阶段、寻求问题阶段、论证方案阶段。

2．激励类创新技法。侧重于激发新奇构想，开拓思路出位发散，如智力激励系列方法，以头脑风暴法、哥顿法等为典型。适用于策划过程的产生动因阶段、寻求问题阶段。

3．取向类创新技法。侧重于围绕策划目标提出一系列相关问题或取向点，从而全面准确把握目标，如核检表法、特点列举法、希望点列举法、缺点列举法等。适用于策划过程的确定目标阶段、寻求问题阶段。

4．组合类创新技法。侧重于根据目标原则，将两个或两个以上的因素巧妙组合，从而获得具有整体功能的新成果，如形态分析法、物场分析法、信息交合法、组合法等。适用于策划过程的制定方案阶段、寻求问题阶段、论证方案阶段、产生动因阶段。

5．类比类创新技法。侧重于运用类比促使激励而联想，从而冲击过程系统化，适用于处理复杂问题，如比较法、分类法、等价交换法等。适用于策划过程的制定方案阶段、寻求问题阶段、确定目标阶段、论证方案阶段。

6．联想类创新技法。虽然几乎所有的创新方法都离不开联想，而此类技法侧重于以联想思维作为主要步骤，沟通创新思路，从而产生新的设想和构思点，如强制联想法、入出联想法、类比联想法、创新对比联想法、因果联想法，等等。适用于策划过程的制定方案阶段、寻求问题阶段、论证方案阶段。

7. 设计类创新技法。侧重于新产品的开发设计，是其他创新技法的外在表现阶段，如设计类比法、设计清单法、模块化设计法、计算机辅助设计法（CAD/CAM）、模拟设计法、功能设计法，等等。适用于策划过程的制定方案阶段、论证方案阶段。

8. 综合类创新技法。侧重于把创新对象的各种信息和要素统一起来进行综合观察和研究，从而在整体上引发创新成果，即所谓“综合就是创造”，如论证法、水平思考法、力行思考法、重点扩展法、移植法、分析法、综合法等。适用于策划过程的制定方案阶段、论证方案阶段、寻求问题阶段、确定目标阶段。

9. 设问类创新技法。侧重于围绕创新对象或老产品提出各种问题设想和改进方案，从而获得创新成果构想和创新产品，如稽核问题表法、放大缩小法、颠倒逆向法、拉伸折叠法、科学艺术法等。适用于策划过程的产生动因、寻求问题阶段、制定方案阶段。

10. 系统类创新技法。侧重于把创新对象作为一个系统进行分析，从整体上研究其发展变化规律，处理各种系统问题，强调对创新研究的整体性、综合性，是介于哲学方法与专门方法之间的方法，如系统论法、控制论、信息论、耗散结构论法、突变论法、协同论法等。适用于策划过程的制定方案阶段、论证方案阶段、寻求问题阶段、确定目标阶段。

各类创新技法在策划活动过程中的应用，还应有一个功效互补的问题，以谋求达到效果最佳的总体策划。

第五节　创新思维的典型方法

我思故我在。对于最富魅力和动力的创新思维，人类一直没有停止过总结和探索。从中国古代的学者文人，到当代西方的科学家、管理学家，都在不断研究和摸索创新思维的规律，试图整理出创新思维的特有程序，以推广和促进人类的创造实践。

以下选择五种比较典型和常见的观点理论加以介绍。

一、"三境界"法

清代国学大师王国维（字静安，1877～1927）在代表作《人间词话》中，提出的"古今之成大事业大学问者，必经过三种境界"，用三段绝美的宋词极其形象地描述了思维求索"解决方案"的过程：

第一境界——"昨夜西风凋碧树，独上高楼，望尽天涯路"，是对目标、对象和环境的高视点多角度全方位的观察（搜集）、整理和分析。

第二境界——"衣带渐宽终不悔，为伊消得人憔悴"，是根据经验、标准、规律等参照系统对前阶段经过分解列举的各个关联要点进行筛选、判断，是不断地去伪存真，去粗存精的艰辛过程。

第三境界——"蓦然回首，那人却在灯火阑珊处"，是经过不断的探索、比较、验证的思维过程，终于顿悟开朗的创新时刻。

王国维的"三境界说"被广泛地运用在很多领域，不论是学习还是研究，是做行动计划还是设计广告，因为不论是谁，人类思维的行进过程都是相似的。

二、5W2H 法

所谓5W2H 法就是从七个方面去对策划创新的对象、目标进行设问。这七个方面的英文第一个字母正好是5 个 W 和2 个 H，所以称为5W2H 法。这七个方面是：

1. Why——为什么需要创新？
2. What——什么是创新的对象？即创新的内容和达成的目标。
3. Where——从什么地方着手？
4. Who——什么人来承担任务？
5. When——什么时候完成？
6. How——怎样实施？即用什么样的方法进行。
7. How much——达到怎样的水平或需要多少成本。

5W2H 法能够帮助我们的思路实现条理化，有助于在工作中、经营中杜绝盲目性和资源浪费。

三、行停法（gonging-stopping method）

美国创造学家阿里克斯·奥斯本（A. F. Osbern）总结整理出的一种设问类型的创新技法。通过“行”（go）——发散思维（提出创造性设想）与“停”（stop）——聚敛思维（对创造性设想进行冷静分析）的反复交叉进行，逐步接近所需解决的问题。行停法的操作步骤是：

“行”（go）——思考列举与所需要解决的问题相关联的要点因素；“停”（stop）——对此进行详细的分析和比较；“行”（go）——解决问题有哪些可能用得上的信息；“停”（stop）——如何方便地得到这些信息；“行”（go）——提出解决问题的所有关键点；“停”（stop）——判断确认最好的解决切入口；“行”（go）——尽量找出验证试验的方法；“停”（stop）——选择最佳的试验验证方法……循环往复，直至创新决策成功，形成完整的策划方案。

四、六顶思维帽法（lateral thinking）

英国牛津大学的心理学医学博士爱德华·德·波诺（Edward de Bono），在1980年代发明了“平行思维法”。针对一件具体事情，思维的一个小环节，在同一时刻，人们在思考时，情感、信息、逻辑、希望、创造力等都要参与到思考之中，人们要同时控制它们。

该方法主张：要把情感和逻辑分开，将创造力与信息分开，以此类推。波诺先生形象地把各个概念比做不同颜色的思维帽，戴上一顶帽子代表使用一种思维方式。

白帽：纯白，纯粹的事实、数字和信息。

红帽：刺目的红，情绪和感觉，包括预感和直觉。

黑帽：漆黑，做错误倡导者，否定判断，代表负面因素。

黄帽：阳光的，明亮和乐观主义，肯定的，建设性的，机会。

绿帽：象征丰收，创造性的，植物从种子里茁壮成长，意动，激发。

蓝帽：冷静和控制，管弦乐队的指挥，对思维进行思维。

戴上上述不同颜色的帽子，分别从不同的倾向角度去面对问题，得出的结论会有所不同，综合这些思维结果所得出的总结论往往是最好的决策。

五、头脑风暴法（brainstorming）

就像中国成语“集思广益”的意义一样，美国现代最著名的创造学家阿里克斯·奥斯本（A. F. Osbern）于1938年发明了著名的头脑风暴法，这是激发人的大脑思维产生创造性设想的一种集体讨论方法，又称BS法。以后各国创造学家又进一步对其丰富和发展，先后提出了默写式智力激励法、卡片式智力激励法、三菱智力激励法等。奥斯本把这种方法的有效性归因于4个方面：

其一，思想的产生有赖于联想，联想能力在一定程度上依赖于不同思想的相互启发和诱导。其二，一般人在小组讨论中比单独思考更能发挥其想象力。其三，智力活动在竞争情况下，其产生思想的能力增强50%，其中尤其以产生灵感的能力增强最为突出。其四，在小组中个人设想往往会立刻得到他人的鼓励、引申和发展，从而增加激发自己提出更好的设想。

头脑风暴法的具体做法是：围绕某个目标明确的主题，召开一次有10人左右参加的小组讨论会。会议主持人的言辞必须妙趣横生，使场面轻松、和谐，善于引导、激励会议成员积极思考。为了使会议气氛热烈，富有成效，对到会的人员约定4条原则：第一，不允许批评别人提出的设想；第二，提倡无约束地自由思考；第三，尽量提出新奇设想；第四，结合他人的见解提出新设想。

主要包括准备、热身、明确问题、畅谈、加工设想五个步骤。通过这五个步骤，先把设想归为明显可行的、荒谬的和介于两者之间的三类，经评价筛选出最佳方案。

在头脑风暴法的基础上，日本的武知考夫提出了T. T. STORM法，把创新的思维方法归结成集中目标、广泛思考、探索相似点、系统化、择优、具体化六个步骤。

第六节　商务策划的思维模型

把策划思维结构与思维过程整合为一体，并用图形表达出来，就构成了策划思维模型。当然，人的思维是复杂的智力运动，很难具化，所以，各种思维模型都是假想的图形。

由于策划人的思维结构与思维过程的差异性，策划有多种思维模型。近年来，我国策划学科建设开始加快，涌现了一批学贯中西的策划理论专家，他们创造的各种思维模型和思维方法均得到了成功的应用，典型的有：创意策划学专家陈放先生的“东方太极奇门模型”，营销策划专家刘秉均先生的“三力营销思维模型”，中国人民大学张利庠博士的“联动优化框架模型”等。

针对中国企业管理的特点和文化特性，汲取《孙子兵法》等中国古代策划智慧和西方战略管理的精髓，作者研究总结出一种更加直观、形象的模型——四维策划模型（也可称为“兵法思维模型”）。该模型的核心思想是《孙子兵法》的著名论断：“知己知彼，百战不殆”，“凡战者，以正合，以奇胜”，同时吸收西方战略管理营养，运用数理技术方法进行定性、定量分析。“四维策划模型”将“知己、知彼、正合、奇胜”统一为一个整体，系统地运用主体、客体、资源和创新方法解决策划问题。该模型的突出作用是，用系统观点对策划问题进行时空多方位的审视和分析，对策划的难易程度、是否可行一般能够给出明确的意见。

一、四维策划模型的含义

“四维策划模型”是一种策划分析工具，“维”是空间的概念，在这里表示方向、要素，“四维策划模型”即由4个要素构成，分别是：知己、知彼、正合、奇胜。为便于理解和使用，首先给出平面示意图（图5－1）。

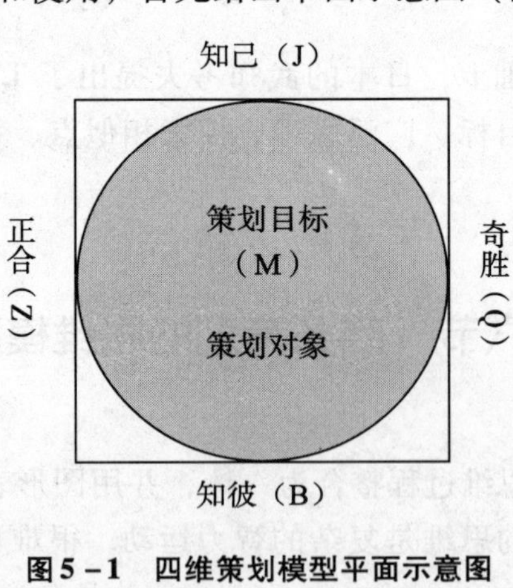

图5－1　四维策划模型平面示意图

在平面示意图上，四维策划模型由方框和圆形构成，方框代表策划的四大要素，圆形代表策划的对象。其思想的内核是中国式的，中国文化倡导：做人要外圆内方。但做事呢？则要中西结合，外方内圆。

具体图形和符号含义：

□：表示策划思维的框架，框架越大说明策划力越大，策划的把握性越大。它由四个面（四大要素）组成，分别是：知己、知彼、正合、奇胜。

○：表示策划的对象，它被放置在一定的思维框架中，圆形越大，说明策划问题的难度也越大，策划的把握性越小。

策划目标（M）：表示策划的企图和目的。

知己（J）：表示策划的主体。

知彼（B）：表示策划的客体。

正合（Z）：表示策划人或决策者的资源及优势。

奇胜（Q）：表示策划的创新手段和能力。

（1）知己（J）——策划的主体：包括经验、知识、关系、信息4个因素。在这些因素中，稳定性最好的是经验，知识、关系次之，信息最不稳定。

（2）知彼（B）——策划的客体：有时是指外部宏观环境，主要包括政治、经济、科技、文化4个方面的因素；有时是指具体的竞争对象，它是策划必须克服或战胜的因素；有时两个方面兼而有之。

（3）正合（Z）——策划人或决策者的资源和优势：资源分有形资源和无形资源，优势又分显在优势和潜在优势。正合是“明修栈道”的实力，是策划人或决策者拥有资源多寡及其掌握、运用的能力。

（4）奇胜（Q）——策划人或决策者的创新手段和能力：创新手段主要指方式、方法，而创新能力主要是预见力、创意力和应变力。奇胜是“暗渡陈仓”的保证。

二、四维策划模型的定性分析

在实际应用中，为进一步方便操作，使思维工作流程化，策划工作能够迅速展开，可以将四维策划模型平面示意图分解成两个二维坐标图进行定性分析。即一个是知己、知彼——反映策划主体和策划客体的二维坐标；另一个是正合、奇胜——反映策划主体资源条件和创新能力的二维坐标。通过这两个二维坐标，可使我们更加清晰地了解策划思维的要素内容，以及策划有无能力进行和继续的必要。

1. 从“知己、知彼”中确定策划的必要条件（图5-2）

图中含义如下：

J轴——知己线，反映策划人或决策者的内在决策能力，它是经验、知识、关系、信息的综合指标。

B轴——知彼线，反映策划的客观环境或竞争对象状况，它是政治、经济、文化、科技或竞争对手的综合指标。

M——策划目的或决策目标，是策划人或决策者所要达到的最终目的。

通过“知己、知彼”各项因素的客观排列和分析，研究策划的必要条件是否具备。从图形上看，J轴上的知己指标和B轴上的知彼指标能否满足策划对象的需要，能则具备策划的必要条件，不能则需创造条件或推迟、放弃策划。

2. 从“正合、奇胜”中确定策划的充分条件（图5-3）

图中的含义如下：

Z轴——正合线，反映策划人或决策者的资源和优势，它是正面出击和与竞争对手抗衡的实力和潜力的综合指标。

Q轴——奇胜线，反映策划人或决策者的创新方法和能力，它是出奇制胜能力的综合指标。

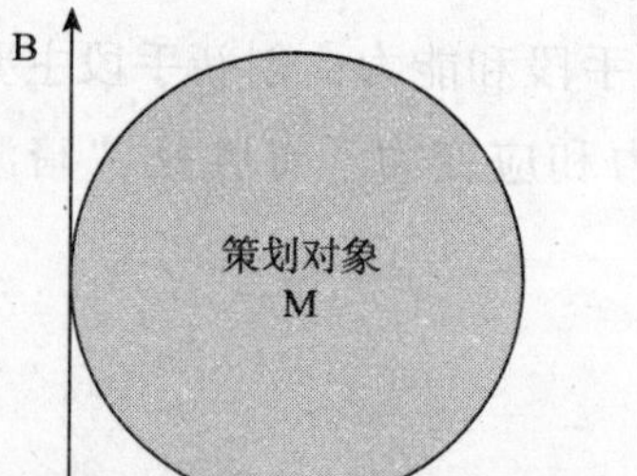

图5-2

图5-3

通过“正合、奇胜”各项因素的客观排列和分析，研究策划的充要条件是否具备。从图形上看，Z 轴上的正合指标和 Q 轴上的奇胜指标能否满足策划对象的需要，能则具备策划的充要条件，不能则需创造条件或推迟、放弃策划。

以上是一个简单易行、定性式的策划分析，其突出的作用是：

（1）当一个策划问题出现时，可迅速通过此模型了解策划的难易程度和对策划要素的掌握情况；

（2）防止策划的盲目性。

三、四维策划模型的定量分析

按空间物理学的概念，由一个方向确立的空间模式是一维空间，一维空间呈现直线性，只被长的一个方向确立。由两个方向确立的空间模式是二维空间，二维空间呈面性，被长、宽两个方向确立。同理，三维空间是体性，被长、宽、高三个方向确立。四维空间呈时空流动性，被长、宽、高和时间四个方向共同确立。“四维策划模型”借用上述概念，即策划的成功与否由四个方向的要素所决定，它们是“知己、知彼、正合、奇胜”，其四大要素构成的四维坐标图如图 5－4。

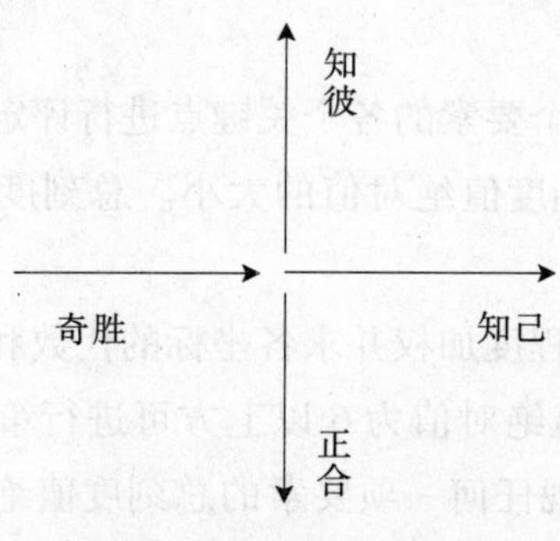

图 5－4　四维策划坐标

在掌握策划的二维坐标定性分析应用要领后，可在策划的四维坐标上进行定量分析，具体应用时可按以下步骤进行。

1. 确定各维坐标的关键要素

学习和应用 SWOT 分析法，列出各个要素的关键点，每个要素的关键点一般不超过 4 个（表 5－1）。

表5-1　四维策划要素表

知己因素（J）	知彼因素（B）
经验 知识 关系 信息	政治 经济 科技 文化　（或竞争对象）
正合因素（Z）	奇胜因素（Q）
有形资源 无形资源 显在优势 潜在优势	创新方法 预见力 创意力 应变力

2. 分别在这四维坐标上按+10至-10进行刻度

知己、知彼、正合坐标上的各要素按0至+10进行刻度，各关键点（决策点）总刻度值为10，其中，知己、知彼坐标上每个关键点刻度值为2.5；奇胜坐标上的要素按-10至0进行刻度，各关键点（决策点）总刻度值也为10，每个关键点刻度值为2.5。

3. 根据实际情况对每个要素的各个关键点进行评定

即确定各个要素的总刻度值绝对值的大小。总刻度值绝对值越大反映该要素状况越好，反之则越差。

4. 按各关键点的重要程度加权并求各坐标的代数和

假定每项要素总刻度值绝对值为6以上方可进行策划，即4项要素总刻度值绝对值须>24且不能出现任何一项要素的总刻度值绝对值为0的现象，否则策划需补充条件或推迟或放弃。

5. 根据上述结果进行策划定位和评价，将会出现多种组合结果，典型的有以下4种：

（1）完美策划：各要素的绝对值加权代数和均为10（极理想状态），策划力图形（虚线构成部分）为矩形（图5-5）。

（2）不确定策划：4项要素中有一项绝对值加权代数和为0或极小，策划力图形（虚线构成部分）为三角形或近似三角形（图5-6）。

（3）可行策划：4 项要素的绝对值加权代数和 >24，策划力图形（虚线构成部分）为不规则的面积较大的四边形（图 5－7）。

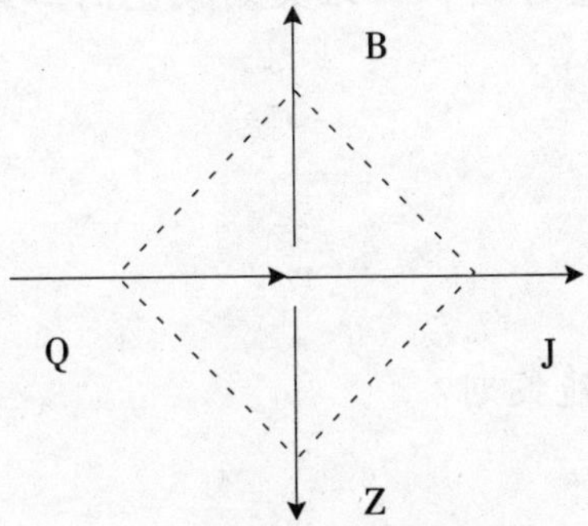

图 5－5　完美策划

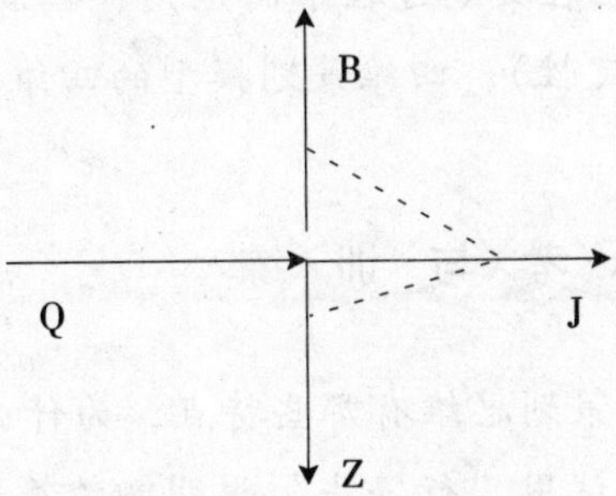

图 5－6　不确定策划

（4）不可行策划：4 项要素的绝对值加权代数和 <24，策划力图形（虚线构成部分）为不规则的面积较小的四边形（图 5－8）。

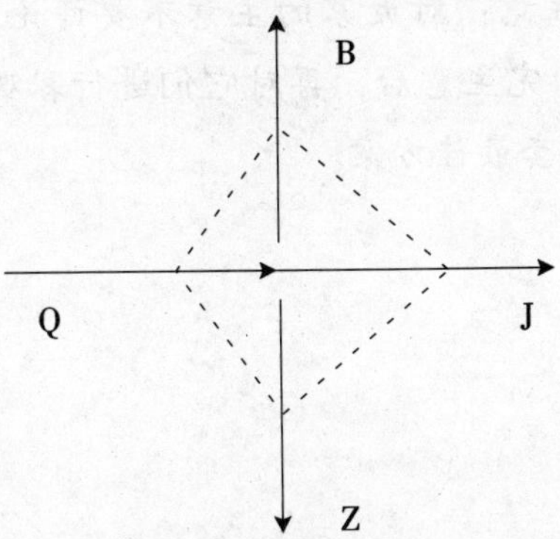

图 5－7　可行策划

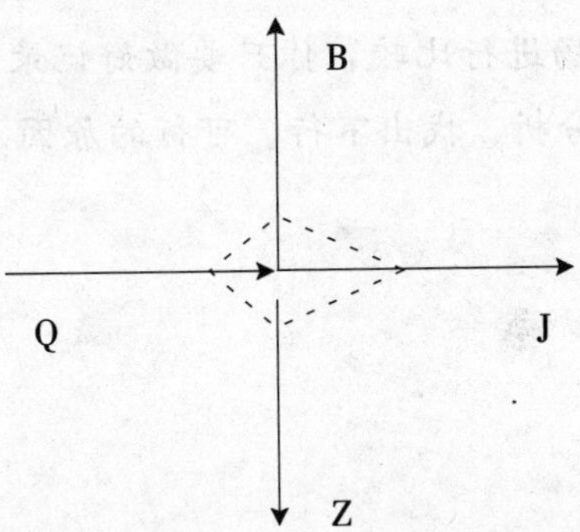

图 5－8　不可行策划

综上所述，“知己、知彼”是策划的前提，而“正合、奇胜”是现代创新决策思维的基本法则。利用此模型不但能够迅速进入策划状态，而且可以有效防止策划的漫无边际和无效性。

知识要点

策划思维的特点；策划思维结构；策划思维的过程；和田创造法；10种创新技法在策划过程中的应用；创新思维的典型方法；四维策划模型的二维分析（定性）；四维策划模型的四维分析（定量）。

思考与训练

1. 策划思维有哪些特点，为什么说人人都能策划？
2. 试用“行停法”说明四维策划模型。
3. 试提出一个策划项目，按“5H2W”向同学提问。
4. 举例说明策划人的搜集、整理、判断、创新的思维过程。
5. 试用四维策划模型的二维坐标帮助一家企业定性分析市场竞争地位。
6. 请几位好友聚一聚，就某一假定的目标，如开一家书店或组织一次社会考察等，让大家一起来一次“头脑风暴”。注意：对大家的主意不要评论，不要当场进行比较，你只要做好记录。等大家出完主意后，再对它们进行客观理性的分析，找出不行、可行的原因，筛选出一套最佳方案。

第六章

创意与策划技巧

本章重点介绍创意理论、规律，创意的形成，商务策划方法与技巧。

创新是当代社会的主旋律，熟悉其中的几种创意和策划方法并能加以组合应用、融会贯通，是现代人参与市场竞争获胜的法宝。从一定意义上来说，创新就是突破，是在策划思维过程中对宏观或微观的突破。

如同诗人需要“灵感”一样，策划人需要“创意”。创意从何而来？要准确地回答这个问题，就像回答诗人的灵感从何而来一样困难。但创意也有理论的支持，也有一定的规律可循，并且有许许多多的方法，这些方法并不神秘，它们是人类智慧的结晶，其精巧、奇妙令人感叹。创意方法需要从书本上学习，更需要从实践中积累和领悟。

第一节　创意理论与规律

创意是策划的核心和关键，也是策划方案的生命和灵魂。策划往往由创意引发，所以，创意是策划的前提，是策划的艺术境界。如果创意错了，策划再好也不会有正向作用。

什么是创意？创意一词最早出自著名广告人詹姆斯·韦伯·扬（James

Webb Young）的广告名著《A Technique for Producing Idea》（译为《产生创意的方法》），从此，Idea 作为创意一词便被普遍认同并被广泛使用。

创意是如何产生的？是与生俱来，还是后天练就？是无心偶得，还是勤奋所赐？关于创意的产生有许多理论和学术，影响较大的有以下几种。

一、魔岛理论

魔岛理论起源于古代水手的传说。茫茫大海，波涛汹涌，海中岛礁，不可捉摸。当水手们想躲开它时，它偏偏出现了；当水手们想寻找它时，它却迟迟不肯露面，消隐得无影无踪。因此，水手们称这些岛为“魔岛”。实际上，“魔岛”是珊瑚岛，没有珊瑚年复一年的积累是生长不出来的。

创意的产生，有时也像“魔岛”一样，在策划人的脑海中，悄然浮现，神秘不可捉摸。“魔岛”理论认为，策划的创意和“魔岛”（珊瑚岛）一样，在人类的潜意识中，也要经历无数次的孕育、努力和培养，才能最终获得。如果你想获得好的创意，就必须像水手那样出海去探索，可能你这次空手而归，但也许下一次你就大有收获了。也就是说，创意必须通过努力才能得到。“魔岛”理论还强调“发明”，也就是杜拉克所说的“聪明的创意”，即创意是生成的、独创的，而不是模仿的。

虽然“魔岛”理论阐明了创意的创造性和发明性，但策划中的创意并不仅仅是这些，它常常是“有效的模仿”、“改良性的主意”或“拼凑式的创造”。因此，“魔岛”理论无法说明所有策划创意产生的原因。“魔岛”理论强调后天的努力和积累，却否认天生的灵感，所以无法解释下列现象：学识渊博的学者，有时却墨守成规，食古不化，毫无创意可言；而有时大字不识的文盲却机智灵活，创意多多。

二、天才理论

与“魔岛”理论正好相反，天才理论推崇天才，强调创意是靠天才而获得的。世界上的确存在着不少天才，如孙子的兵法是天才之谋，曹植的七步诗是天才之作，达·芬奇的《蒙娜丽莎》是天才之画，凯恩斯的《就业、利息与货币通论》是天才之论。还有其他众多的天才之想、天才之举、天才之功、天才之学、天才之用，举不胜举。在这些人身上，“勤能补拙”的格言并不适应。天才理论认为，创意并不需要苦苦求索，天才的策划家，天生就有这方面的突出才能。

在策划中，不承认天赋是不行的，某些杰出的策划大师，他们的随机念头，往往比我们费尽心机抠出来的方案不知要高出多少倍。天才理论揭示了创意的部分来源，但这一理论过分强调天生而忽视后天的努力，实际上也是片面的。如果我们相信创意大部分非天才不能为，那么策划人才如何培养？大量出现在商战中由普通人完成的各种成功策划又如何解释？

三、迁移理论

这种理论认为，创意是一种迁移。所谓迁移，就是用观察此事物的办法去观察彼事物，就是用不同的眼光去观察同一个现象，就是采取移动视角的办法来分析问题。通过视角的迁移，人们可以很简单地创造出众多新鲜的、交叉的、融合的、异化的、裂变的、创新的事物来。这就是创意产生的成因。

自然科学里的转基因研究，社会科学中的交叉学科和边缘学科的出现，实际上都是学者迁移观察的结果。科研是这样，策划更是这样。实践中，许许多多杰出的策划创意都源于这类的“再认识”。杜拉克在谈到创新的来源时，也认为“认识的改变”是重要的创新来源。

四、变通理论

创意有时候只是“概念的一扭”，只要换一种方式去理解，换一个角度去观察，换一个环境去应用，一个新的创意就产生了。这就是创意的变通理论。

某种事物的功效作为一种能量，在一定的条件下是可以转换的，如用于战争的兵法，经过变通可用于经济，这是一种观念的嫁接；原本属于动物本能的保护色，经过变通，可用于军队的迷彩服，这是功能的变通；民用产品可以用于军需，军需产品也可以转为民用，这是能量与功效的传递和延伸。显然，上述各种能量的转换、功能的变通，对策划创意的产生是极有启示性的。同样，知识的用途可以被拓宽，如心理学应用于管理，产生了管理心理学，成为管理者必备的知识；军事谋略应用于商战，使精明的商人懂得韬略；公关策略引入政界，成为竞选的有力武器，等等。

对策划来说，创意就需要这种变通，创意就产生于这种变通。“改变用途”是创意的重要源泉。策划人应该善于运用这种思路，通过改变策划对象的用途，赋予策划以新奇和独创。事物的用途能交换、转换和传递。改变人的观念与改变事物的用途一样，实际上也是一种能力的改变。以一样的眼光看待不一样的事物，或对一样的事物用不一样的眼光来看待，都是一种功能变通，都能产生新的创意。

五、元素组合理论

在自然界，元素通过组合可以形成各种各样的新的物质，策划的创意也可产生于元素组合，即策划人可以通过研究各种元素的组合而获取新的创意。这就是元素组合理论。

策划人不能墨守成规，必须不断尝试和揣测各种组合的可能，并从中获得新的创意（帕雷托法则）。元素的组合不是简单的相加，而是在原有基础上的一种创造。能够产生创意的元素包罗万象，可以是实际的，也可以是抽象的；可以是现实存在的，也可以是虚构想象的。电视可以论斤出售、冰淇淋可以油炸、外墙涂料可以给人喝，等等，不一而足，都是一些超越常人思维的元素组合。

一般的创意就是人们常说的“好主意、好点子”，但商务策划的创意不同于“点子”，它需要一定的系统性，即除了具有一定的虚构性外，还必须产生相对的新颖性、相对的超前性和可操作性，是一种复杂高级的思维活动。

研究创意思维活动的内在规律，是有组织地进行创意的要求。创意的规律主要体现在以下四个方面。

1. 择优律

通过“择优选取”，以实现创造意图的规律。在商务策划的创造活动中，选择无时不有、无处不在，选择就是通过比较定取舍，而择优的标准就是有利于知己、知彼，有利用正合、奇胜。由于商务活动是动态系统，商务策划创意择优的标准不能一成不变。优劣是相对的，是比较的结果，所以，商务策划的择优过程是永无止境的。要本着“有所发现，有所发明，有所创造，有所前进”的原则，不断总结提高。

2. 相似律

对客观事物中存在着大量相似的现象加以研究和运用，以实现创造意图的规律。相似不是相同，而是“相同加上变异”。商务活动中有很多问题存在着相似之处，对这些相似现象深入研究，了解它们之间的关系和规律，往往能产生新的创意。例如，“看板管理”方法的产生，最初是受到超级市场供货方式的启发，创造了“看板”这种具体方式来实现生产过程组织及时、准确、按需供货。相似律的运用，还表现在纵向的集成上，任何管理方法的发展，总是在原有的基础上一步步地改进，从量的发展，最后达到质的创新。

3. 综合律

把解决商务问题的某些要素、方法等重新加以组合，以实现创造意图的规律。管理大师熊彼特曾把创新定义为“生产要素的重新组合”。根据唯物论的观点，世上一切事物，大到浩瀚宇宙，小到基本粒子，组合现象是普遍存在的，不同的组合其效应也不同。在商务活动中，以组合为手段，以提高协作水平为标准，就可以有所创意，并取得成效。例如，企业内部银行的产生，就是把银行的工作制度与企业内部经济责任制结合起来，从而提高了企业经济核算工作的程序化、标准化、科学化水平。

4. 对应律

按照事物间存在的对立性、对称性去构思，以实现创造意图的规律。一切事物都存在着对立面，对立统一规律也表现在商务活动的创新中，如少品种、大批量、追求规模效益与多品种、小批量、追求品种效益，就是两种思路完全相反的经营方法。在市场竞争中，别人生产“矛”，你就生产“盾”；别人以高档产品见长，你可以薄利多销取胜。总之，不能跟在别人后面亦步亦趋，要走自己的路，创出自己的特色，才能出奇制胜。

在商务策划的创意活动中，对创意规律一般都是综合应用，因为它们之间相辅相成，互相渗透。在商务策划的实践中，创意既有自己的规律，也在违反着已经形成的规律。

例如，文艺作品的创意：不论主人公是人还是动物，是来自东方还是西方，故事的情节似乎永远不变，都是在历经多次磨难之后，正义最终取得胜利。

这么说来，迪士尼是老生常谈，毫无创新了。其实不然。对于一个企业来说，创意的目的是要实现商业价值。基于此，迪士尼的可贵之处就是在于它找到了一种可以赢利的创意规律之后，会坚决地复制并有效地执行。

其实，麦当劳、可口可乐等老牌世界名牌也是一样。如果说，麦当劳创意了特许经营模式，可口可乐让世界明白了原来饮料可以是一种由意外得来的怪味道，那么，以后的这许多年，它们都是在彻头彻尾地执行这种创意。当然，过程中也要不断地有所创新。不过，能起决定性作用的创意早已定格了。

从表面上看，创意似乎总是在违背一定的规律，但从根源上来说，创意一定是符合某种规律的。它是在原规律基础上融合非规律的一种创新理念。

第二节　创意的形成

一、创意产生的条件

创意是人的主观反映、客观存在。创意无处不在，无时不在。但创意的产生也是有条件的，这些条件包括如下三个方面。

1. 创意产生的前提

创意产生的前提是人的主观动机或偶然性，这个动机大部分是有意的，但也有的是无意的。例如，当年茅台酒在巴拿马参展评比，因无人光顾，工作人员名为失手、实为有意摔碎一瓶，结果酒香四溢，招徕大批客人，最终获得金奖荣誉；而苹果掉在牛顿头上，撞出“万有引力定律”是牛顿自己也没有想到的事情。可见，创意的产生是有前提的，没有主观动机或偶然性创意是无法产生的。

2. 创意产生的基础

创意产生的基础是智力的积累，即人脑能量的储备和个体用脑素质的问题。人脑能量的储备主要是对各种材料的积累，包括专业技术、文学艺术、社会实践以及其他各种新知识的吸纳等。个体用脑素质其实就是一个智商的问题，即灵活用脑的程度，包括智力开发、思维方法、思想观念等。创意需要有敏捷的思维、开阔的思路、创新的精神，但这些都与知识和实践的积累、开放型的思维密不可分，墨守成规的人是不可能有什么创意的。

3. 创意产生的过程

创意产生的过程是智能的放大。创意的产生是一种虚构、联想、假设，如果只有想象而没有智能的放大，是很难产生新的创意的或产生不了有价值的创意。智能放大的过程，就是积极地用大脑去思考，特别是积极地进行夸张，多角度、最大化地进行联想，同时进行科学的分析、总结和归纳。

总之，在整个创意过程中，以上三个条件缺一不可，它们是必要条件也是充分条件。

二、创意的基本原理

创意的产生有时非常简单，有时又十分复杂，它为什么能产生、如何产生？这就是创意的基本原理需要回答的问题。

1. 组合原理

1912 年熊彼特指出：创新的主要方式是对生产要素的重新优化组合。创意是创新的前奏，同样遵循组合原理，许多创意并非要求必须是完全新的构思和创造。在自然界，元素通过组合可以形成各种各样新的物质，创意也可产生于元素组合。组合不仅是一种技巧，更是一种想象，例如：

江河湖海——涓流的组合；

崇山峻岭——岩石的组合；

三大男高音组合——超级演唱会；

《英雄》、《天下无贼》——众明星组合的超级大片；

新旧技术组合——IC 卡电度表；

原料组合——牵手饮料；

技巧和体育组合——少林足球；

银行的“一卡通”、买车的“一条龙”、工商注册的“一站式”服务，等等。

组合是创意的最基本原理，组合是无穷的，所以创意也是无穷的。组合原理不但使创意无穷无尽，而且使创意人人可得。

2. 相干原理

所谓相干是指系统与系统之间、万事万物之间的相互联系关系。世界上无论天象、物象、地象、人象、意象，万事万物都处于一种相干作用之中，所以整个宇宙实际上是牵一发而动全身的。事实上，世间万事万物无论是物质的还是精神的，无论是直接的还是间接的，无论为人所知与为人所不知，其相干作用无时不在、无时不有，只是有些我们无法感知，有些相干作用微小而忽略不计。

3. 全息原理

一滴水可见太阳、一叶生而知天下春，这就是全息原理。宇宙万象之间是相互映象、相互包含的，是一种互为“函数关系”。所以，许多事物“你中有我，我中有你”，人与人也是一样，社会关系是相互影响、相互作用的，而不是孤立存在的。全息原理告诉我们，任何一个元素都包含许多信息，都可能反映出有不同全息度的全息系统。

4. 方法原理

做任何事情都需要一定的方法，方法原理即创意产生所遵循的方式方法——创意方法。实际上，人的智商差距并不大，但为什么有的人创造能力强，作出了许多贡献，而有的人则毫无创新，一辈子平平，除了经验、知识、兴趣、爱好之外，一个重要的原因是对创意方法的学习、训练和总结。同样的问题、同样的条件，不同的人用不同的方法，或是否善于运用方法，结果大相径庭。可见，尽管创意往往来源于灵感，来源于联想，甚至被某些不经意的事情触发，但它同样需要方法的指导，这是创意必修的一门课程。

三、创意开门

创意并不神秘，其实人人都有创意潜力，问题是如何打开这扇大门？著名创意、策划专家陈放先生在他的著作《创意风暴》中做了如下演示：

1. 通过一棵树这样一个事例来阐述创意产生的过程。盯住一点或围绕着一种什么东西，尽可能多地想出它的功能、缺点等。

——一棵树可以做无数的筷子；

——一棵树可以乘凉；

——一棵树可以做成家具；

——一棵树可以用来烧火做饭；

——一棵树可以避雨；

——一棵树可以当成鸟的家（无数的鸟、无数种鸟窝的形式）；

——一棵树可以作为酒的名字；

——一棵树可以用来做游戏；

——一棵树可以盖房子；

——一棵树可以打木桩；

——一棵树可以做成艺术品（艺术品有无穷种样式）；

——一棵树可以用来绝缘；

——一棵树可以做成铅笔；

——一棵树可以用来当武器（武器亦有无穷种样式）；

……

上述每一种树的用途互相相干，或者每一种树再与别的因素相干就有无穷种创意！一棵树尚且如此，何况世间万事万物呢？

2. 一粒豆的100亿种创意

(1) 豆的母本有几十种，大豆、小豆、红豆、绿豆、黑豆、蚕豆、豌豆……

我们暂且选10种。

(2) 做成原料加工的各种形态：豆浆、豆汤、豆粉、炒豆、豆腐皮、豆腐脑、豆腐干、豆腐丝、臭豆腐等。

$10 \times 10 = 100$ 种

(3) 与100种可以反应的蔬菜相干，如荷花豆腐、竹笋豆腐、萝卜豆腐等。

$10 \times 100 = 1000$ 种

(4) 与100种药材相干，如人参豆腐、当归豆腐、枸杞豆腐等。

$10 \times 100 = 1000$ 种

(5) 与10种粮食相干，如大米、小米、玉米、红薯、荞麦、大麦等。

$10 \times 10 = 100$ 种

（6）与 100 种动物食品相干，如猪肉、狗肉、牛肉、羊肉等。那么，总共产生多少种创意呢？

$10^1 \times 10^2 \times 10^2 \times 10^2 \times 10^1 \times 10^1 \times 10^2 = 10^{11}$ 种

因此，一粒豆有 100 亿种创意产品。

四、创意步骤

对于创意的产生，世界公认的创意大师詹姆斯·韦伯·扬有过详尽的论述。他认为创意也是有规律可寻的，产生创意的基本方针有两点：

第一点，创意完全是把事物原来的许多旧要素作新的组合。

第二点，必须具有把事物旧要素予以新的组合的能力。

他认为，创意思维的过程还必须经历六个步骤，并绝对要遵循这六个步骤的先后次序。

1. 收集原始资料（信息）

一般来说，收集的资料（信息）应该有两种类型：

特定资料——主要是指与特定策划创意对象相关的资料和与特定策划创意对象相关的公众的资料。这类资料，大多由专业调查得到。

一般的资料——这些资料未必都与特定的策划创意对象相关，但一定会对特定的策划思维有帮助。

所以，一般策划者都应该对各方面的资料具有浓厚的兴趣，而且善于了解各个学科的资讯。创意思维的材料犹如一个万花筒，万花筒内的材料数量越多，组成的图案就越多。与万花筒原理一样，掌握的原始资料越多，就越容易产生创意。

2. 仔细整理、理解所收集的资料

资料收集到一定的程度，就要对所收集的资料进行认真的阅读、理解。

这时的阅读不是一般地浏览，而是要认真地阅读，而且是要带着一个宏观的思路去认真阅读。

对所收集到的全部的资料，包括历史的、专业的资料，一般性的资料，实地调查资料，以及脑海中过去积累的资料，统统都应像梳头一样，逐一整理、理解。

3．认真研究所有资料

研究（即商务策划思维步骤中的“判断”环节）是有一定的技巧的。需要把一件事物用不同的方式去考虑；还要通过不同的角度进行分析；然后尝试把相关的两个事物放在一起，研究它们的内在关系配合如何。

4．放开题目，放松自己

选取自己最喜欢的娱乐方式，如打球、听音乐、唱歌、看电影等，总之将精力转向任何能使自己身心轻松的节目，完全顺其自然地放松。不要以为这是一个毫无意义的过程，实质上，这个过程是转向刺激潜意识的创作过程。转向自己所喜欢的轻松方式，这些方式均是可以刺激自己的想象力及情绪的极佳的方式。

5．创意出现

假如在上述三个阶段中确已尽到责任，几乎可以肯定会经历第四个阶段——创意出现。创意往往会在策划人费尽心思、苦苦思索，经过一段停止思索的休息与放松之后出现。

詹姆斯·韦伯·扬在研究网版印刷照相制版法的问题时，进行完前两个步骤，他疲劳至极，睡觉去了。一觉醒来，整个运作中的照相制版方法及设备影像映在天花板上，创意出现了！

阿基米德发现水中庞然大物的重量计算方法，是在极度疲劳，放开思索洗澡时，沐浴完毕起身离开浴盆，“哗”的一声水响，触动了他的灵感！从此以后，人类对浮在水面的万吨巨轮，亦以排水量来计算其重量。

6．对冥想的创意进行细致的修改、补充、锤炼、提高

这是创意的最后一个阶段的工作，也是必须要做的工作。一个创意的初期冥想，肯定不会很完善，所以要充分运用商务策划的专业知识去予以完善。这时，重要的是要将自己的创意提交创意小组去评头品足，履行群体创意、集思广益、完善细化的程序。

概括地说，创意要遵从以上六个程序，同时要把握五个要点：一是努力挣脱思维定式的束缚；二是紧紧抓住思维对象的特点；三是尽量多角度去思考问题；四是防止两个思考角度完全重合；五是努力克服思维惰性的影响。

第三节　商务策划的方法

商务策划的主要目标对象是企业和市场经营活动，作为以经济利益为目的的策划方法必然有其自身的规律。

对于同是人类创新思维的方法表现和概括，所谓的“策划方法”彼此间从来就具有很强的连通性、同理性、相似性，往往从一个角度看可以归结为 A 方法，而从另一个角度看又可以归结为 B 方法，加上不同的学派、专家观点或者表达习惯的差异，或出自营销的目的需要，往往形成了对同质同型方法的不同称谓。

商务策划方法至今没有统一的分类或界定，有一定影响的策划方法，如“和田创造 12 技法”，“超级策划 18 法”，“营销策划 36 法”，等等，它们各有千秋。这些方法在本质上都具有一定的共通性，你中有我，我中有你，虽然说法不一，但并不影响我们对于方法的学习和规律的把握。

策划的专用方法就是策划所用的专门方法，为许多策划人所熟悉和惯用，它们能够解决一般方法无法解决的问题，因而具有一定的创新性和较强的实用价值。

一、常用商务策划方法

我们在众多的方法系列中，经过多角度的比较和借鉴，归纳总结出了一套简明扼要、易于掌握和应用的策划专用方法体系——商务策划七法，供策划入门者学习和借鉴。这七种方法：

一是罗列细分法；二是组合求异法；三是重点强化法；四是借势增值法；五是反向逆行法；六是连环伏笔法；七是移植模仿法。

学习和研究这些策划技法一定要根据具体情况进行具体分析，灵活运用才能起到事半功倍的作用。

1. 罗列细分法

要思考进而解决任何一个客观问题，思维的第一步骤总是把这个问题的方方面面以及所涉及的方方面面，进行尽量周全细致的分解罗列，以求把问题简单化、明朗化，从而找到突破口。

所谓“罗列细分法”，就是把一个整体的商务过程分解成若干个步骤或相对独立的商务子过程，或把一个整体的商务内容分解成若干个内容或若干个相对独立的商务子内容。

前面列举的尤伯罗斯个人策划的第 23 届奥运会，其策划思维是裂变型的，而其商务操作则采取了罗列细分法。

罗列是前提，细分是目的，前后两个动作相辅相成。根据策划目标，寻找自我的差异、优势和客观环境中被对手所忽视的机会与利润点，尤其在竞争激烈的同质化市场——“红海”中的谋求一席之地的经营策划，在大同之中寻找小异的思维过程，也是一种罗列和细分。

在现实的市场竞争中，由于对手能力的不断提高，寻求差异的难度也在不断提高，这就要求分解要更加细致、更加周密。策划思维过程中，细节往往带来引发机会，细节甚至决定成败。所以罗列细分法也是实现“独特的销售主张”（USP）的独特卖点、亮点和诉求点的前提保证。

2. 组合求异法

组合不仅仅是结合、糅合，而是一个含有创造性成分的、尚未有过的、相对新颖的结合，其目的就是在大体相似、似曾相识的前提下，求得与同类产品、项目、事件、人物等的差异。

所谓“组合求异法”，就是把不同的商务内容创造性地整合为一体，或把不同的商务过程（形式）整合为一个完整的商务过程（形式），因而形成了和其他的同类型的商务事物之间的差别和不同。

例如，国内外众多 MBA 案例中都提到的加拿大太阳马戏团的经营战略策划，其策划思维就是组合创新型的，而其商务操作则采取了组合求异法。

组合是前提，求异是目的，前后两个动作相辅相成。组合求异法是通过一定的程序和方式，将若干分立因素巧妙地结合或重组，从而获得新的创意优势；把看上去似乎不相关的事物有机地合为一体，从而产生了新奇和超值的市场效应。

在创造性思维中，组合是思维想象的本质特征，但不仅仅停留在相似点的类比和罗列上，而是更进一步把可能跨越不同层级、界限或范畴的“二者”组合起来，因此方法层次更高，创新性更强。它可以以一个事物为出发点（即焦点），联想其他似乎并不相干的事物并与之进行整合，形成全新的创意、全新的产品、全新的产业、全新的项目、全新的事物。

3. 重点强化法

客观存在的每个事物都一定有着其存在的独特性价值，策划创新思维的难处往往就在于能否找到这个独特点，并且，能否把这个独特点张扬地传播出去，以求获得目标对象的关注、重视，产生兴趣和欲望，从而达成商业目的。

所谓“重点强化法”，就是解决商务问题要抓住特点重点，善于从策划对象的一点强化突破。

前面我们介绍了罗列细分法，罗列和细分的结果是产生了一个个的策划点，似乎每个点上都可以做一些文章，既然客观条件的限制难以面面俱到，那么究竟选择哪一个点用心着力呢？这就要运用重点强化法的原理了。

重点强化法的目的是为了便于策划操作。例如，肯德基在和麦当劳的中国市场竞争中，一再反复强调的本土化健康快餐概念“为中国而变”，其策划思维就是重点强化型的。

重点（指的是策划对象自身所有的特色重点）是前提，强化是目的，前后两个动作相辅相成。

重点强化法是策划创新的重要思路之一，其核心是解决问题要善于从一点突破，不要眉毛胡子一把抓。策划人在面对复杂的策划问题和策划对象时，首先要努力寻求突出某一商务环节、某项业务等个别线索，主动地缩小策划对象，把策划的对象简单化、明了化，使这一点首先突破，进而把局部策划产生的功效传递给整个策划对象，优势张扬，最终解决整体策划问题。

4. 借势增值法

追求高价值、超值是几乎所有商务行为的本质目标，那么让策划对象因借助客观的资源、势能、背景，从而获得更高的市场价值和目标对象的心理价值认同，成为现代商务策划的市场导向。

所谓“借势增值法”，就是在策划思维的罗列和细分过程中，努力寻找外部环境资源，乃至创造出更加有利于策划对象的环境背景，提升目标价值，从而使其效果和利益更加显著；把这些资源整合、捆绑或嫁接到策划对象的市场形象上或商务行为过程中。

无数的商品追求××名牌、标志，无数的企业把政治或文化体育名人的合影照片炫耀在最显眼处，等等，其策划思维就是借势增值型的。

借势是前提，增值是目的，前后两个动作相辅相成。借势增值法的社会心理学基础是：民众的社会共识心理是一种社会客观存在的心理势能，企业、人、产品等的价值往往与其环境背景以及民众心理认知有关，背景变化则背景下主体的所有组成要素都会发生价值变化。

借势增值法借助背景资源——社会势能的增值作用，企业与强者为盟、商业活动与政府公益为伴、个人与名人为友、产品与名牌配套等都是利用捆绑连接的方法，使自己实现快速增值，此类案例在产品市场营销和品牌传播中比比皆是。

5. 反向逆行法

"换一个角度"是很多神奇的开始，所谓"山重水复疑无路，柳暗花明又一村"。在思维被阻，实在找不到解决方案时，不妨把当前的思维角度、方向、内容、途径、目标等反过来，反向逆行寻找解决问题的方案。

逆向思维是求异求新思维的一种典型的方法，经常，大家都坚持的那个角度可能是错误的，以正合以奇胜，"正"就是大众都能发现的那个角度，可以把"奇"看做是正的反面，往往人们会忽视那个反面的角度，这就给策划人独特的创新思维视角提供了机会。

所谓"反向逆行法"，就是不以原有的方向思路为坚持，改换看待这个策划对象的角度，反向逆行重新设立策划课题，再加以策划。事实上，往往当企业有百思不得其解的问题时，才会找策划人出谋划策，而原有的那个角度，已经被他们思考过很久了。

例如，产品营销定位问题解决不了，是否考虑先解决企业战略不清的问题？企业亏损问题解决不了，是否考虑先解决领导班子的问题？人体亚健康现象普遍，是否可以考虑少吃、少喝、多运动的问题？等等。当然在策划实战中，思路角度的变化会使策划构思的难度发生很大的变化。

反向是前提，逆行是目的，前后两个动作相辅相成。

许多策划任务，靠客户自身群体力量长时间得不到答案的课题思路，对于策划人来说也是难以解决的，有时甚至不如提出问题的人思考得充分。策划人此时应首先考虑到这样的问题是解决不了的，只有回避这个问题，换个角度进行策划，才能出奇制胜。

6. 连环伏笔法

在信息过剩、变化多端、甚至“策划”过剩的市场环境中，要获得目标受众的持续关注，确保现实价值和效益的持续性，就必须保证精彩不断线，能够预见变化，并主动顺应客观需求的变化，实现策划思路步步为营，高潮迭起，所以，必须有一连串的“点子”连环出击，始终为下一个可能出现的环境需求或者变化留有伏笔，一切尽在策划人的“预料之中”。

所谓“连环伏笔法”，就是在实施当前策划时，把真实的策划意图掩藏起来，达到更大的策划目的。例如，《变形金刚》的动画片免费赠播到玩具铺天盖地；宝洁公司、可口可乐公司等跨国巨头在中国市场的产品系列推广战略，就是典型的连环递进步步深入，是一个接一个的伏笔谋略。

连环是前提，伏笔是目的，前后两个动作相辅相成。即所谓波波相连，层层递进，吊足目标受众的胃口兴趣，以倍增市场效益。策划人应站在市场的前沿，努力面向未来，在当前的策划中，为未来的下一轮策划打下伏笔。

严格意义上说，连环伏笔法应该成为策划人的一种思维习惯，以体现商务策划的“前瞻性”。

7. 移植模仿法

“近朱者赤，近墨者黑”这一成语说的是以什么作为“模板”去学习和模仿，直接关系到自身的成长与价值。所以作为人类与生俱来的技能之一的模仿方法，如果没有找对、找准模板，也是很可能事倍功半甚至事与愿违的。这一道理，“东施效颦”早已说清楚了。

所谓“移植模仿法”，就是以某一领域或地区已经成功的产品、事物、模式、项目为模板，进行本土化、个性化复制，模仿运用到当前的策划对象上。模仿、复制、移植本身也是一种创新策划，尽管或许相对于整个社会没有新颖性，但对于策划人自己当前的策划对象、行业市场、特定时空而言，却是新颖的。

例如，国内很多主题公园的建设策划，大型 Shopping Mall 的商业规划，乃至节假日终端促销活动的策划，都是近似千篇一律地先找模板再在别人模式上加小的改动，轰然推出，群起而仿之，形成从众效应，同质化竞争。

移植是前提，模仿是目的，前后两个动作相辅相成。真正高明的“移植模仿法”典型如海尔新产品开发战略的 MMC 模式，就为这个世界名牌赢得了可观的市场效益和公众口碑。

策划人对“移植模仿法”的运用可以通过对事物相似性的发现，套用某一事物的现成规律的结果，如把成熟的产业流程、模式、方法等作为模板，应用于新的产业设计思路中，也是一种移植方法的策划运用。市场营销实战策划中有许多国内外的成功案例，在本质上有惊人相似之处，这说明策划思路可以在更深、更高的层面上进行模仿复制。

二、商务策划特殊方法

除上述 7 种方法之外，商务策划还有一些特殊方法，即策划绝招，也可以说是“不是办法的办法”。它们有的只可意会不可言传，有的不可思议，有的非常简单，但这些方法往往能够使许多疑难问题迎刃而解，它们更能体现策划的艺术性和策划人的独特魅力。

1. 热点移用法

在商务活动中，巧妙地移用“热点”——引起当今社会广泛关注的问题或现象，必定能够产生带有煽动性的“灵感”，引发成功的商业行为。

2. 争当第一法

成功的策划必须争当第一，才能引起市场的关注与厚爱，使消费者强化地位感和信任度，淡化市场价格敏感度，企业才能最终获益。

3. 甘居老二法

对大多数还在发展中的企业来说，是既实际又理想的目标，既不锋芒毕露承担压力，又能丰富、充实自己，养精蓄锐，等待时机伺机冲刺，超越第一，定然全胜。

4. 拦腰切入法

是指以小换大，以小投入换取潜在的高位起点，或未来的高端价值平台，在半路乘机搭上快车，以使自身得到高起点的快速发展，获得超值的利益，经常表现在企业的产权收购或融资策划中以及产品研发或技术引进的策划中。

5. 概念提升法

就是为策划对象提供更多的“附加价值”、“体验价值”。概念之所以成功是它能带来“1 + 1 > 2”的聚合效应，同样一个产品，由于新概念的提出，可以使消费者产生更多的想象。

6. 加减乘除法

就是用数学运算手段为策划对象提供更多、更经济实用的解决方案。许多新的产品和服务项目不需要特别的创新，加一加、减一减、乘一乘、除一除就会出现意想不到的效果。例如，体育 + 地产 = 体育地产，成就了“让运动就在家门口”的南国奥林匹克花园；农夫山泉的广告把产品的优点减到只有“一点甜”，成就了中国饮料行业的一个知名品牌；乘法则是让几个产业或项目同时互动，发生“化学”作用，产生质变形成新的利润，实现多方共赢，如地产与旅游、工业与旅游的配合互动，当然也可以互相借势、互相映衬，如商业步行街、餐饮一条街等；除法则是细分市场，除得越细，越能找到新的市场机会。

由上可见，在实际策划中，法无定式，应该灵活掌握和运用。

第四节　商务策划的策略

策划是竞争的产物，要参与竞争就必须讲求策略，所以，策略本质上是为竞争服务的。现代商战是一种理性的竞争，但也是残酷的，因为竞争的结果是优胜劣汰，一方取得胜利，往往会导致一方或多方失败甚至被迫出局。

商务策划的策略包含两个方面，一个是竞争的策略，另一个是获利的策略。

一、竞争策略

竞争是指人与人、群体与群体之间对于一个共同目标的争夺。竞争的产生需要具备以下条件：第一，竞争所争夺的对象必须是相同的，否则就不是竞争；第二，竞争各方所追求的目标必须是稀缺和难得的，否则人们可以各取所需而不必竞争；第三，竞争者之间只是相互排斥而不是你死我活，以此区别于对抗和战争；第四，竞争应是理性和相对规范的，以此区别于混战。

商战的竞争策略重在抢占先机，领先于市场一步，所以要重点考虑以下几个方面。

1．先发制人

就是先走一步的抢先行动。今天的市场，竞争大多是公开的，处在竞争状态下的企业，如何取得竞争的主动权，这是运用竞争策略取胜的首要问题。为了取得主动，必须先发制人，就像围棋中的先手，只有创造条件取得一个或多个先手机会，才能保证终盘的胜利。

应用先发制人策略进行策划时，应注意做到：

（1）必须有所准备。没有准备的先手，即便赢了第一回合，下一回合也可能因为弱势或无后续手段而告败。

（2）要注意速度。当断不断，反受其乱，只有果断而大胆地先手出击，给对手以措手不及的打击，才能赢得竞争的主动权。

（3）要有长期思想和创新能力。市场竞争是长期的，而不是短期的。要在竞争中保持长久的先手，就必须不断创新。而这种创新的推出，也必须是有步骤、有秩序的。

总之，先发制人的竞争策略，关键在于一个"快"字。一个企业如果能以比竞争对手更快、更迅猛的速度，开发生产出市场需要或能够引导市场消费的产品或服务，并抢先一步投放市场，那么它就能取得市场竞争的优势。

2．出其不意

就是以对手意想不到的方法或行动来取得竞争的主动权。在商战中，要战胜对手，既要有先发制人的抢先行动，还要有各种对手意想不到的办法。兵法云："出其不意，攻其不备。"这种应用于战争中的有效战术，在所有的领域包括商战都是适应的。军事上有诸葛亮的"空城计"、毛泽东的"四渡赤水"等；商战中有长虹电视的"价格战"、蒙牛的"超女营销"等，它们都是出其不意的杰作。

出其不意的关键在于"不意"上。而"不意"是别人意想不到的行动。这种行动除了表现在不合规律、匪夷所思、不可理喻、超出常人的想象力外，另一个重点就是"奇"，即令对手意想不到的奇招、奇法、奇门、奇术、奇想等。

3．合纵连横

合纵连横是春秋战国时期诸侯争霸时所采取的一种策略。合纵即弱弱联合，它是弱者参与竞争的最佳办法之一；连横即强强联合或强弱联合，是强者更强的妙招。在激烈的竞争中，联合、合作、协调等方法是获得他方力量、增强自身竞争力的有效策略。

在商战中，合纵可以使劣势企业之间的优势互补，如生产型和销售型之间的互补，生产型和技术型之间的互补，产品链之间的互补，产业结构之间的互补，等等。而对优势企业来说，它们的连横，可以进一步优化资源配置，形成一定的垄断，能够获得高额利润。

4．形象塑造

形象是指人、事在他人头脑中的印象。形象策略是组织和个人为了确立自己在社会公众心目中的形象而采取的一系列有计划、有效益的行动。古往今来，形象在社会活动的各个层面上都扮演着十分重要的角色，好的形象无疑会给组织和个人带来竞争的优势。

在商战中，树立形象是企业的一件大事，它小则影响企业的名声、产品的销售，重则影响到企业的信誉、经营的成败。企业形象策略包括：CI 策划、产品质量、舆论宣传、公共关系以及对公益（慈善）事业的热心程度。在市场普遍供过于求、诚信发生危机的今天，通过支持公益（慈善）事业、扶弱扶贫等不失为企业树立良好形象的一种捷径。好的形象会强化企业的经营和消费者对其品牌的忠诚度，而不良的形象则会使企业经营难以持续甚至会突遭厄运。

二、获利策略

竞争策略是一种战略性的谋划和行动，占有先手但短期并不一定能够获得效益。而获利策略是一种战术性的谋划和行动，长期不一定有效但短期必能够获得利益。获利策略的应用可使策划方案迅速显现成效，为执行者和策划人双方都能增添信心，从而为策划的进一步深入打下基础。

1．造势借势

现代营销一忌"酒香不怕巷子深"，二忌"包子好坏吃了说"。其实，再好的产品也要传播，“巷子深”会被别的产品信息所覆盖，甚至没有机会让消费者“吃了说”。但好产品、好项目仅靠传播也是不够的，还必须善于造势或借势，这种“势”可以急剧放大，转化为强大的营销助推力，使策划目标轻松实现。

例如，《泰坦尼克号》在中国的成功上映，就是利用先期在科技制作、耗费巨大、演员阵容强大等方面的猛烈、持续的宣传，造成了一股强大的未映先热的“势”，不由得让人们产生一种渴望。正是这种渴望，使其在北京首映时，80 元一张的票都抢不到。后来，这股“势”波及到全国，在全国上下掀起了《泰坦尼克号》热，为商家带来了巨额的票房收入。再如，蒙牛参与“神五飞天”事件，先是暗中借势，为航天员“默默奉献”最好的牛奶，而一旦飞天成功，蒙牛迅速在全国铺天盖地发布广告：“为中国喝彩”、“航天员专用牛奶”，使蒙牛名声大振，不但赚足了眼球，而且从此液态奶销售一路领先。

2. 以情感人

情感是沟通的纽带，是现代社会越来越稀缺的资源，特别是真情实感。从营销的角度来看，以情感人成本较低，刘备正是靠此赢得了关羽、张飞的信任，继而又赢得了诸葛亮等人的拥戴，所以，在魏、蜀、吴三国征战中，刘备的经营成本最低，策划的效果也最好。在市场经济条件下，由于竞争的加剧，人情的淡薄，人们对情感交流的渴望更加强烈。所以，如能有效地利用情感带动大众，将使策划变得易行。

“希望工程”之所以非常成功，一个重要的原因是它策划并引导了人们的爱心：看着那一张张充满希望的脸，看着那一间间破漏的教室和课桌，看着孩子们因穷困而无法攥起的铅笔头和破旧难以蔽体的衣裤，谁能无动于衷呢？

3. 名人效用

利用名人、专家在大众心目中的地位，用他们作为企业的形象代言人、宣传窗口，往往能起到快速见效的神奇作用。很多名人、专家的身后都有众多的崇拜者，即“追星族”，只要方式方法得当，用名人、专家来带动这些“追星族”是件很容易的事情。名人也是一种市场资源，而且是一种稀缺的资源。无论是哪方面的名人，他们的身后都隐藏着一个潜在的市场，关键在于如何进行公关和对名人的正确利用。

“超级女声”娱乐活动所推出的获胜者，个个都是明星，由于是“全民海选”产生的，她们在普通大众心目中的地位甚至超过了专业的当红明星。所以，当蒙牛的酸酸乳销售并不顺畅时，当“超级女声”越来越红火时，蒙牛果断出手，请来“超级女声”2004 年季军张含韵做广告，20 多亿只包装袋上印有张含韵的照片，一句“酸酸甜甜就是我”，令人充满想象，更令无数“追星族”倾倒而不断地掏腰包。果然，蒙牛半年销售酸酸乳 20 多亿包，获利 2.5 亿元。沿着这样的思路，商家还可以开发由“超女”们做形象代言人的服装、鞋帽、化妆品或组织“超女”演出、出版“超女”图书、制作“超女”形象的各种玩具，等等，都可以在市场上大赚一笔。

4. 非常手段

非常手段即非常规办法，是商家秘不外传的各种获利的奇门异法。由于竞争越来越激烈，越来越充分，使经营变得越来越困难，商家不得不采取各种各样的营销手段，这些手段获利非常隐蔽，绝大部分消费者难以看清里面的玄机。非常手段是离奇的、神秘的，但不能是违法的，非常与违法有时只有一步之遥。

房地产正式开盘，打出几套特价房的广告，其实往往只有一套，而且多半被内部人买走，无论你来得多早，你只能被售楼小姐领着看其他房源了，当然有折扣，房子的朝向、楼层、格局会更好；商场为促销，会推出一种或几种 1 元价的特价品（一般为家用电器），它们的零售价少则几百元，多则上千元，消息一出，第二天一开门，消费者蜂拥而至，其实这是一种更巧妙的广告，商家白送几台产品，但吸引了比平常多出数倍的顾客，哪有赔钱之理。俗话说，买的不如卖的精，与其说消费者感到买的值，不如说是商家卖的巧。

第五节　商务策划的技巧

在策划的实际过程中，策划的艺术性常常表现为很强的技巧性，这些技巧不但是对策划创意的补充，而且还能使策划的目标容易实现。说到底，技巧是一种化繁为简、清理复杂问题的能力。技巧不仅有历史、前人的沉淀和积累，更有策划人的随机应变和临场发挥。正如策划法无定式，策划的技巧其实也没有固定的程式，但也不是无规律和混乱的，通过总结可以寻找其中的一些重要线索和应用规律。

一、策划的切入线索

1．政治线索

政治是社会生活中的头等大事，所谓讲政治是对政策走向的把握，树立宏观和全局意识，顺应国家的大政方针。例如，把经营活动赋予一定的政府支持因素，那么推进的过程就会顺畅得多。把政治因素或政府行为掺入策划及其研究领域，是策划人需要认真学习的一门重要功课。

2．经济线索

经济发展和经济现象是社会关注的焦点，策划人要紧跟市场大潮，把握市场脉搏，努力超前判断经济发展趋势，为新经济的降临提前做好准备。摩托罗拉与日本的手机制造商对中国市场的判断差距较大，导致策划结果的巨大偏差和经营的巨大落差，前者牢牢占领住中国市场，而后者则几乎没有发展空间。日本的汽车业也同样作出过错误的判断，结果让竞争对手德国大众在中国疯狂赢利20年。

3．科技线索

进入新世纪，科技发展更加迅猛，产品更新速度更快，三年不换代的产品十分罕见。每次科技浪潮都会对传统产业形成冲击，甚至将其淘汰。策划人要善于用足成熟技术，更要善于跟踪新技术，争取科技进步的主动权。况且，技术发明也是一种策划思维，可以称为“科技策划”，把科技策划与商务策划结合起来可以产生更多、更新的策划。手机短信业务、电子商务、亚马逊网上书店都是科技与商务结合的典范。

4．文化线索

文化对企业的经营影响是巨大的，小型企业经营产品，中型企业经营品牌，大型企业经营文化，但不论什么类型、什么规模的企业，都不能忽视文化因素的影响。文化涉及的社会层面十分广泛，文化自身的丰富性、复杂性和多变性，恰恰为策划创造了条件。茶文化、酒文化、饮食文化、奥运文化，策划人如能以文化的眼光看问题，策划的题材将变得十分丰富。

二、策划的切入形式

技巧就像一把锋利的小刀，往往能从纷乱的现象切入，迅速而经济地为人们找到解决问题的路径或方案。

1. 商战中主要切入形式

(1) 物质性创新。即从策划对象本身的功能上寻找突破口，功能的增加或减少都可能产生新的效果，专利发明实质上是对产品功能的一种策划。

(2) 利益性创新。即从产品或服务的价格和利益上做文章，明增价暗降价和明降价暗增价都是典型的利益炒作，如商家在“黄金周”推出的各种折扣促销活动。

(3) 信息性创新。即从策划对象的信息承载形式和内容入手，品牌战略或概念炒作最为典型，它可使产品和企业本身因新信息的载入而具有较高的信誉或新鲜度，尤其是在产品效应的基础上增加了“地位”或“品位”的因素，从而使消费者为购买“地位”和“品位”而乐意增加支出。在产品同质化严重的今天，信息性创新可使商家获得远超过行业平均利润率的收益，如海尔的电器产品、潘石屹的房屋产品等。

(4) 时间性创新。时间是现代社会生活的重要因素，选在什么时间去开展营销活动是一门学问，从策划的角度来看，时间更是金钱，因为时间就是时机。

2. 日常策划中寻找策划切入口

(1) 从顾客的抱怨切入 。顾客是被市场经济“宠坏”了的上帝，他们永远也满足不了。再好的产品都有改进的地方，当顾客对营业人员抱怨产品有缺陷或不足甚至发生抗议的时候，这正是产生新的策划的时候。顾客的抱怨往往是新的需求的开始，如果能将这种潜在的需求具体化，那么，新产品的创意也就开始了。

(2) 从顾客的希望切入。人的欲望是无止境的，当一种欲望满足了，下一个欲望又开始了。顾客的这种欲望是对更好、更新、更便宜的产品的追求，尽管他们的希望有许多是“异想天开”，但可以给策划人带来一些独到的启发。

(3) 从顾客的特殊需要切入。一般商品只能满足大众的需要，而不能满足一部分人的特殊需要。当这种特殊需要不止一次出现时，将意味着一个回报更加丰厚的市场就要产生。不管这个市场有多大，它对策划人来说都是有价值的。

（4）从畅销产品切入。要了解商品的畅销原因，就一定要仔细分析这种商品为什么会受人喜欢。对畅销商品的详细分析，可以帮助策划人发现宝贵的暗示。将这些畅销商品的畅销点巧妙地进行嫁接，就能策划、开发出新产品。

（5）从购买者不经意的谈话切入。在忙碌的营业活动中与购买者聊天，虽会耗费一些时间，但可以获得有效的策划暗示。购买者感到困扰时，本着"如何解决此问题"与购买者交谈，往往也能获得宝贵的策划思路。

知识要点

创意的理论、规律；创意产生的条件；创意的基本原理；常用商务策划方法；商务策划特殊方法；商务策划的策略；商务策划的技巧。

思考与训练

1．怎样才能获得创意？试举例说明创意产生的过程。

2．创意就是策划，这种说法对吗？为什么？

3．讨论罗列细分法、组合求异法之间的关系，指出在什么情况下使用这两种策划方法。

4．策划思维加工工序是"搜集、整理、判断、创新"，任何时候都不能违反这个顺序，这种说法对吗？

5．运用借势增值法，为某品牌 3G 手机或某住宅楼盘营销提供两种新方案。

6．俗话说："隔行如隔山。"但是，善于策划的人却总能从"他山之石"找到灵感。请分析其中的原因。

第七章

策划的运作程序

本章重点介绍商务策划的阶段划分、基本程序和运作流程。

策划作为一门艺术性和技术性很强的创新思维活动，不论过程如何复杂，手段如何翻新，都必须遵循一定的程序、一定的流程，从而才能保证策划工作高效率地开展。

教程前六章详细介绍了有关策划的基本原理和方法，它是指导人们开展商务策划的理论基础。说到底，策划是世界观和方法论的统一，策划的世界观即如何做正确的事情，而策划的方法论即如何把正确的事情做对、做好和做快。将二者有机地统一起来，按照一定的程序，有效解决个人或企业经营面临的各种问题，切实提高工作效率，这才是策划的根本所在。

第一节　策划的类型划分

策划涉及的领域十分广泛，大至国家、社会、各种经济组织，小到企业、家庭、个人生活。根据不同的标准，策划可以分为很多种类。本教程将策划大致分为 5 种类型，即：政治策划、军事策划、科技策划、商务策划和生涯策划。

现对商务策划作进一步的分类，除企业战略、生态、融资、管理、经营等 5 大领域的划分外，如按商务策划的范围、对象、业务等划分总共可分为 6 类、18 种。

一、按商务策划的范围划分

主要有如下三种：

1. 全程策划（解决企业或经济组织总体发展的系统策划）；

2. 领域策划（解决企业或经济组织某个经营领域的策划，如战略、管理、营销等领域中的某个方面）；

3. 专项或专题策划（解决企业或经济组织在经营中某个环节或某个专题的策划）。

二、按商务策划的对象划分

主要有如下三种：

1. 战略策划（解决企业或经济组织“做什么”的策划）；

2. 战术策划（解决企业或经济组织“怎么做”的策划）；

3. 实施策划（解决企业或经济组织“如何做好”的策划）。

三、按商务策划的业务划分

主要有以下三种：

1. 调查类业务策划（解决现状调查、主题调查、可能性调查等策划）；

2. 分析、判断类业务策划（解决现状分析、问题分析、假设分析等策划）；

3. 实施类业务策划（解决实施计划、方案组合等策划）。

四、按策划的频度划分

主要有以下三种：

1. 周期性策划（如每一年度必须进行的年度销售策划）；

2. 重复性策划（如面对政府、公众、社会的公关策划）；

3. 一次性策划（如新闻发布会的策划）。

五、按策划的需求划分

主要有以下两种：

1. 委托性策划（上级安排或其他经济组织委托的策划）；

2. 自主性策划（也可称“先期策划”，是策划人预见性的可以交易的策划）。

六、按策划的性质划分

主要有以下四种：

1. 处方型策划（解决已发生问题的策划）；

2. 开发型策划（开发面向未来的策划，类似于“自主型策划”）；

3. 预防型策划（防止未来问题发生的策划，如公共关系策划）；

4. 改善型策划（针对现状，寻求改善、提高的策划）。

第二节　策划的阶段划分

策划的阶段划分，实际上就是对策划整个过程的分析和分解，便于人们对策划的发生、发展以及过程连接关系的把握。

一、约翰·迈力特的阶段划分

约翰·迈力特是美国著名的策划大师，他曾在美国国家资源策划委员会论述政府策划时，提出了著名的策划过程三段论。他指出，策划通常要经历如下三个阶段：

第一阶段，设定目标；

第二阶段，测定现状；

第三阶段，设计明确的活动计划。

约翰·迈力特强调，因为策划是对行政运营提示方向的手段，如果这三个阶段不能实现，便无法实现。其中特别是第三个阶段“设计明确的活动计划”，在研究有关策划的问题时，常有被忽略的倾向，如被误认为策划只须对目标及现状提供资料就足够了。但在行政范围内，对行动路线如果没有具体性的提案，计划也就无法成立。

约翰·迈力特在其后来出版的著作中，对策划过程有更具体、卓越的见解。

它认为，将管理所推行的策划业务分成三个广泛的阶段，似乎易于理解。这三个阶段相互间有密切的关联，大体上同时进行，一定能相互给予影响。这三个阶段与特定事业计划相似，是属于一般的政策问题。可以区分为：

（1）设定一般目标或一般目的；

（2）评价为实现这种目标所能使用的手段或资源；

（3）准备为达成业经决定的目标实行计划。

二、江川郎的阶段划分

日本策划大家江川郎先生在他的《策划技术手册》一书中写道：策划的程序要细分，其实没有止境。不过大而言之，可以分为4个步骤、15个程序。

第一步骤：

（1）发现策划对象；

（2）选出策划对象；

（3）明确认识策划对象；

（4）调查、掌握策划对象。

这一阶段是知己知彼的阶段，策划只有在掌握具体环境和条件的基础上才有可能取得成功，那种闭门造车、纸上谈兵式的策划其结果大多要失败。实践出真知，条件对策划的影响是客观存在的。

第二步骤：

（1）描述策划轮廓；

（2）设立策划目标；

（3）探求策划着眼点；

（4）酝酿创意，产生构想。

这一阶段主要是描述策划的大轮廓，设定策划可期待的成果目标，为构筑具体创意探求着眼点。

第三步骤：

（1）整理策划；

（2）预测结果；

（3）选出策划案。

这一阶段是根据策划的具体环境研究如何解决问题的阶段。当找到了解决方法之后，即应形成策划书。策划书是策划行动的指南，实施策划要靠策划书的指导。为了保证策划的成功，对于形成策划书的策划方案，也必须进行相应的挑选和预测，从理论上加以论证。

第四步骤：

（1）准备提案；

（2）提案；

（3）付诸实行；

（4）将结果运用于下一个策划。

这一阶段是付诸实施阶段，要考虑用什么样的提案方法比较合适，如何才能让上司接受等。付诸实施后，要观察结果，作为下一次策划的参考。

三、艾得伍德·班菲尔德的阶段划分

美国哈佛大学艾得伍德·班菲尔德教授在他的论文中指出："为便于计划，常将其区分为下列四个阶段，而使计划更合理。"

第一阶段，状况的分析。策划人的任务虽然是依据目前的情况预测来达到目标采取何种手段，但其想象常受状况设定诸条件的约束，特别是受其能利用的资源（不但是指自然资源，还包括法律上及其他权限、信息、时间等在内）与策划中各种障碍的约束。有时，达到目标的途径甚至会被完全阻断。因此，策划人要寻找约束与障碍尽量少的行动路线，以增大成功的机会。

第二阶段，目标的设定及具体化。所谓目的或目标，是指事物未来状态的影像。所以，目的的设定，极易流于模糊而且散漫。因此，想使目的能在具体环境下作为选择的基准，需要用明晰的、具体的词语来表达它。目的的设定有时比较概略，这时，策划人应对其具体内容作明确的说明。而且目的有积极性的要素和附带的要素，策划人应对两者进行明确区分，然后在对两者相对价值判断的基础上，设定行动路线。

第三阶段，行动路线的设计。设定行动路线是事业计划或运营计划的基础。行动路线不能被随意选定，而应对各参考方案及其结果作细致的参考。

第四阶段，结果的比较评估。要想使计划合理、可行，必须对所有可能的结果——包括策划人当初未预料到的结果，作全面的考察。杰出的策划能够预见难以预料的结果，并预先想好对策。一旦行动路线确定，就无法只选择好的结果，无论结果如何，都只能一概接受。如果结果能以数字指标来表示，对其评估也就一目了然，而对于不能数字化的无形结果，则只有进行比较评价。

第三节　策划的程序和步骤

策划的程序是指策划运作的先后次序。策划是一个系统性工作，按照科学、合理的程序进行策划是策划成功的必要条件。策划人必须明确先做什么，后做什么，按照一定的步骤、章法去思考问题，也就是在符合客观规律的前提下去开展工作。

如前所述，策划学家们从各个角度对策划做了阶段性划分，他们的划分方法之所以存在很大的差异，很大一部分原因在于学者们多是从自己的专业领域出发。例如，约翰·迈力特着重行政策划，江川郎则主要针对企业策划。尽管各家分法不同，但从总体上看，应该说也大同小异。一般地说，策划的过程大体上包括：设定目标、收集信息、环境分析、设计方案、评价选择、组织实施和调整反馈等。它们是一个逻辑的数学的和业务的综合过程，某一过程出现差错都会影响到其他部分的效果，最终将影响到策划活动的顺利实施。

为了简化程序，便于掌握，以利实战，我们将策划程序分为4大部分，即：制定目标、设计方案、选择方案、实施方案（图7－1）。

策划的程序也就是策划的步骤，它们是动态的组合体，各自并不是相互独立

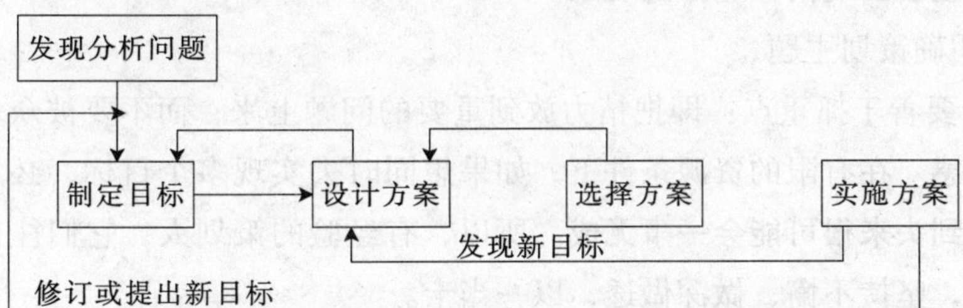

图7－1　策划流程的四个步骤

的。从图7－1可以清楚地看出策划的四大步骤是顺序展开的，同时各步又是对前一步的反馈。在实际策划过程中，既不能随意跳过任何一步，又要注意每一步的反馈作用。需要注意的是，策划的每一步本身也是一个策划的过程，它们是过程中的过程，这说明策划是一个复杂的动态系统，而非简单的、程式化的流水作业。

一、制定策划目标

策划目标是策划行动方向的指南，只有根据实际情况选定合理、合适的目标，才能有效地进行以后几步的策划。制定策划目标是整个策划过程的起点，起点是否得当，是策划的关键，过高、过低的起点都不利于策划，可谓相差毫厘，失之千里。

制定策划目标可按以下步骤进行：

1. 做好策划准备

（1）有效确定课题对象。商务策划课题很多，特别是企业经营中有许多现实的问题，但不是每个课题或问题都可以通过策划解决。策划的实现会受到现实条件、策划人员能力以及资金实力等许多因素的限制，因此策划人必须有效地确定课题对象，对不可策划或难以解决物质条件的策划对象要坚决回避。

（2）弄清策划的本意。策划的课题对象明确后，要认真分析企业策划的真正动机，有时候企业的需要和策划人的理解有一定的出入，导致策划的作用力出现偏差。例如，有的企业通过聘请策划机构进行管理策划，目的是借专家方案达到精简机构、裁减冗员的目的，而不是要对已有的管理制度予以否定。策划人如不能透彻了解企业策划的根本动机，就无法提出可解决策划本意问题的方案，甚至会出现南辕北辙的现象。

2. 明确策划主题

（1）要善于抓重点：即把精力放到重要的问题上来，而不要被众多问题所钳制、迷惑。在有限的资源条件下，如果想同时去实现多个目标，必然无法集中精力，到头来很可能会一事无成。所以，有经验的策划人，它们往往只针对一个目标，坚持不懈，做深做透，以一当十。

（2）细化主要问题：当有效地抓住重点后，要对问题进行细分，像麦肯锡公司做咨询那样，把每一个问题细化、分解到极限。细分问题有利于更好地发现问题的真正症结，有利于选择解决问题的切入点。

（3）学会换位思考：受思维习惯的影响，人的思维很容易僵化。有时，如果我们从另一个角度去思考问题，可能更能认清问题的本质，从而找到解决问题的方法。改变原有的看法，可能意味着打破某些思维定式，但它可以开阔自己的思维领域，这是策划人需要经常有意识要做的一项工作。

3. 量化策划目标

设定策划目标值，要尽量数字化。用数字表现出来的目标，清晰、具体，有比较性，容易使人产生认同感。策划的目标，就是策划要实现的期望值，如市场占有率提高几个百分点、降低销售成本几个百分点等。目标不明确，策划的追求就会模糊，就不易产生有很强针对性的策划方案。

在设定策划目标时须注意：第一，目标不要偏高或求全；第二，目标之间不应有矛盾；第三，目标的设定和实现应有优先顺序。

二、设计策划方案

这是策划的第二个阶段，整个策划活动的“剧本”要在这个阶段完成，所以这个阶段很关键。设计策划方案就是围绕策划目标的实现，寻找、设计具体行动的手段、途径和方法。设计策划方案时，要考虑的因素很多，主要应考虑的有以下方面。

1. 从现有条件和能力出发

应实事求是地根据自身现有的条件、具备的能力进行设计，不可不切实际地一味追求高目标，脱离客观实际，造成策划实施过程中的“一点红”或“一时红”。当然，设计策划方案时，也要尽可能地挖掘内部潜力，合理地利用外部条件，学会借势、用势。

2. 方案要齐全、各具特色

针对一个问题至少要有两个以上策划方案，每个方案都要尽可能地考虑到多方面的情况。但仅仅做到一个策划问题有多个策划方案还不够，还必须保证每个方案都有自己的特色，即方案的独立性。策划方案的独立性要求策划人要有不同的策划思维和策划手段，这是策划多案备选、能够成功的重要保证，如同制订作战计划，必须有几套方案以适应战时情况，而每一套方案都能适应某种实际战况的需要。

3. 精心编写策划书

策划书是策划设计方案的表现形式，可以将不同的方案汇集在一起，以供下一步选择方案时作出科学、细致的评估。编写策划书应做到：文字简明扼要、逻辑合理清晰、主题鲜明，同时要辅以必要的视觉化说明，如图表、实物照片、设计模型等（策划书的写作详见第十二章）。

需要注意的是：策划书应内外有别，分内部版和外部版。内部版主要是供上层领导参考，要考虑策划实施时与政府、公众、社会团体以及法律方面的关系。策划的核心内容大多在内部版策划书中，因此是绝密的。外部版策划书尽管非绝密，但要把握好涉密的程度，既要让对方对策划产生兴趣，又不至于泄露核心机密。

三、选择策划方案

策划人的创意和具体办法在策划书中得到了充分反映，接下来则是对方案的选择和论证。策划是一门功夫，而选择方案也需要"火眼金睛"和较强的商务综合能力，选择的水平在一定程度上是策划能否成功的一个重要因素。策划方案的选择涉及很多方面，主要应把握以下几方面的原则。

1. 目标原则

优秀的策划方案，每一步都应围绕如何实现目标来展开，既不能相背，也不能相离。

2. 可行性原则

要求策划方案既是建立在实际条件之上，根据现有能力可以实现，又要有一定的挑战性，"虚构变成现实"具有合理的途径。

3. 价值原则

即投入与产出的比例是否合适，既要追求经济效益，也要有好的社会效益。

4. 择优原则

最好的未必是最优的，最优的应是最适合自己的，现实可行的，而且风险小、副作用少。

四、实施策划方案

这是策划的最后一步，是对策划方案的贯彻落实。实施策划方案应制定相应的实施细则，以保证目标实现过程的顺利进行。

1．要有监督保证

为了有效实施策划方案，从上到下各环节的责、权、利必须明确，为此要制定监督保证措施，使各环节不出差错或出了差错也能及时改进。

2．要有防范措施

在策划方案实施过程中，存在着许多不确定的因素，无论制定方案时考虑得多么周到，无论在选择方案时作过何种论证和修订，仍然会发生主观愿望和客观现实的矛盾，有时甚至不得不停止执行原方案。所以，必须有防范意识和防范措施，必须有备用方案。

3．要有评估措施

策划人员应及时对各项措施的执行效果进行评估。由于认识的主客观不一致和策划中的主客观不一致，策划方案在实施过程中出现偏差是难免的，因而需要对执行情况及时进行评估，以便对方案进行必要的调整或修正。

4．要有反馈修正

就策划过程来说，当策划方案实施并得到结果时，策划即告结束。但对策划人来说，这并不意味着策划结束。策划结果出来后，一方面，策划人要对策划结果和经过，进行分析和检讨，总结经验和教训，为下一次策划提供借鉴；另一方面，策划人应做出一份策划总结报告书，及时提交给上级或委托方。其中，最重要的是必须报告预测与结果的差异。

通常情况下，策划的预测与结果产生差异的原因主要有确定性原因、推断性原因、不确定原因等三种。对于确定性原因如可去除，在下次策划中要避免；对于推断性原因如有可能发生，在下次策划中要去除；而对于不确定性原因则应多下功夫进行分析，尽量修正。

第四节　策划的运作流程

策划的运作流程即策划从问题的提出到创意的开发、方案的形成、实施直至反馈的全部过程，是对策划过程简洁、直观的反映，一般用框图来表示。

为了更深刻、更全面地认识和理解策划的过程，这里列举两个专题策划的流程图。

一、营销策划

专业策划公司的运作流程一般分两个部分，一个是策划前期的工作，一个是策划过程的工作。策划前期的工作是指：从与客户接触开始、接受委托项目到组建项目小组的流程（即接活的过程）；策划过程的工作是指：从市场研究、项目诊断开始到提交策划案直至反馈、修正的流程（即做活的过程）。

图7－2为北京某专业营销策划公司的策划工作流程，该流程图较为全面地反映了策划工作的程序。

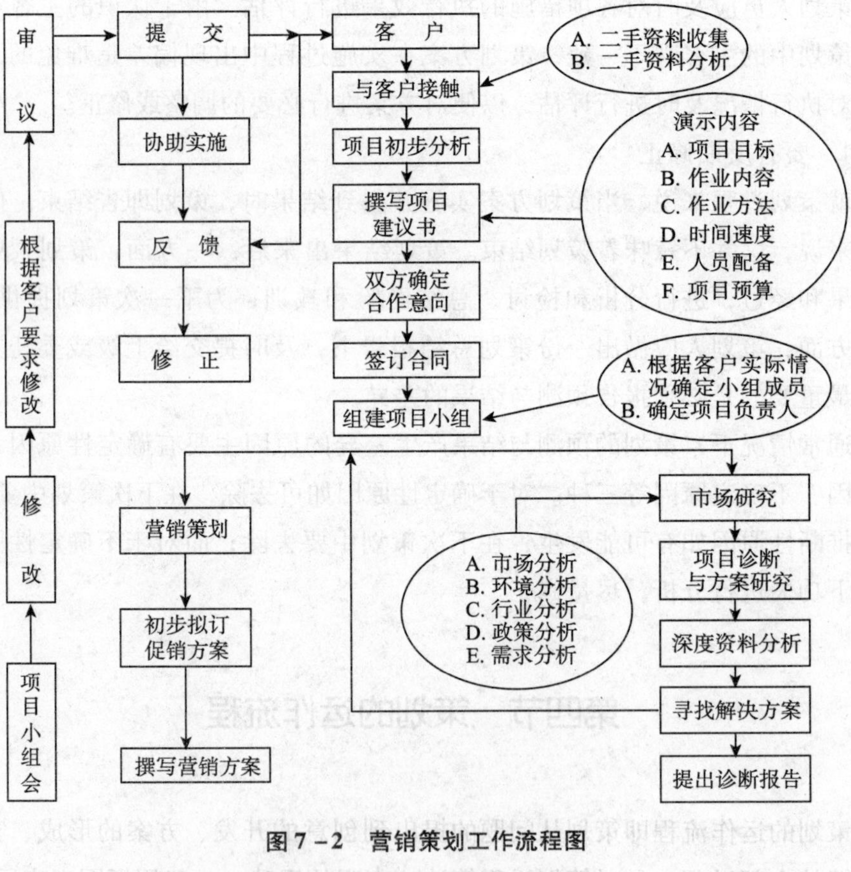

图7－2 营销策划工作流程图

二、公关策划

图 7－3 是公关策划的流程，这一流程强调信息反馈，反映出公关工作不断调整的特性。实际上，公关工作就是不断调整一个组织与公众的关系，使其达到和谐一致的过程。因此，必须以信息交流为基础，按发掘事实、设计方案、策动传播、反馈评价四个步骤进行。

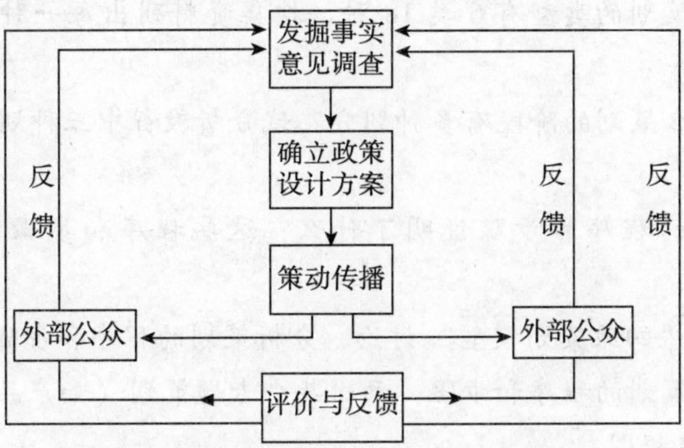

图 7－3　公共关系策划工作流程图

知识要点

商务策划的类型划分；策划的阶段划分；策划的程序和步骤；策划的运作流程。

思考与训练

1. 商务策划的类型有 6 类 18 种，搜集资料列出每一种的实战案例，并作简要评价。

2. 为什么策划的阶段有多种划分？试分析教程中三种划分的共同点和各自的侧重点。

3. 策划的程序和步骤说明了什么？这些程序和步骤能删减吗？举例说明。

4. 试用“四维策划模型”讨论、分析策划的程序和步骤。

5. 根据策划的程序和步骤，画出某个专题策划（如产品开发、促销活动等）的工作流程图。

6. 两人一组，各自畅谈人生理想和追求，然后分别为对方撰写一篇生涯策划方案，要求按策划的程序和步骤列出策划的全部要点，并配一张完整的策划工作流程图，两人互相评分，最后交指导老师作出评价。

第八章

市场营销策划

本章重点介绍市场营销策划的基础知识以及广告、促销、市场调研、销售谈判等专项策划。

从4P到4C又到4R，市场在不断发展，市场营销的理念也在不断变化。在市场经济中，营销无处不在，策划无处不在，而且营销与策划结合得如此紧密是其他任何领域所不能比拟的。

从推销到营销，尽管只有一字之差，但概念和性质都发生了根本性的变化。这一变化的实质是市场发生了巨变。推销是实现产品或服务的价值，是生产商或经销商为了实现自身利益的单向策划；而营销是为客户创造价值，同时能够更好地实现商家自身的价值，是一种双向利益的策划，显然境界更高，更能赢得市场、赢得消费者。无论是个人、企业还是其他社会组织，都是市场的参与者和竞争者，都无法回避“营销”二字，而能否将营销变成双赢、甚至多赢的市场机制，是考量现代社会特别是企业与组织是否成熟和成功的一块“试金石”。

第一节　市场营销的基础知识

一、营销概念与发展

营销是个人和集体通过创造、提供并同他人交换产品价值，以获得其所需所欲之物的一种社会和管理过程。营销是以满足人类各种需要和欲望为目的，通过市场变潜在交换为现实交换的活动总称。

按照美国市场营销协会（AMA）1985年的定义，市场营销是对思想、产品及劳务进行设计、定价、促销及分销的计划和实施的过程，从而产生满足个人和组织目标的交换。而“现代营销之父”菲利普·科特勒（Philip Kotler）更在2002年强调：“营销不是以精明的方式去兜售自己的产品，而是一门创造真正客户价值的科学。”

市场营销学从诞生至今，已经有近百年的发展历史。它是在19世纪末20世纪初自由竞争资本主义向垄断资本主义过渡，资本主义基本矛盾日益尖锐化的基础上产生的，迄今大体经历了从20世纪初到20世纪30年代的形成阶段；从20世纪30年代到50年代的应用阶段；20世纪50年代之后的变革阶段；20世纪70年代以后的成为综合性边缘应用科学的发展阶段。其间无论是西方国家企业或我国企业经营观念的思想演变，都经历了由“以生产为中心”转变为“以顾客为中心”，从“以产定销”变为“以销定产”的进化过程。

在100多年的发展里程中，在迅猛发展的市场实战的促进和激励下，关于市场营销的各种理念不断发展，可谓层出不穷。现代企业的市场营销管理观念可归纳为五种，即生产观念、产品观念、推销观念、市场营销观念和社会市场营销观念。与此同时，市场营销的研究领域也产生了众多的理论学派，其中从20世纪80年代以来比较典型的有：服务营销、整合营销、关系营销、数据库营销、一对一营销、体验式营销，等等。

1. 服务营销（Services Marketing）

自从20世纪70年代以来，服务逐渐从产品中分列出来，并且在市场营销组合里与产品具有同等地位。服务营销的本质是研究如何促进作为产品的服务的交换，以及如何利用服务作为一种营销工具促进有形产品的交换。其核心理念是顾客满意和顾客忠诚，通过取得顾客的满意和忠诚来促进相互有利的交换，最终实现营销绩效的改进和企业的长期成长。

2. 整合营销（IMC，Integrated Marketing Communications）

核心思想是将与企业进行市场营销所有关的一切传播活动一元化。把广告、促销、公关、直销、CI、包装、新闻媒体等一切传播活动都涵盖到营销活动的范围之内，使企业能够将统一的传播资讯传达给消费者。所以，整合营销传播也被称为“Speak With One Voice”（用一个声音说话）。

3．关系营销（Relationships Marketing）

是把营销活动看成是一个企业与消费者、供应商、分销商、竞争者、政府机构及其他公众发生互动作用的过程，其核心是建立和发展与这些公众的良好关系。关系营销的市场结构包括外部顾客市场、供应商市场、内部市场、竞争者市场、分销商市场、影响者市场、招聘市场等，从而大大地拓展了传统市场营销的含义和范围。

4．数据库营销（Database Marketing）

是企业通过搜集和积累消费者的大量信息，建立起完整的客户数据库，经过处理后预测消费者有多大可能去购买某种产品，以及利用这些信息给产品以精确定位，有针对性地制作营销信息以达到说服消费者去购买产品的目的。

5．一对一营销（One-to-One Marketing）

核心内容是顾客份额或客户份额。即企业产品在一个顾客的同类消费中所占的比重。这和传统的大众营销有着本质的不同，大众营销注重的是市场份额，而市场份额指的是一家厂商在市场上同类产品销售总额中自己所占的比重。一对一营销针对的是个体顾客，而大众营销面向的是所谓的市场即群体顾客。厂商要想提高自己的顾客份额，就必须与一个一个的顾客建造关系，通过与顾客长期持续的互动沟通，了解顾客的需求，最大限度地满足顾客，提升顾客的忠诚度；而市场份额的提高则主要是通过大众媒体的广告宣传和产品促销，吸引最多数量的顾客购买产品，因此也就有了那句众所周知的商界名言：“我知道我的广告费中至少有一半浪费掉了，但问题是我并不知道浪费的是哪一半。”

一对一营销聚焦于顾客的终生价值，因此就要对顾客进行区分，它将所服务的顾客划分为三类：最有价值顾客、最具增长性顾客和负值顾客。一对一营销注重的是顾客的质量，而大众营销追逐的是顾客的数量，两者之间犹如销售额与利润一样，既相互关联，又有根本的不同。一对一营销的实施者要千方百计地争取和保持住最有价值顾客和最具增长性顾客，并努力将最具增长性顾客转化为最有价值顾客，同时还要努力丢弃负值顾客。

6．体验式营销（Experiential Marketing）

即站在消费者的感官、情感、思考、行动、关联五个方面，重新定义、设计营销的思考方式。此种思考方式，突破传统上“理性消费者”的假设，认为消费者消费时是理性与感性兼具的，消费者在整个消费过程中的体验，才是研究消费者行为与企业品牌经营的关键。

五种体验模块在使用上有其自然的顺序：感官引起人们的注意，情感使得体验变得个性化，思考加强对体验的认知，行动唤起对体验的投入，关联使得体验在更广泛的背景下产生意义。

二、营销的核心概念和构成要素

1. 需求（Needs）

指消费者生理及心理的需求，如人们为了生存，需要食物、衣服、房屋等生理需求及安全、归属感、尊重和自我实现等心理需求。市场营销者不能创造这种需求，而只能适应它。

2. 欲望（Wants）

指消费者深层次的需求。不同背景下的消费者欲望不同，人的欲望受社会因素及机构因素，诸如职业、团体、家庭、宗教、文化等影响。因而，欲望会随着社会条件的变化而变化。市场营销者能够影响消费者的欲望，如建议消费者购买某种产品。

3. 需要（Demand）

指有支付能力和愿意购买某种物品的欲望。消费者的欲望在有购买力作后盾时就会变成需要。因此，营销策划者不仅要了解有多少消费者对其产品有欲望，还要了解他们是否有能力购买。

4. 产品（Product）

是指用来满足顾客需求和欲望的物体。产品包括有形与无形的、可触摸与不可触摸的。有形产品是为顾客提供服务的载体，而无形产品或服务是通过其他载体，诸如人、地、活动、组织和观念等来提供的。

5. 效用、价值和满足（Utility，Value，Satisfaction）

消费者如何选择所需的产品，主要是根据对满足其需要的每种产品的效用进行估价而决定的。效用是消费者对满足其需要的产品的全部效能的估价。产品全部效能（或理想产品）的标准如何确定？例如，某消费者到某地去的交通工具，可以是自行车、汽车、火车、飞机等。这些可供选择的产品构成了产品的选择组合。又假设某消费者要求满足不同的需求，即速度、安全、舒适及节约成本，这些构成了其需求组合。这样，每种产品可以满足不同的需要，如自行车省钱，但速度慢，欠安全；汽车、飞机速度快，但成本高。一般说来，消费者要决定一项最能满足其需要的产品时，可能将最能满足其需求到最不能满足其需求的产品进行排列，从中选择出最接近理想的产品，它对顾客效用最大，如顾客到某目的地所选择理想产品的标准是安全和方便，他可能会选择汽车或火车；如选择理想产品的标准是安全和速度，他可能会选择飞机；而选择理想产品的标准是省钱，他可能会选择自行车。

顾客选择所需的产品除效用因素外，产品价格高低亦是因素之一。如果顾客追求效用最大化，他就不会简单地只看产品表面价格的高低，而会看每一元钱能产生的最大效用，如一部轿车的价格比自行车要贵得多，但由于速度快、乘坐人多，相对于自行车更安全，效用大，从而更能满足顾客需求。

6. 交换（Exchange）

企业根据人们的需求和欲望将产品生产出来，还不能称之为市场营销，产品只有通过交换才使市场营销产生。人们通过自给自足或自我生产方式，或通过偷盗、乞求方式获得产品都不是市场营销，只有通过等价交换，买卖双方彼此获得所需的产品，才产生市场营销。所以，交换是市场营销的核心概念。

7. 关系（Relationships）

高明的市场营销者都会重视同顾客、分销商等建立长期、信任和互利的关系。而这些关系要靠不断承诺及为对方提供高质量产品、良好服务及公平价格来实现，靠双方加强经济、技术及社会联系来实现。关系营销可以减少交易费用和时间，最好的交易是使协商成为惯例化。

处理好企业同顾客关系的最终结果是建立起市场营销网络。市场营销网络是由企业同市场营销中介人建立起的牢固的业务关系。

8. 市场（Markets）

市场由一切有特定需求或欲望并且愿意和可能从事交换来使需求和欲望得到满足的潜在顾客所组成。一般说来，市场是买卖双方进行交换的场所。但从市场营销学角度看，卖方组成行业，买方组成市场。

三、营销组合 4P/4C/4R

在营销理论的发展过程中，最典型最持久的概念组合就是 4P 了。1960 年，杰罗姆·麦卡锡（E. J. McCarthy）提出了业界最著名也是最公认权威的 4P 组合，即产品（Product）、价格（Price）、渠道（Place）和促销（Promotion）的营销组合，为我们提供了一个有助于记忆营销组合主要工具的简便方法。随后，学术界又相继提出了其他一些以 P 为字头的营销要素，包括“人”（People，多用于服务营销学里的人）、政治（Politics）、公共关系（Public Relations）、“包装”（Packaging，多用于消费品的包装）、“报酬”（Payoffs，多用于某些业务活动的花费和收益）和“零卖”（Peddling，亦称人员推销，它往往依赖于大量的促销手段），等等。但在正规的营销策划的讨论中，通常都围绕着 4P 组合概念来展开。

“4P”是站在企业的角度看市场，立场在企业在产品的制造者。如果站在市场的角度看企业，站在顾客的角度看产品，那么，“产品”对应的是“顾客”，“价格”对应的是顾客付出的“成本”，“渠道”对应的是顾客的“方便”，“促销”对应的是与顾客的“沟通”。顾客（Customer）、成本（Cost）、方便（Convenience）、沟通（Communicationg），这样“4P”就变成了“4C”。

之后，美国著名的营销权威舒尔茨（Don E. Schultz）提出了 4R 营销理论，阐述了一个全新的营销四要素组合。

1. 关联（Relevancy）

在竞争性市场中，客户具有动态性。客户忠诚度是变化的，他们会转移到其他企业。要提高客户的忠诚度，赢得长期而稳定的市场，重要的营销策略是通过某些有效的方式在业务、需求等方面与客户建立关联，形成一种互助、互求、互需的关系。

2. 节省（Retrenchment）

提高市场反应速度。在今天相互影响的市场中，对经营者来说最现实的问题不在于如何控制、制订和实施计划，而在于如何站在客户的角度及时地倾听客户的希望和要求，并及时答复和迅速作出反应，以充分满足客户的需求。

3. 关系（Relationship）

在企业与客户的关系发生了本质性变化的市场环境中，抢占市场的关键已转变为与客户建立长期而稳固的关系，从交易变成责任，从管理营销组合变成管理和客户的互动关系。

4. 回报（Rewards）

"回报"兼容了成本和双赢两方面的内容。追求回报，企业必然实施低成本战略，充分考虑客户愿意付出的成本，实现成本的最小化，并在此基础上获得更多的客户份额，形成规模效益。这样，企业为客户提供价值和追求回报相辅相成，互相促进，客观上达到的是一种双赢的效果。

4R 和 4P、4C 营销理论之间不是取代关系而是完善、发展的关系。由于企业层次不同、情况千差万别，特别是市场、企业营销还处于发展之中，所以至少在一个相当长的时期内，4P 还是营销的一个基础框架，是有价值的理论和思路，因而该理论仍具有适用性和可借鉴性。4R 不是取代 4P，而是在其基础上的创新与发展，所以，在了解、学习和掌握体现市场营销新的发展理论的同时，必须根据策划对象的实际，把它们结合起来指导营销实践，这样会取得更好的效果。

第二节　产品与品牌

一、产品的定义、内涵与外延，产品生命周期

1. 产品的定义

营销策划的核心对象是广义的产品，什么是"产品"（Product）呢？

以现代观念对产品进行界定，产品是指为留意、获取、使用或消费以满足某种欲望和需要而提供给市场的一切东西（菲利普·科特勒）。电视机、化妆品、汽车等有形物品已不能涵盖现代观念的产品，产品的内涵已从有形物品扩大到服务（如美容、咨询）、人员（如体育、影视明星等）、地点（如桂林、维也纳）、组织（如保护消费者协会、自驾游俱乐部）和观念（如环保、公德意识）等；产品的外延也从其核心产品（基本功能和价值）向一般产品（产品的基本形式）、期望产品（期望的产品属性和条件）、附加产品（附加利益和服务）和潜在产品（产品的未来发展）拓展。

2．产品的内涵与外延

作为一个概念，确定产品的内涵与外延的过程，就是产品不断细分的过程。例如：面条——方便面——碗装方便面——杯面；汽车——轿车——高档轿车——超长房车；培训——职业技能培训——商务策划师培训……

在内涵不断扩大、外延不断缩小的过程中，产品的针对性、可行性不断加强，产品的目标消费群体不断明确，所以细分的过程对于产品定位至关重要。有一种营销理念就叫 STP（细分——目标——定位）营销。

3．产品生命周期

产品生命周期，是指产品从投入市场到最终退出市场的全过程。该过程一般经历产品的导入期、成长期、成熟期和衰退期四个阶段。在产品生命周期的不同阶段，产品的市场占有率、销售额、利润额是不一样的。导入期产品销售量增长较慢，利润额多为负数。当销售量迅速增长，利润由负变正并迅速上升时，产品进入了成长期。经过快速增长的销售量逐渐趋于稳定，利润增长处于停滞，说明产品成熟期来临。在成熟期的后一阶段，产品销售量缓慢下降利润开始下滑。当销售量加速递减，利润也较快下降时，产品便步入了衰退期。

研究产品生命周期对企业营销活动具有十分重要的启发意义。导入期是新产品首次正式上市的最初销售时期，只有少数创新者和早期采用者购买产品，销售量小，促销费用和制造成本都很高，但竞争不太激烈。这一阶段企业营销策略的指导思想是，把销售力量直接投向最有可能的购买者，即新产品的创新者和早期采用者，让这两类具有领袖作用的消费者加快新产品的扩散速度，缩短导入期的时间。具体可选择的营销策略有：快速撇取策略，即高价高强度促销；缓慢撇取策略，即高价低强度促销；快速渗透策略，即低价高强度促销；缓慢渗透策略，即低价低强度促销。

成长期的产品，其性能基本稳定，大部分消费者对产品已熟悉，销售量快速增长，竞争者不断进入，市场竞争加剧。企业为维持其市场增长率，可采取以下策略：改进和完善产品；寻求新的细分市场；改变广告宣传的重点；适时降价等。

成熟期的营销策略应该是主动出击，以便尽量延长产品的成熟期，具体策略有：市场改良，即通过开发产品的新用途和寻找新用户来扩大产品的销售量；

产品改良，即通过提高产品的质量，增加产品的使用功能、改进产品的款式、包装，提供新的服务等来吸引消费者。

对衰退期的产品，企业可选择以下几种营销策略：维持策略、转移策略、收缩策略、放弃策略。

二、核心产品与形式产品、附加产品，产品组合

在针对产品进行策划时，应该从“知己”开始，由内而外整理、认知自身的客户价值：产品可以分解为核心产品、形式产品与附加产品。

1．核心产品

所谓“核心产品”，即产品给予客户提供的最基本的效用和利益。例如，照相机的核心产品是纪念、回忆、喜悦和不朽，麦当劳的核心产品是“更多选择，更多欢笑”，等等。

2．形式产品

所谓“形式产品”，即产品的实体物质状态和劳务外观，是核心产品的载体，主要包括：品质、外观、特征、式样、品牌、包装、规格等；服务类产品则主要是时间、空间、程度等。

3．附加产品

所谓“附加产品”，也称扩大产品，是在客户购买时所同时获得的全部附加服务和利益的总和，如提供送货上门服务、安装维修保养、质量保证、特别待遇等。

核心产品所体现的是产品的价值性，形式产品所体现的是产品的物质性，附加产品所体现的是产品的延伸性。所以，产品的内涵是价值性、物质性、延伸性的统一。把经过细分确定了内涵的产品放到市场中进行产品定位时，一般要分三个层面去考虑：回答产品是否有价值或产品是做什么用的（可用性定位）；回答是哪些人使用或人们怎么使用这种产品（可能性定位）；回答比其他同类产品更好用之处（可行性定位）。

按照产品的可行性定位，充分应用有关技术、工艺，进行新产品开发。同时，要立体地掌握产品的外延。在时间上明确产品的生命周期，在空间上要明确产品的组合。

产品组合是企业销售给购买者的一组产品，它包括所有产品线和产品项目。是企业生产经营的全部产品线、产品项目的组合方式，即产品组合的宽度、深度、长度和关联度。

产品组合的宽度是企业生产经营的产品线的多少。例如：宝洁公司生产清洁剂、牙膏、肥皂、纸尿布及纸巾，有5条产品线，表明产品组合的宽度为5。产品组合的长度是企业所有产品线中产品项目的总和。如：宝洁公司有5条产品线，假设每条产品线中产品项目有4个，表明产品组合的长度是20。产品组合的深度是指产品线中每一产品有多少品种。例如：宝洁公司的牙膏产品线下的产品项目有三种，佳洁士牙膏是其中一种，而佳洁士牙膏有三种规格和两种配方，佳洁士牙膏的深度是6。产品的关联度是各产品线在最终用途、生产条件、分销渠道和其他方面相互关联的程度。产品组合的四个维度为企业制定产品战略提供了依据。

三、产品的市场定位：要素与原则

市场定位（Market Positioning）的概念，是20世纪70年代由美国营销学家阿尔·里斯（Al Ries）和杰克·特劳特（Jack Trout）提出的一个重要的市场营销概念。它的要义是，企业根据目标市场上同类产品竞争状况，针对顾客对该类产品某些特征或属性的重视程度，为本企业产品塑造强有力的、与众不同的鲜明个性，并将其形象生动地传递给顾客，求得顾客认同。市场定位的实质是使本企业与其他企业严格区分开来，使顾客明显感觉和认识到这种差别，从而在顾客心目中占有特殊的位置。

市场定位有利于建立企业及产品的市场特色，是参与过剩经济背景下现代市场竞争的有力武器，也是企业制定市场营销组合策略的基础。

市场定位的核心工作体现在三个方面：

首先，出发点和根本要素就是要确定产品的特色。要了解市场上竞争者的定位如何，他们要提供的产品或服务有什么特点。同时要了解顾客对某类产品的各个属性的重视程度。

其次，企业所确定的产品特色，是企业有效参与市场竞争的优势，但这些优势不会自动地在市场上显示出来。要使这些独特的优势发挥作用，影响顾客的购买决策，需要以产品特色为基础树立鲜明的市场形象，通过积极主动而又巧妙地与顾客沟通，吸引顾客的注意与兴趣，求得顾客的认同。**有效的市场定位并不取决于企业是怎么想的，关键在于顾客是怎么看的**。市场定位的成功最直接的反映就是顾客对企业及其产品所持的态度和看法。

第三，顾客对企业的认识不是一成不变的。由于竞争者的干扰或沟通的不畅，会导致市场形象模糊，顾客对企业的理解会出现偏差，态度发生转变。所以建立市场形象后，企业还应不断向顾客提供新的论据和观点，及时矫正与市场定位不一致的行为，以巩固市场形象，维持和强化顾客对企业的看法和认识。

不同企业经营的产品不同，面对的顾客也不同，所处的竞争环境也不同，因而市场定位所依据的原则也不同。总的来讲，市场定位所依据的原则有以下四点：

（1）根据具体的产品特点定位。构成产品内在特色的许多因素都可以作为市场定位所依据的原则和参照，如所含成分、材料、质量、价格等。像“七喜”的“非可乐”。

（2）根据特定的使用场合及用途定位。为老产品找到一种新用途，是为该产品创造新的市场定位的有效方法。有一家生产“曲奇饼干”的厂家最初将其产品定位为家庭休闲食品，后来又发现不少顾客购买是为了馈赠，又将之定位为礼品。

（3）根据顾客得到的利益定位。产品提供给顾客的利益是顾客最能切实体验到的，也可以用作定位的依据。像宝莱轿车的“驾驶者之车”。

（4）根据使用者类型定位。企业常常试图将其产品指向某一类特定的使用者，以便根据这些顾客的看法塑造恰当的形象。像高档楼盘的“成功人生”卖点。

四、品　牌

品牌是一个名称、名词、标记、符号或设计，或是它们的组合，其目的是识别某个销售者或某群销售者的产品或服务，并使之同竞争对手的产品和服务区别开来。

品牌在本质上代表着卖者对交付给买者的产品特征、利益和服务的一贯性的承诺。最佳品牌就是质量的保证。

1．品牌的含义六个层次

（1）属性。

（2）利益。

（3）价值。

（4）文化。

（5）个性。

（6）用户。

所有这些说明品牌是一个复杂的象征的符号，品牌为产品销售者提供了吸引忠诚顾客的机会。而品牌忠诚则使销售者在竞争中得到保护，进而在规划市场组合时具有较大的主动性和控制能力。品牌有助于销售者细分市场。良好的品牌有助于建立公司形象。品牌战略的原则在于制定一整套品牌含义，它应该与众不同，应该易读、易认和易记，使人们联想到产品的利益；联想到产品的外观、感觉、体验、故事和回忆等独特的品质。当受众可以识别品牌的六个方面时，被称之为深度品牌；否则只是一个肤浅品牌。品牌为企业在市场营销中提供了超额的价值。

2．典型的品牌策略

（1）产品线扩展，即以现有品牌将新的产品型号、式样增加到现在产品类别中，如娃哈哈的非常可乐、童装等。产品线扩展涉及多种风险，有时，品牌名称会失去其特定含义。产品线扩展的另一风险是销售不足，其收入尚不能抵偿开发与促销成本。

（2）品牌扩展，即将现有品牌名称扩展到新的产品类别中，如茅台的干红、啤酒等。品牌扩展策略具有多种优势。著名的品牌名称可使新产品迅速得到市场的承认与接受，从而有助于公司经营新的产品类别。与此同时，品牌扩展策略也具有一定的风险。

（3）多品牌，即同一种产品类别采用多个品牌名，如宝洁公司的洗发水（飘柔、潘婷、海飞丝等）。有的公司经常在同一产品类别中增设多种品牌，这往往由多种动机引起。有时，公司把它当做一种针对不同购买动机、确立不同特色或诉求的有效方法。多品牌应当能吞掉对手的品牌，而不是自相竞争。

（4）新品牌，即为某一新增产品类别设立一个新的品牌名称，如吉利汽车的

“华普轿车”。当公司推出新的产品类别时，也许会发现，现有品牌名称都不能用于新产品上。但新品牌也许会损害现有产品的形象，而且于新产品毫无补益。

第三节　广告策划

广告指法人、公民和其他经济组织，为推销商品、服务或观念，通过各种媒介和形式向公众发布的有关信息。各类传播媒介刊播的经济信息和各种服务信息，报道商品、服务的经营者、提供者，凡收取费用或报酬的，均视为广告。

英语“广告”一词源于拉丁语（Advertere），作“诱导”、“注意”解释，后来演化成为英语口语中的 Advertising（广告活动）和 Advertisement（广告宣传品或广告物）；中文字面上的理解是“广而告之”。

广告是传播市场商品信息的主要工具，更是企业竞争的有力武器；广告可以引导消费，刺激消费，甚至创造需求。丘吉尔曾说：“广告充实了人类的消费能力，也创造了追求较好生活水平的欲望。它为我们及家人建立了一个改善衣食住行的目标，也促进了个人向上奋发的意志和更努力的生产。广告使这些极丰硕的成果同时实现。没有一种活动能有这样的神奇力量。”

一、广告策略：广告定位，决策点（USP）

广告策略是促销策略的重要构成因素，促销策略又是企业市场营销组合策略的重要组成部分。广告策略不仅要从企业的经营条件出发，更重要的是要以消费者为导向，即根据消费者的需求特点、文化特点及风俗习惯等来进行创新和验证。

1. 广告定位

广告定位是世界著名的广告大师，美国的大卫·奥格威（David Ogilvy）倡导的。他认为广告活动的核心，不在于怎样规划广告，而在于把所广告的产品放在什么位置。广告定位就是指从众多的商品中，寻找宣传商品的有竞争力的特点，具有的独特个性，广告宣传能攻其一点，在消费者心中树立该商品的一定地位。广告定位包括以下五个“确定”：

（1）确定广告目标。广告目标是指在一个特定时期对特定观众所要完成的特定的传播任务。一般来说，广告目标可分为三种类型：通知型，说服型，提醒型。

通知型广告主要用于一种新产品的入市阶段，目的在于树立品牌，推出新产品。××香波打入市场的广告就是："还有半个月，一种全新型洗发水将与消费者见面"，然后依次递减天数——"还有10天……"，"还有一周……"，"还有一天……"，然后在预定的那天再打出全面介绍该种品牌香波的广告。

说服型广告的目的是培养消费者对某种品牌的需求，从而在同类商品中选择它。"达克宁"药膏通过"不但治标，还能治本"来暗示其同类产品只能治标，不能治本，从而劝说消费者进行选择。

提醒型广告在产品进入旺销后十分重要，目的是保护消费者对该种产品的记忆和连续购买，如乐百氏奶的广告词就是："今天你喝了没有？"

(2) 确定广告对象。即广告所针对的受众，是广告产品的目标消费群体。

(3) 确定广告区域。针对广告区域的地方性、区域性、全国性、国际性的不同，选择不同的广告覆盖方式，如全面覆盖、渐进覆盖或轮番覆盖。

(4) 确定广告概念。这里所指的广告概念，特指广告所强调的商品特点，信息传递方法、技巧和具体步骤等。

(5) 确定广告媒体。选择媒体不一定收费愈高愈好，辐射愈广愈好，而要根据商品、媒体和受众对象的特性。

2. 决策点

广告的定位策划，就是要确立一个核心作为广告的中心诉求点，而这个重点，正是商务策划体系中所强调的"决策点"。这就是在广告理论界中有广泛影响力的美国著名广告人罗瑟·瑞夫斯（Rosser Reeves）在20世纪50年代提出的USP理论，即"独特的销售主张"（Unique Selling Proposition）。该理论包括三大核心要素：一是每个广告都必须向消费者陈述一个主张，也就是广告应该对消费者说："购买此产品，你会得到这种具体好处"；二是该主张必须是竞争者不能、不会或不曾提出的，它一定是独特的；三是同时这一主张要鲜明显著强有力地打动千百万人。

"独特的销售主张"强调把"沟通内容"中最主要的特色信息传达给客户。

有位哲人说：最短的也是最美好的。广告需要短，这不仅涉及费用问题，也涉及客户记忆和广告效果问题。有的广告画面很美，情节较长，人物众多，信息量庞大，观众对画面和情节印象深刻，但不知道想出售的是什么，因为过多的信息，反而使观众忽视了产品本身的信息。“玉兰油”化妆品的广告非常成功地运用了“独特主张”，它的版本尽管很多，但始终总有一个独特的主张——“像剥了皮的鸡蛋那样白的皮肤”。

独特的主张应本着下列原则去开发：

（1）简洁。广告表现形式越复杂，广告效果越差，传播成本越高。

（2）突出。要突出卖点。

（3）独特。要有别于其他广告。

（4）联想。要“一语多关”，令人产生联想，提高信息含量。

（5）凝神。要采取暗示、悬念、寓情等方法，使消费者关注。

（6）形象。要对产品及其特性进行“真实地夸张”。

（7）时尚。要倡导新的健康的生活。

经过半个世纪的实践和完善，USP 理论已经远远地超出了原来产品的范畴，如今已经从产品层面延伸至品牌层面。

二、广告创意：AIDMA 法则、BI、互动说、锐利广告

1. AIDMA 法则

是指消费者从广告媒体认识商品到购买行动产生的一连串过程，从心理的反应上依次表现出来的大致步骤为：Attention 注目，Interest 兴趣，Deisre 欲望，Memory 记忆，Action 行动，这就是广告策划的“AIDMA 法则”。

成功广告对受众的作用过程和消费者对产品从认知、好感、信赖、购买的过程是相一致的，即是能够让顾客“情迷之、心服之、行随之”。

广告的一个重要目标就是吸引目标受众的注意，因而就有了“注意力经济”、“眼球经济”的概念，“注意力经济”这个概念是美国经济学家迈克尔·戈德海伯（Michael H. Goldhaber）1997 年在一篇题为《注意力购买者》的文章中提出来的；诺贝尔经济学获得者赫伯特·西蒙（Herbert A. Simon）也说过：“随着信息的发展，有价值的不是信息，而是注意力”；而英特尔公司前总裁安德鲁·葛鲁夫（Andrew Grove）则更把网络经济直观地比作了“眼球之

争”——“整个世界将会开展争夺眼球的战役。谁能吸引更多的注意力，谁就能成为21世纪的主宰”。

2. 广告策划的BI理论

是指20世纪60年代由广告大师大卫·奥格威（David Ogilvy）提出的Brand + Image的“品牌形象论”，在之后的较长时期内形成了重要的影响。该观点要求：

（1）广告目标为品牌服务。

（2）每则广告都应对塑造品牌整体形象做出贡献——同时也是为建立品牌所做长期投资。

（3）产品同质化程度越高，消费者在选择品牌时，越少用理性思考。

（4）广告应帮助品牌创造突出个性，忠于个性，永久不变。

3. 广告策划的“互动说”

是针对UPS理论的单向线性传达方式将消费者置于被动接受地位的不足，在消费者主体意识觉醒的时代所倡导的双向互动式广告传播形式。“互动说”认为传统的广告无论是告知型、劝服型还是诱导型，都是在延伸人的一部分功能，如视觉或听觉等。而在电子媒介传播时代，广告则要产生“联觉”效应，即调动消费者的一切感官去感受。就仿佛观看一场足球赛，我们在为自己喜欢的球队摇旗呐喊的时候，我们本身也就成为其中的一员。这种全身心的投入和参与，正是“互动式”广告最终要达到的效果，即让消费者成为整个广告传播过程中主动的一环，而并非处于被动接受的位置。

“互动式”广告有三个递进的层面：

（1）满足需求。广告不仅满足消费者的物质需求，而且还能够满足人们更多精神层面的需求。

（2）调动参与。广告调动了人们的所有感官，使消费者仿佛置身其中。

（3）产生联想。广告深深地打动消费者，给他们创造了更多想象的空间，从而使得产品和事件之间形成了某种关联。

4. “锐利广告”

是中国广告界一种比较新锐流行的观点，它要求：

（1）广告必须简洁有力，在任何时候都只说最有用的东西。

（2）广告必须让人兴奋、激动，或者令人痛苦、讨厌……必须像锥子一样锐利，不需用力，就能刺痛消费者。

（3）广告必须始终重复相同的核心内容，不管别人怎么说。

该观点强调，广告宣传的最终目的应该是让产品在消费者头脑中占有独特的位置，只有这样才能最终胜出。

三、广告发布：媒介、预算、评估

完整的广告策划，必须包含广告策略定位的执行方案即广告的发布计划：媒介的选择与组合、发布的区域、发布的频率、广告预算及其监测评估。

1．广告媒体的主要种类

（1）印刷品广告——报纸、杂志、电话簿、画册、时刻表等。

（2）电子媒体广告——电视、电影、电台、电子显示屏、幻灯机、扩音机等。

（3）户外广告——路牌、柱架、商亭、霓虹灯、灯箱、车身、招贴海报、旗帜、条幅、汽球、飞艇等。

（4）邮寄广告——商品目录、商品说明书、宣传小册子、明信片、挂历广告，以及样本、通知函、征订单、订货卡、定期或不定期的业务通讯等。

（5）POP 广告（Point of Purchasing Advertising）——售货点和购物场所的广告，商场、百货公司、超级市场、零售店、专卖店、专业商店等场内场外所做广告的总和。

POP 广告的种类就外在形式的不同分为立式、悬挂式、墙壁式和柜台式四种；就内在性质的不同分为室内 POP 广告和室外 POP 广告两种，室内 POP 广告指商店内部的各种广告，如柜台广告、货架陈列广告、模特儿广告、圆柱广告、空中悬转的广告、室内电子广告和灯箱广告。

室外 POP 广告是售货场所门前和周围的 POP 广告，包括门面装饰、商店招牌、橱窗布置、商品陈列、传单广告、活人广告、招贴画广告，以及广告牌、霓虹灯、灯箱和电子显示广告等。

（6）其他广告——馈赠、赞助、体育，以及包装纸广告、购物袋广告、火柴盒广告、手提包广告等。

2. 广告媒介策略的五大原则

（1）产品因素，如果是技术性复杂的机械产品，宜用样本广告，它可以较详细地说明产品性能，或用实物表演，增加用户实感；一般消费品可用视听广告媒体。

（2）消费者媒体习惯，如针对工程技术人员的广告，应选择专业杂志为媒体，推销玩具和化妆品等最好的媒体是电视。

（3）销售范围，广告宣传的范围要和商品推销的范围一致。

（4）广告媒体的知名度和影响力，包括发行量、信誉、频率和散布地区等。

（5）广告主的经济承受能力。

3. 广告费用预算四种不同的选择方案

（1）销售百分比法。根据过去经验，按计划销售额的一定百分比确定广告费用。好处是简便易行，缺点是实际操作中过于呆板，不能适应市场变化。

（2）目标任务法。明确广告目标后，选定广告媒体，再计算出为实现这一广告目标应支出的广告费用。这种方法在实际操作中难度较大，因为，广告目标很难以数字来精确计算。

（3）竞争对抗法。它是根据竞争对手的广告宣传情况，来决定自己的广告费用支出的一种方法。

（4）倾力投掷法。企业在不能测定广告目标和广告效果的情况下，常常采用有多少费用就做多少广告的办法，它的风险比较大。

广告效果的评估就是指运用科学的方法来鉴定所做广告的效益。广告效益包括三方面：一是广告的经济效益，指广告促进商品或服务销售的程度和企业的产值、利税等经济指标增长的程度；二是广告的心理效益，指消费者对所做广告的心理认同程度和购买意向，购买频率；三是广告的社会效益，指广告是否符合社会公德，是否能提升企业品牌的公众形象和美誉度。

4. 广告效果按不同的标准的测定方法

（1）预审法。是广告制作完成以后，在媒体发布以前所进行的广告效果测定和相应分析。如模拟销售检验、消费者试用、邮寄检验、仪器检验等。

（2）复审法。是广告发布以后，为了分析广告效果，调整广告策略而进行的测量广告效果的方法，如售后检验、调查检验、回忆检验等。

除了根据广告发布前后时间的不同进行划分外，广告效果的测定方法还可根据操作的具体工具的不同进行划分，如：统计法、实验法、历史法、评分法、邮寄法、问答法、机械法、采访法、媒体组合法等。

第四节　促销策划

营销的构成要素中重要的一点就是促销，即企业通过人员或非人员的方式，向目标顾客传递商品或劳务的存在及其性能、特征等信息，帮助消费者认识商品或劳务所带来的利益，从而引起消费者兴趣，激发消费者购买欲望及购买行为的活动。

一、促销策略：沟通与组合，销售促进

1. 沟通与组合

促销的本质是沟通。是谁通过什么渠道（途径）对谁说什么内容，沟通者有意识地安排信息、选择渠道媒介，以便对特定沟通对象的行为与态度进行有效的影响。其途径一是雄辩式说服；二是宣传式说服；三是交涉式说服。

促销的主要要素包括：广告促销、人员促销和销售促进，以及公共关系。一般地，消费品的促销组合次序为：广告，销促，人员推销，公共关系；工业品的促销组合次序为：人员推销，销促，广告，公共关系。

消费者购买阶段一般依次是四阶段：

知晓阶段，促销组合的次序是：广告，销促，人员推销；

了解阶段，促销组合的次序是：广告，人员推销；

信任阶段，促销组合的次序是：人员推销，广告；

购买阶段，促销组合的次序是：人员推销为主，销售促进为辅，广告可有可无。

不同的促销组合形成不同的促销策略，如以人员推销为主的促销策略，以广告为主的促销策略。从促销活动运作的方向来分，大致有推式策略和拉式策略两种：

（1）从上而下式策略（推式策略）——推式策略中以人员推销为主，辅之以中间商销售促进，兼顾消费者的销售促进。把商品推向市场的促销策略，其

目的是说服中间商与消费者购买企业产品，并层层渗透，最后到达消费者手中。属于被动式销售。

（2）从下而上式策略（拉式策略）——拉式策略以广告促销为重心，通过创意新、高投入、大规模的广告轰炸，直接诱发消费者的购买欲望，由消费者向零售商、零售商向批发商、批发商向制造商求购，由下至上，层层拉动购买。属于主动式销售。

2. 销售促进（Sales Promotion）

又称营业推广，表现直观，灵活多样。是指“那些不同于人员推销、广告和公共关系的销售活动，它旨在激发消费者购买和促进经销商的效率，诸如陈列、展出与展览表演和许多非常规的，非经常性的销售尝试”。其种类包括：

（1）针对消费者的营业推广，可以鼓励老顾客继续使用，促进新顾客使用，动员顾客购买新产品或更新设备。引导顾客改变购买习惯，或培养顾客对本企业的偏爱行为等。其典型的方式有：

①赠送样品或试用样品；

②优惠券；

③廉价包装；

④现金或代用券奖励；

⑤现场示范（签名售货、明星助销）；

⑥组织展销；等等。

（2）针对中间商的营业推广，鼓励批发商大量购买，吸引零售商扩大经营，动员有关中间商积极购存或推销某些产品。其典型的方式有：

①批发回扣；

②推广津贴；

③销售竞赛；

④交易会或博览会、业务会议；

⑤工商联营：企业分担一定的市场营销费用，如广告费用、摊位费用，建立稳定的购销关系。

（3）针对销售人员的营业推广，鼓励他们热情推销产品或处理某些老产品，或促使他们积极开拓新市场。其典型的方式有：

①销售竞赛：如有奖销售，比例分成；

②免费提供人员培训，技术指导。

二、借势与造势，促销的时机，促销的创新

促销作为企业销售工作的必经环节，仅仅依靠传统的方式，是难以取得事半功倍的效益的。而策划的价值就在于使同样的行动产生超额的价值，这就要求促销策划不仅要符合营销目标对于促销环节的要求，更要善于借助产品、渠道等现有物质资源以外的资源，产生超越的效应和价值。这种自有资源以外的客观资源，就是"势"。借势与造势，是商务策划的法宝之一，更是促销活动的最佳时机。

《孙子兵法》说："善战者，求之于势，不责于人，故能择人而势。任势者，其战人也，如转木石。木石之性，安则静，危则动，方则止，圆则行。故善战人之势，如转圆石于千仞之山者，势也。"

所谓势，就是可被很多人利用但只被你发现并可以利用的客观有利条件。具有时空性——一定事物在时空中形成的状态，时空是成"势"的充分必要条件；客观性——客观存在，不可人造也不可违逆；前指性和方向性——指向发展的方向；多样性——分类繁多，可察可借。客观环境事物所包含的势能价值是不同的，且利害差异不同，不是所有的机会都是对自己有益的。只有正确整理分析信息，主观正确认知、精确把握客观有利条件，才能借以增强行为力量，提高活动的成效。

在促销活动策划过程中，要认清形势趋势，把握时机，识势、借势、造势，适时、转换背景，提升价值影响。并能做到：

有备乘势；择势而行；适势而动；借势而发；随势而变：以变应变，左右逢源。

基于目前"渠道制胜、决胜终端"的营销趋势、基于产品多元化与同质化的激烈竞争，促销之风愈演愈烈，平淡促销容易被淹没，促销必须创新，才能真正构建产品与消费者之间沟通互动的有效平台。不仅要保证与消费者形成科学、连续的互动，更要针对消费者接触点进行艺术化设计，最大化了解产品、提升品牌，使消费者产生兴趣购买。为此，掌握系统环节是策划细分寻找创新点、组织成功促销的基础。

（1）主题创新。好的促销主题可以给消费者一个购买理由，有效规避价格

战带来的品牌损害，所以主题一定要与促销需求相吻合，以简洁、大气、亲和力强的语言来表达，在不偏离品牌形象的基础上做到易传播、易识别、时代感强、冲击力强，而不是司空见惯的“买一送一、震撼热卖、特价酬宾”字样。如悬念型，事件型，节日型，区域型，联合型等。

（2）内容创新。创造打动消费者的独特形式和内容，满足消费者求新求异求实惠的心理需求，并产生情感共鸣，从促销工具、手段上来寻找创意空间，将买赠、套餐、抽奖等形式优化组合、推陈出新。如纳入区域特色，利用产品属性，实施优化组合，自造节日促销，拓展异业结盟，选择特色赠品等。

（3）物料创新。营造影响消费者的靓丽终端，通过创意物料让终端亮起来，让产品借助物料在竞争商品的海洋中脱颖而出、率先冲击消费者的眼球，以营造良好氛围来影响消费者购买，提升促销效果。如展示生动化，视觉冲击化，陈列最大化，物料异形化等。

（4）人员创新。强化训练感动消费者的促销团队，实现“临门一脚，实效促销”，在对消费者心理、企业产品、竞争者产品的把握和了解的基础上，从言语、行动、细节处来创新，来感动消费者，如形象品牌化，用语差异化，演示生动化，人气聚拢化等。

三、促销策划的重点：细节

在企业的整个年度市场费用里，促销费用要占 1/3 强，有的甚至占去了一半。促销是现实的市场竞争中最常见的肉搏战，因此，在促销效果中与竞争对手的横向比较至关重要。促销既然对于营销者和消费者都司空见惯，见怪不怪，招式大同小异，手段的同质化也十分严重，于是，细节便成为决定促销活动成败和效益的关键所在，也就成为策划工作的重点所在。

譬如以家电行业最流行的签名售机这样一个促销方式为例：

一般来说，很多企业都会在签名售机的现场打出很多海报、条幅和空飘，将整个气氛搞得很是热闹。而为了让现场有人气，让老板更开心，一些企业的分公司经理会发动他们员工及其家属过来充当“群众演员”。其实，到那一刻，很多东西就已经定格了，很难改变什么。分公司经理们有没有想到，如何让该区域的消费者更加关注这次签名售机呢？

促销前是否可以安排省级主流媒体对老板做一次书面采访，其主题是谈对该区域的重视，谈该区域在整个公司营销战略中的地位，谈对该地消费者的感谢等。进而在报道中会有一个新闻链接，是关于老板的个人简介等资料。这些无疑给该区域消费者一个很好的感觉，为他们参加现场签名售机打下很好的基础。

一些企业可能不止一次做签名售机活动，那么，上次的签名售机活动，商场经理对该促销活动的评价，消费者的意见领袖对该活动的评价等，这些都是可以在促销前以公关的方式进行预热的。

其次，在签名售机的现场，除了签名之外，有没有一些关于体现公司文化或理念的书籍、杂志等，也可以作为礼品一同赠送呢？现在很多企业都热衷写书，特别是中国家电企业。那么，这些书能否可以在总裁签名时，赠送给前来签名的消费者呢？实际上，这是传播企业文化和理念的最好时机，消费者买了你的产品，同时也通过看你的书籍，开始接受你的理念，慢慢开始认同，并积极传阅等，口碑在这个时候就形成了。

还有很多企业图简单，干脆将老板的签名折现，让利给消费者多少现金等。当然，也有人说，这是考虑到消费者的需求。殊不知，从整合营销传播角度来讲，这是极为不佳的方式，策划必须要找到企业进行品牌传播与消费者需要之间的切合点。在送礼时，送钱给别人，是最愚蠢的。因为钱是很容易花掉的，况且钱上又没有记号。送礼图什么？就是图对方有个念想。那么如何在我们卖出产品后，让消费者仍能记住你这个品牌。是什么东西来提醒他们呢？那就要借助我们独特且具备一定价值的赠品。

再次，就是赠品的选择。赠品选择要以成本为导向，但是很重要的一点，就是如何使赠品体现企业品牌的价值取向和内涵，如何与自身品牌相匹配。在许多企业促销过程中，赠品是送出去了，可结果反而招来一片骂声。比如，一家企业在促销中用数码相机做赠品，由于这个数码相机价格低廉，质地较差，消费者纷纷找到商家要求换礼品，要么就退货。而光这个数码相机就花去了这个企业几百万的传播经费。几百万的传播费用，导致一片骂声，导致对自己品牌极大的损伤，可谓悲哀。

在促销过程中还应该完善对参与顾客的数据库档案的建立。

这些都是细节，是决定促销成功与否的关键环节。在某地酒业协会召开的庆典酒会上，有两家同是高档酒的赞助商，但是酒会开幕式上两家的员工在营销细节上表现出很大的差别：品牌A的营销人员，在酒会要开始了还迟迟不露面，负责人上台发言时穿着十分随意，员工精神不振，会场布置也不细致，给与会人员留下很不好的印象；而品牌B的人员则提前到位，进行了细节性的布场准备，员工一个个衣冠齐整，精神抖擞，显示了其应有的品牌形象和风采。结果是虽然两家赞助了同样的经费，A却成为B的衬托。

促销是一个完整的系统，在追求促销环节进行创新时，更要注意促销执行中的关键环节，以保证促销有效性与良好效果，追求表面创新而执行不到位的促销只是绣花枕头——好看不中用，促销更要在创新的基础上为销量、盈利来服务。

培训到位：成功的促销应针对促销中的环节、流程进行重点培训讲解，使执行人员了解程序、流程，保证执行工作中不本末倒置，使创新的促销落实到位。

预热到位：促销开展前，必须借助资源（报纸媒体、电视字幕、DM单页等）进行大范围的活动提前传播预热，让更多的消费者了解信息，采取有效折券、纪念品来吸引消费者参与，保证促销效果。

物资到位：根据活动安排流程，应在促销活动开展前将物料落实到促销地点，将物料或选购赠品提前送到活动点，以避免物料、赠品不到位而造成促销损失。

人气到位：促销活动关键在于一种人气互动氛围的营造，以激发更多消费者购买欲望与从众性，可以结合产品、活动人为地聚集人气，如通过产品区小提琴演奏、巡游展示、现金抓小游戏等。

第五节 销售谈判策划

所谓销售谈判，就是指销售人员为了将其所在公司的产品或服务销售给潜在客户而在一定时空条件下所进行的沟通、协商直至达成交易的行为与过程。销售谈判由可能合作的各方组成，由可能合作各方的利益驱动引发。通常情况下，销售谈判中的各方合作关系更多，但在特殊情况下，销售谈判各方也可能包含一种竞争关系。无论是合作还是竞争，销售谈判中的各方都围绕利益展开“博弈”。

销售谈判的两大基本特征，一是经济利益是销售谈判的最高目的，也是销售谈判成功与否的最高标准。二是销售谈判的标的价格始终是谈判的焦点所在，因为标的价格最终影响到谈判各方的利益分配。

销售谈判的基本要素，包括谈判各方如销售人员和潜在客户等；谈判时间何时开始，何时结束；谈判地点可能根据谈判各方在谈判中的关系变化而不断变化；谈判目标；谈判底线；以及谈判中用到的各种策略和技巧等。

一、销售谈判的原则

销售谈判交换的是满意而非产品。

总原则是促成合作，实现共赢。作为销售人员，一定要树立这样的理念：只有通过有效的合作，才能真正地实现成功销售。合作与成功是相辅相成的，在销售人员追求成功的销售生涯过程中，若没有客户的合作，没有上司的支持，没有同事的配合，那么成功将变得遥不可及。合作所带来的共赢，体现了公正的价值判断，这种公正不仅体现在对客户利益的尊重上，还体现在对销售人员自身利益的取舍上。事实上，销售人员与客户的关系是一种互动共荣的共赢关系。这种共赢关系可以上升为一种智慧的结晶，如果销售人员与客户没有对自身特长及优劣势的了解，没有对竞争者的深入分析，没有对内外部环境及未来发展趋势的展望，那么将很难形成共赢的销售理念。

销售人员除了把握好销售谈判的总原则之外，在具体的谈判过程中，还需要遵循一些谈判的基本原则。

首先，销售人员在谈判过程中要做到重利益、轻立场，这是销售谈判追求利益的本质要求。销售谈判中经常涉及各方相关的人、事、物等，这时需要各方做出相应的价值判断。理想的情况是大家在这些方面都能达成共识，取得一致，但在现实的销售谈判中，很难做到这一点。在出现分歧的时候，销售人员必须把利益放在首位，放在比立场更重要的位置。

其次，销售谈判中要注意对事不对人。因为任何销售谈判工作都是由人来具体完成的，谈判中的各方的人都不是抽象的，均有各自的文化背景、习惯、价值观念等个性特点，因此销售人员需要时刻铭记销售谈判中对人要温和，要坚持处理事情的原则是对事不对人。

最后，销售人员需要引导潜在客户达成共赢的认识。销售谈判中的各方利益有多重性，各方需求有差异性，因此当谈判各方不能达成一致的时候，大可不必在一个方案上僵持不下，而应该本着共赢的原则，积极寻求合理处理争议、异议、分歧的其他解决方案，并通过沟通、协商，进而让谈判各方最终能通过理解、让步等方式达成一致。

二、销售谈判的过程

销售谈判是一个比较宽泛的概念。从销售人员初次接触潜在客户起，与潜在客户围绕双方的合作所展开的一切沟通、协商、交流等均可认为是一种销售谈判。概括地说，整个销售谈判过程可以划分为几个相对明确的阶段，即建立关系、探究利益、准备并完善提议与达成并签署协议共四个阶段。

首先是建立关系阶段。这是销售谈判的第一步，也是至关重要的一步。在这个阶段，主要向潜在客户介绍公司情况，陈述产品或服务的特点、优势等。销售人员应该努力提供双方能够舒适、轻松地分享信息的环境，努力创造一种合适的谈判氛围，这将有助于销售谈判顺利地进行。

在这个阶段，销售人员需要注意两个问题：一方面是暖场，为了尽快使双方进入角色，消除彼此的隔阂，销售人员需要重视开场白。暖场可以从很多方面入手，比如选择一些彬彬有礼的话题，轻松地讨论彼此的兴趣爱好、运动休闲、天气等。另一方面是需要专心致志，销售人员需要表现出专业化与专心致志，让潜在客户感受到自己的投入与兴趣，形成良好的第一印象。

其次是探究利益阶段。在这个阶段，销售人员与潜在客户一般都从陈述自己的立场开始，因此，探究双方的利益往往需要花费较多的时间。在这个阶段，销售人员需要坚持促成合作、实现共赢的大原则，在这个大原则下坚持重利益、轻立场的基本原则。

为了顺利推进谈判，在这个阶段，销售人员还需要注意如下两个问题：一是打破潜在客户的防卫。在销售谈判中，由于双方缺乏真正的了解与理解，潜在客户要么带有成见，要么带有自我防卫，为了尽快推动销售谈判，销售人员要做到坦诚相见，要善于利用开放式的问题等手段打破潜在客户的自我防卫。同时要积极了解潜在客户的深层想法。在第一阶段交流之后，销售人员需要进一步探究潜在客户的深层需要与兴趣，及时了解潜在客户对整个形势的观点与看法。

第三个阶段是准备并完善提案。在这个阶段，销售人员的谈判目标是与潜在客户探讨具体的产品/服务的类型、款式、功能、价格以及最终的付款方式等，需要双方都非常明白销售提案的主题与内容，并且需要及时做出谈判纪要。

在这个阶段，销售人员需要注意如下问题：一是做到事先准备、设定底线。在每次谈判前，事先作好充分的准备，需要研究以前发生过的类似案例，明白什么样的术语与条件是典型的以及最佳方案的准备与选择，尤其是重点考虑自己的底线。二是要列出清单，按部就班。销售人员需要将所有重要的事项列在谈判清单上，检查并确信自己的提案是否完整，是否包含了所有的关键问题，然后按部就班地逐步推进，以免遗漏关键问题。三是弹性设限，适时调整。在谈判之初，要有一定的限度，要留有协商的余地。销售人员需要针对谈判推进过程中双方达成认识的不断深入而适时地调整自己。

最后一个阶段是达成并签署协议。在此之前，销售人员与潜在客户经过了精明的计算、激烈的讨价还价、双方做出让步与妥协，共同寻找一致认同的解决方案等过程。由于销售谈判的本质是谈判各方在交换和切割利益，因此，谈判各方都会使出浑身解数，努力追求自身利益的最大化。在这种既合作又竞争的关系中，对经济利益这一最高目标的白热化追求，有可能使谈判陷入僵局。不管有无僵局产生，这一阶段对谈判人员的要求最高。研究表明：这一阶段谈判各方对策略、技巧的运用最充分，各方对谈判的驾驭能力、水平也尽显无遗。

在这个阶段，销售人员需要注意三类问题：一是合理拒绝。尽管销售谈判原则上强调合作与双赢，但是涉及具体的条款与价格等琐事，双方仍然会讨价还价，此时的合理拒绝很重要，既不让对方感到失面子，又能保证自己的利益，否则可能会前功尽弃。销售人员可以尝试采用“感受”、“同样的经历”等措辞来婉拒对方。二是提供理由。在合理拒绝以后，销售人员还要提供充分的理由来解释自己的观点与想法，这样既有助于销售谈判的顺利进行，又给潜在客户找到一个很好的退让台阶，并且成为其向上司汇报谈判结果的一个托词。在选择理由时，要考虑既简洁明了，又给对方留下调整的空间，并且显得合情合理。三是体面让步。如果整个合作项目对销售人员而言至关重要，那么销售人员必须在销售谈判中适当的时候注意体面地让步。尽管让步有时是痛苦的，做出让步的决定是困难的，但是，为了使整个谈判的顺利进行，为了达成合作共赢的目的，也只能放弃一些利益，这就要求顾全大局。

三、销售谈判的策略与技巧

1. 销售谈判策略

就是指谈判各方根据形势的发展变化而制定的行动方针和应变方式，其目的是在最佳时机或进攻或撤退，以便最终使谈判各方达成一致，促成谈判成功，实现合作共赢。

销售谈判的策略有两个基本的特征，即事先的准备性和即时的应变性。事先的准备性，即所谓“凡事预则立，不预则废”。即时的应变性，即所谓随机应变的本领。销售谈判的综合性和复杂性要求销售人员一定要对谈判可能出现的情况，潜在客户可能采取的措施等做出预测，然后根据各种情况制定相应的对策。销售人员需要在谈判之前认真分析形势，制定谈判的目标、底线等。

谈判目标是销售人员想要达到的目的或获得的结果。销售人员需要在谈判之前就精心制定谈判目标，同时，为了制定准确的目标需要尽可能收集有关信息与资料。销售谈判目标的制定符合如下要求：一是简洁明了，言简意赅；不要泛泛而谈，更不能夸夸其谈。二是明确具体，避免含糊。销售谈判目标不能过于模棱两可、含糊不清，应尽可能用数字来明确谈判目标，如价格的高低，数量的多少等。三是力争双管齐下，兼收并蓄。销售谈判目标的制定，需要具有挑战性与可达性，既不能目标太高，可望不可即；也不能目标过低，轻易达到。最后是注意轻重缓急，主次分明。销售进程需要循序渐进，销售谈判也需要经过几个阶段。根据销售谈判目标的多样性与变化性，销售人员需要对长期目标与短期目标做出轻重缓急的排序，搞清楚长期目标与短期目标之间的关系。

设定限度可以帮助销售人员节省时间和精力，全力围绕制定的目标开展工作。销售人员需要用最简单的方法去设定限度，而且要对设定限度的能力充满信心。有效的设定限度需要考虑下列要素：知道还有其他选择；知道其他选择是什么；知道选择的结果以及知道如何强化限度等。设定限度可以帮助销售人员确定自己的底线，这是销售谈判中的最后一道防线。在限度与底线之间需要留出足够的空间，在未达到底线之前，就要让潜在客户知道，他们正在接近临界点。不要在潜在客户冲破底线时才开始抱怨，要抵制任何过于接近自己所确定的底线的行为与提案，并且事先给出暗示。此外，为了确保销售谈判的顺利进行，销售人员不要在开始时就抛出自己的底线，这样，不仅显得咄咄逼人、唯我独尊，而且还会将自己逼到一个没有回旋余地的困境。

2. 销售谈判技巧

就是谈判人员在谈判过程中的语言及非语言交流过程中所表现出来的方式方法与技能，其中倾听、提问和反馈对销售人员来说至关重要。

(1) 倾听。倾听是销售谈判的基础。良好的倾听习惯和高超的倾听技巧，会改变销售人员在销售谈判中的地位，会提高其影响力。可以说，倾听是销售谈判的第一要素，但是倾听障碍却严重地影响着销售人员。优秀的销售人员，能够自我发现倾听障碍，并努力积极消除倾听障碍。常见的倾听障碍有以下几种：自我防卫、忐忑不安、压力过重、心理成见以及缺乏认同等。

倾听是通往合作的台阶。优秀的销售人员通常比普通的销售人员对客户更善于倾听。做一个优秀的销售人员需要注意如下三个方面的问题：一是排除干扰，集中注意力倾听潜在客户的谈话。二是保持清醒，不过于情感化，保持理智。为了提高倾听的有效性，销售人员需要在椅子上坐直，不要交叉胳膊与双腿，面对客户，身体略微前倾，尽量用目光交流。三是做好谈判记录，在销售谈判中，销售人员需要随时做好沟通记录。记录不仅有助于提高听力水平，而且还可以调动销售人员的大脑、眼睛、手等综合作用。

(2) 提问。强化销售人员有效倾听的最佳方法就是提问。销售谈判中的提问是了解潜在客户立场、观点、态度及其心理变化的有效手段，也是引导潜在客户与销售人员最终达成共识的一种技巧。销售人员需要注意把握好何时提问，如何提问以及提问注意事项等。

销售人员应在潜在客户的陈述完成并更多了解其陈述内容之后提问。只有把提问建立在了解的基础上，才会使提问更有意义，更具有深度。另一方面，如果发现潜在客户游离主题或故意环顾左右而言其他的时候可以提问或者在自己陈述完毕或答复完毕之后，提出有利于使谈判顺利通向预定目标的问题。

销售谈判中常用的问题类型，概括起来有以下四种，即所谓的SPIN：

一是情境性问题（Situation，状况询问），这类问题主要是在探究潜在客户的现有情况时提出来的，是一些不可不问的问题。但研究表明，在销售谈判中，情境性问题越多，双方达成一致的几率越低。优秀的销售人员会提出一些情境性问题，但少而精。

二是探究性问题（Problem，问题询问），这类问题是根据潜在客户面临的疑惑、困境与不满提出来的。成功的销售人员会善用探究性问题，他们会从客户解决问题的角度来定义自己的产品或服务。探究性问题是销售人员创造销售业绩所不可或缺的重要手段。

三是暗示性问题（Implications，暗示询问），这类问题是针对潜在客户的困难、问题与不满，询问其相关或有影响的因素。成功的销售人员，总是在讨论产品/服务之前，先讨论问题衍生的结果。

四是解决性问题（Need payoff，需求—满足询问），这类问题主要是询问有关解决问题方案的价值和实用性等，鼓励客户积极提出解决对策，大多数客户希望自己找到解决问题的方式。

在上述典型的提问方式中，暗示性问题最有力度，因为这些问题让潜在客户能够意识到问题的严重性，以便于投入时间与金钱去寻求解决问题的方案。不过，这种提问方式对销售人员的要求较高。

在注意事项方面，销售人员的提问应避免有敌意的问题；每个问题应有明确的目的，不要无谓地提问；提问本身应该言简意赅，问完之后要耐心等待潜在客户的回答，切不可自己说个不停。

（3）反馈。销售谈判中的反馈对各方都很重要。就回答者来说，是一种承诺；就听者来说，反馈是做出判断与决策的前提或基础。反馈包括回答、陈述和说服三种形式：

回答，主要是针对潜在客户的提问。回答潜在客户的提问，涉及三个方面的问题：何时回答、如何回答以及回答什么。对于销售人员来说，首先，要在听清楚对方的问题并了解对方的提问目的的基础上才回答。其次，对潜在客户的问题可以全部回答，也可以回答一部分。可以立即回答，也可以拖到将来才回答。最后，对潜在客户的问题，可以避实就虚或环顾左右而言他。

陈述，就是指谈判人员将各自在本次可能的合作中的相关情况及各自的立场、看法、解决办法等介绍给谈判中的其他方的行为与过程。陈述的最终目的是为说服对方接受最终达成的协议作铺垫。

陈述的语言应该简洁、准确、婉转、得体。陈述时礼貌得体是任何时候都必须注意的语言要求。陈述的技巧体现在何时陈述、陈述什么和如何陈述三个方面。首先是抓住时机，言之有理。陈述的重要原则在于：只有自己感到潜在客户想听或潜在客户明确要求自己陈述时才开口陈述。其次是避重就轻，报喜不报忧。陈述内容的取舍标准，一定要讲那些潜在客户听后的第一反应及评价对本方有利的内容，即要"报喜不报忧"，回避或淡化那些潜在客户了解后可能对自己做出消极评价的内容。最后是要掌握陈述方法，提高陈述效率，避免冗长累赘。

说服，是销售人员成功地引导潜在客户为共同解决某个问题而进行的一种游说，它不是靠乞讨或引诱来使潜在客户改变自己的想法或立场，而是包含着细致的准备、合理的讨论、生动的事实依据，也包含着销售人员融入恰当的情感等因素。

知识要点

市场营销概念与学派；营销的构成要素；营销组合4P、4C、4R；产品的定义、内涵与外延，产品生命周期；核心产品与形式产品、附加产品、产品组合；市场定位的核心工作；品牌的含义；广告策略、广告创意、广告发布；促销策略、促销策划的重点；销售谈判的原则、销售谈判的过程、销售谈判的策略与技巧。

思考与训练

1. 假如你是一家汽车新型防盗器的销售代表，请按照市场营销策划的基本思想，设计一套在"汽车贸易城"推销防盗器的活动要领。

2. 营销组合4P、4C、4R之间有何关系？举例说明哪些企业适宜采用这几种营销组合，为什么？

3. 市场定位的核心工作是什么？请自行设计一种新产品并对其进行市场定位。

4. 根据自己所熟悉的一则著名广告，谈谈如何运用广告策略来塑造品牌。

5. 试为2008年奥运会的开幕式提供创意，并至少拟定3条广告语。

6. 有人向当地技术监督局举报你所在的企业产品质量有问题，你们的产品随时有被从商场下架的危险，作为企业的销售谈判代表，你需要采取什么样的策略来解决面临的问题？

第九章

就业与创业策划

本章重点介绍就业策划的基本模式、思路，操作技巧和方法，就业渠道的创新以及职场生存的基本原则、创业必备的条件。

就业是营销自我，如今已成世界性的难题。中国的大学生初次就业和企业下岗人员的再就业，都是社会关注的焦点，但就业真的非常难吗？

就业是人生的开始，一般来说，只有进入某个行业开始工作时，人才能创造价值，才能自食其力。但如何进入，绝非易事。如果把人生的发展划分为五个阶段的话，那么，学业是基础，就业是起步，职业是修炼，创业是涅槃，事业是成佛。没有好的学业基础，就业的起步是艰难的，但就业又不完全取决于学业，关键在于如何策划。而创业如同“涅槃”，最终是灰飞烟灭还是成为“金身”，更是充满变数。策划可以成为人生的“火眼金睛”，不但能够洞察是非，而且能够帮助我们有效缩短人生奋斗的历程。

第一节　就业与人生战略

无论人们有怎样的学习经历和背景，他们最终都要进入职场，而职场生涯是从就业开始的。

当今社会，就业问题是全世界面临的共同难题。原因是：科学技术突飞猛进，生产效率越来越高；企业竞争激烈，大量企业衰落或倒闭；行业集中的进程加快，集约经营成为趋势；知识经济迅猛发展，一般技能性劳动需求量减少。

在我国，就业的问题更加突出，除了上述原因外，我国人口众多，每年新增大学毕业生几百万名，加之大量的企业转型和行业的结构性调整，使中国的初次就业和各种再就业变得十分严峻。

一、大学生就业难的原因

近年来，大学生就业越来越困难，其症结既有学校的教育体制问题，也有企业的用人制度问题；既有人才结构性矛盾问题，也有大学生自身的就业观念问题，但最根本的原因是我国大学的现行教育普遍缺乏就业力，重知识而轻素质，重应试而轻技能，大学多教授而少教练。从就业市场来看，同时还存在以下四大矛盾。

1. 毕业生数量急剧增长与就业岗位增长缓慢的矛盾

从1999年起，我国连续扩大招生规模，使高等教育的发展进入一个新阶段。2001年全国高校毕业生为115万，2002年为145万，2003年为212万，2004年为280万，2005年达330万，2006年超过400万，2007年起500万，2009年将突破600万，这个规模今后将会长时期保持。有专家统计，按照70%的一次就业率，全国每年都有几十万大学毕业生离校时落实不了工作岗位。

毕业生数量跳跃式增长，而社会上的人才需求增长缓慢或与往年持平，造成大学生就业形势长期紧张。

2. 社会经济发展、产业结构调整与高校学科建设滞后的矛盾

一些教育研究工作者认为，与世界先进水平相比，我国高校毕业生占人口比例还偏低，远远不能满足新世纪社会主义现代化建设需要。问题的症结在于我国高等教育的学科结构和培养模式不尽合理，就业难集中反映了高等教育许多深层次问题。

3. 用人单位的需求与毕业生实际状况的矛盾

在广东、上海等地人才招聘会上，相当多的用人单位明确表示不要应届毕业生，他们认为应届毕业生动手能力差，招来后企业还要花费相当的精力进行培训，因此，只招聘具有两年以上工作经验的大学生。一些用人单位反映，现在的大学生实践能力、创新精神差，自身毛病不少，有些大学生在为人处世方

面还存在种种缺陷，用人单位不愿意要。

4. 就业工作的社会化、市场化、信息化与现行工作模式的矛盾

北京、上海、广东等省市从20世纪90年代初即建立了“双向选择”的高校毕业生就业制度，以市场为导向的就业机制已基本确立。目前，我国高校毕业生的就业工作是由政府的教育、计划和人事部门管理三方决定的，毕业生获得就业信息和落实就业单位的主渠道是各类招聘会。随着毕业生人数的增加，这一工作模式面临着巨大压力。广东、上海、北京教育人事部门的人士反映，现在学生就业信息资源需要整合，教育、人事、劳动部门基本各自为政，相互沟通的较少，使就业信息难以充分发挥作用。此外，网上求职是深受学生欢迎的求职方式，但网络资源的开发和利用还严重滞后。

二、就业需要规划

就业的形势逼人，就业的困难将长期存在，这是市场经济和中国国情所决定的。今天的就业需要做长期的准备，就业不会一蹴而就，凡以为上名牌大学、读好了书就能轻松就业都过于天真。

就业是踏入职场的第一步，是市场经济社会中人生的真正开始。这一步至关重要，它不仅关系到能否顺畅地实现学业与职业的接轨问题，而且关系到对人生信心确立的大问题。试想，一个苦读四五年的大学生一出校门即失业，他的人生信心怎么能不受到打击呢？如果长期不能就业，他不但会怀疑自己，甚至会怀疑社会。

所以，就业需要思想准备，就业需要精心策划。

对在校大学生来说，就业如何策划？这里我们给出一个大学四年的规划：

一年级：意识上就业（埋头书本，学会思考）；

二年级：技术上就业（选择行业，掌握情报）；

三年级：行动上就业（创造机会，主动结交）；

四年级：岗位上就业（提前热身，淡化回报）。

三、人生需要战略

人生为什么需要战略呢？职场是人生的舞台，而人生如同企业一样，需要

不断经营。

人的一生都在经营：经营自我、经营家庭、经营事业。当然，更多的时候，几种经营交织在一起，不是截然分开的。

在市场经济社会，经营是第一位的，企业也好，个人也好，不善经营均难逃失败的命运。

人生谋求成功，而成功的前提是正确的人生选择和人生定位，如何选择？如何定位？这就是人生的战略问题。有一则古代名人故事就颇能说明这个问题：

大家都知道，李斯是秦朝的丞相，他辅助秦始皇统一并管理中国，立下了汗马功劳，是中国历史上著名的人物。可少有人知，李斯年轻时只是一名小小的粮仓管理员，他的人生战略选择，竟然是一次上厕所的经历。

那时，李斯26岁，是楚国上蔡郡府里的一个看守粮仓的小文书。他的工作是负责粮仓内存粮进出的登记，将一笔笔斗进升出的粮食进出情况，认真记录清楚。

日子就这么一天天过着，李斯不能说浑浑噩噩，但也没觉得这有什么不对。直到有一天，李斯到粮仓外的厕所解手，这样一件极其平常的小事竟改变了李斯的人生态度。

李斯进了厕所，尚未解手，却惊动了厕内的一群老鼠。这群在厕内安身的老鼠，个个瘦小枯干，探头缩爪，而且毛色灰暗，身上又脏又臭，让人恶心。它们见了人，吓得瑟瑟发抖。

李斯看见这些老鼠，忽然想起了自己管理的粮仓中的大老鼠，那些家伙，一个个吃得脑满肠肥，皮毛油亮，整日在粮仓中大快朵颐，逍遥自在。与眼前这些老鼠相比，真是一个天上、一个地下啊！

李斯想：人生如鼠，不在仓就在厕，位置不同，命运也就不同。自己在上蔡城里这个小小的仓库里做了8年小文书，从未出去看过外面的世界，不就如同这些厕所中的小老鼠一样吗？整日在这里挣扎，却全然不知有粮仓这样的天堂。

李斯决定调整自己的人生战略，换一种活法。于是，第二天他就离开了这个小城，去投奔一代儒学大师荀况，开始了寻找“粮仓”的道路。

20年多后，李斯把家安在了秦国首都咸阳的丞相府中。

李斯的在仓还是在厕的人生战略，对后人的影响是深远的。人生的战略也可以借助于SWOT分析，从战略的机会、手段、目标和步骤四个方面进行策划。

SWOT分析是企业在市场经营中经常使用的功能强大的分析工具：S代表strength（优势），W代表weakness（劣势），O代表opportunity（机会），T代表threat（威胁）。市场分析人员经常使用这一工具来扫描、分析整个行业和市场，获取决策依据。其中，S、W是内部因素，O、T是外部因素。在进行自我的战略定位时，也不妨采用这一工具对自己进行一番从里到外的“体检”，明了自己的优点和缺点，并且仔细地评估出自己所感兴趣的职业机会和威胁所在。

应用SWOT分析法求职，具体应遵循以下四个步骤。

1. 评估自己的长处和短处

我们每个人都有自己独特的技能、天赋和能力。在当今分工非常细的市场中，人人都有可能在某一或某些领域游刃有余，但绝不可能样样精通。举个例子，有些人不喜欢整天坐在办公桌旁，而有些人则一想到要与陌生人打交道就心里发麻，惴惴不安。人的差距由此可见一斑。

评估自我，可以列出一个表，列出自己喜欢做的事情和你的长处所在（如果你觉得界定自己的长处比较困难，可以找一些测试习题做一做）。同样，通过列表，你可以找出自己不是很喜欢做的事情和你的劣势。在列出这些后，要将那些你认为对自己很重要的强项和弱项标示出来。

找出自己的短处与发现自我的长处同等重要，因为你可以基于自己的长处和短处作出两种选择：一是努力提高你的技能去弥补你的弱项；二是放弃对某些你不擅长的技能要求很高的职业。

最近一份涉及1000多名年龄在25～35岁间的职业人士的社会调查显示，影响求职有6个关键因素，出色学历排名最后。43%的人认为“过硬的实际能力”是求职成功最重要的因素。其余选择从高到低依次为“丰富的工作经验”（20%）；“著名公司工作的经历”（11%）；“完美的交际能力”（10%）；“漂亮的简历”（9%），而一份出色的学历出人意料地排在最后一位，只有3%的人认为，高学历能带来好工作。

2. 找出自己的职业机会和威胁

环境中的机会从来都是自我发展战略的策划前导。就个人生涯的战略机会而言，不同的行业（包括这些行业里不同的企业）都面临不同的外部机会和威胁，所以，找出这些外界因素的正负作用，对求职是非常重要的，因为这些机会和威胁会影响我们的第一份工作和今后的职业发展。

如果你所选择的企业处于一个常受到外界不利因素影响的行业里，很自然，这个企业所能提供的职业机会将是很少的，而且没有职务升迁的机会。相反，充满了许多积极的外界因素的行业将为求职者提供广阔的职业前景。在这个步骤里，也应该列出自己感兴趣的一两个行业（如营销、房地产、金融服务或者电信），然后认真地评估这些行业所面临的机会和威胁。

机会和威胁是相对的、可转换的，那些求职者趋之若鹜的行业、企业，对你而言，未必存在着真正的战略机会。运用商务策划的思维模式与思维习惯，我们常常能够发现那些被众人忽略的机会，以及被掩盖的威胁。

3. 提纲式地列出你的目标和手段

仔细地对自己做一个 SWOT 分析评估，列出你从学校毕业后 5 年内最想实现的 4 ~5 个职业目标，以及实现这些目标所依托的战略手段。

这些目标可以包括：你想从事哪一种职业，你将管理多少人，或者你希望自己拿到的薪水属哪一级别。请时刻记住：你必须竭尽所能地发挥出自己的优势，使之与行业提供的工作机会完满匹配，能够最大程度地借助环境中的机会。

4. 提纲式地列出步骤分解和行动计划

分解是策划的基本动作。有分解才有可行性，这一步主要是对战略步骤的分解和作出行动的计划。请拟出一份实现上述第三步列出的每一目标的行动计划，并且详细地说明为了实现每一目标，你要做的每一件事，何时完成这些事。如果你觉得需要一些外界帮助，请说明你需要何种帮助和你如何获取这种帮助。拟订的详尽的行动计划将帮助你做决策，就像公司事先制订的战略计划成为员工们的行动指南一样。

既然经营人生的策划始于战略，那就必然要符合经营战略的基本原则：

第一，战略策划是总方针和指南，是由此及彼、通向未来的前进路线；

第二，不要让未来之忧和未来之梦干扰现在，必须确保首战必胜；

第三，战略要求有所为和有所不为，有选择就要有舍弃。

第二节 就业策划的基本思路

今天，“就业”的意义已经不再是传统的上班概念，而是“营销”——“我”这个产品的过程。

“业”是人生各个阶段成就的缩写，我们可以为人生描绘出五种业态，即：学业、就业、职业、创业、事业。要珍惜人生，有所创造，有所成就，在完成学业后，需要首先迈过就业这道“门槛”。

就业策划需要一定的程序，可以借助“兵法思维模型”，从“知己、知彼”开始，透彻地了解自己所能、市场和用人单位所需，而不是随意投寄个人简历，靠福气、撞运气。

一、合理估价自我，就业首先需要“知己”

认识自己是“营销”自我的前提。就像推销人员推销产品一样，如果不知道商品的性能、特点、适应范围，怎么能做好推销工作呢？所以，正确认识自己是就业的前提。就业前，必须对自身价值做好充分的估计，也就是说首先要做到“知己”。这可从3个方面着手：

1. 能力估计

人的能力差异性很大，有的综合能力强，有的某方面能力强；而且能力有各种各样的类型，如语言文字表达能力、逻辑思维及想象能力、形体运动能力、交际能力等。在选择职业前，每个人都要对自己的能力水平做出客观的分析，了解自己究竟有什么样的能力。在现实生活中，有些人好高骛远，眼高手低，总是找不到自己的位置，究其原因，往往都是不自量力，过高地估计了自己，即主观愿望远远超出本人力所能及的范围。

美国科普作家阿西摩夫曾经有这样的经历：起初他很想从事化学研究，可后来发现自己在这方面并没有很强的能力，于是就利用他所掌握的自然科学知识，进行科普作品的创作，最终成为美国著名的科普作家。阿西摩夫的经历，对于今天每一个面临求职择业的人来说，都是有启发意义的。

2. 性格诊断

人的性格不同，适合的职业也不同。任何一种职业都有自己的特点，择业者只能适应它而不是相反。人的性格是在先天的体质、智商等素质基础上，在家庭教育、学校教育和社会环境的影响下以及自我修养中逐步形成的。一旦形成，一般不大容易改变。

性格从两方面影响职业选择：一是人际关系；二是职业性质和特点。在选择职业时，既要考虑自己的性格是否适应于在人际关系较复杂、需要较多人配合的场所工作；又要考虑不同的职业对人的性格有不同的要求，如有的要求创造型，有的要求服从型。

3. 兴趣爱好

一个人如对某种职业感兴趣，就会表现出积极的态度。反之，则很难调动他的积极性。所以，兴趣也是选择职业的一个重要因素。有调查资料表明：如果一个人对某一工作有兴趣，可以发挥他全部才能的80%～90%，并且能较长时间保持高效率而不感到疲倦。可以说，谁找到了自己最感兴趣的职业，谁就有可能踏上通向成功的大道。

择业如何与兴趣爱好结合呢？可以参照下面的资料：

兴趣类型1——喜欢与生产工具、物资设备等生产资料打交道。有这类兴趣者，可从事技术操作性职业，如建筑、工匠、驾驶、机床工、工程技术人员等。

兴趣类型2——喜欢与经济活动打交道。有这类兴趣者，可从事经营性职业，如经济师、销售人员、经纪人、企业管理人员等。

兴趣类型3——喜欢与人的智力、体力开发打交道。有这类兴趣者，可从事人力资源方面开发的职业，如体育教练、教师、医生、护士等。

兴趣类型4——喜欢与行政管理工作打交道。有这类兴趣者，可从事各类事业的组织、协调、决策等职业，如公务员、教学行政管理者、群众团体组织者等。

兴趣类型5——喜欢与探索、研究打交道。有这类兴趣者，可从事自然科学、社会科学以及探险等职业，如物理学、天文学、经济学以及航海、登山等。

兴趣类型6——喜欢与地理地质考察打交道。有这类兴趣者，可从事野外地理考察、地质勘探等职业，如矿藏勘探、钻井、森林采伐等。

兴趣类型7——喜欢与动物、生物、化学打交道。有这类兴趣者，可从事实验、化验、种植饲养等职业，如化验员、农业技术员、饲养员等。

兴趣类型8——喜欢与人的思维、心理活动打交道。有这类兴趣者，可从事人的行为举止、心理状态研究等职业，如哲学、心理学、人类学等。

兴趣类型9——喜欢与想象、创造性工作打交道。有这类兴趣者，可从事有想象力、创造力的职业，如作家、演员、设计、画家、咨询、商务策划等。

一个人往往不止一种兴趣和爱好，兴趣和爱好越多，往往越有利于就业。

二、利用自我所能、企业所需策划就业

就像从事任何工作都必须从调查研究开始一样，对就业策划首先要从认知自我开始，遵循“知己知彼，百战不殆”的基本原则。

认知自我是一项系统的自我调查研究，当前比较流行的方式主要采取个人素质测评。个人素质测评是应用心理学和管理学的方法理论对影响工作绩效的个体素质因素进行测量和评定的人力资源管理技术。

常用的人才测评工具包括心理测验和面试、文件筐测验、小组讨论等情景模拟技术。对于个人测评来说，主要采用如下的一些测试工具：

职业潜能测试方面：通过对测试人的演绎推理、数量分析、言语理解和创新等能力的测试，推断测试人的职业基本能力，预测其发展潜能。

职业价值取向方面：通过考察测试人在工作和生活中的行为导向，测试其工作价值观，寻求测试人职业发展方向方面的深层次信息。

行为动机方面：通过测试测试人在支配、进取和人际关系等方面的欲望，判断测试人的职业发展动力特征。

职业兴趣方面：通过测试人在人—物、观念—实际等方面的关注程度，判断测试人真正的职业兴趣所在。

人格特征方面：通过对测试人的理智性、直觉性和压力承受性等方面进行测试，判断测试人的行为方式，为寻求适宜测试人的工作环境提供相关信息。

在此基础上，通过“知己、知彼”二维坐标、结合应聘企业的所需作进一步的分析。

1. 从“知己”轴上分析和判断自己所能

（1）经验如何？

（2）知识如何？

（3）关系如何？

（4）信息如何？

2. 从“知彼”轴上分析和判断对方所需

（1）战略追求（政治）如何？

（2）经营状况（经济）如何？

（3）产品含量（科技）如何？

（4）企业价值观（文化）如何？

（5）行业地位（竞争对手）如何？

通过“知已、知彼”的详细分析和判断后，清楚地了解自己所长、所短，应聘企业所需、所想，掌握“彼”的信息，从而突出自己所长，弥补自己所短，做到有备而来，不打无准备、无把握之仗。

三、利用招聘信息策划就业

信息是现代社会促使人们行为的直接外因。在就业过程中，如何搜集、筛选、运用招聘信息非常重要。

1. 搜集并占有可靠信息

对大多数人来说，要就业就必须首先解决用人单位和决策人的信息从何而来，也就是要掌握获得招聘信息的渠道。这些渠道主要有：报纸、电视、广播、人才市场、专业杂志、专业人才网站和企业网站、人才中介机构等。

在信息爆炸的时代，招聘信息也一样的鱼龙混杂、真假难辨。必须在对各种信息进行搜集整理之后，依据经验和知识，凭借正确的思维模式，对从公开和非公开渠道获取的信息进行细致的分析和判断，以确保既不错失机会，更不上当受骗。这之后，才能谈得上利用信息应聘手段的方式进行就业策划。

2. 筛选并确定有用信息

求职者获得招聘信息后，要对信息进行分析，判断实现就业的可能性有多大。判断的原则是，既不要脱离自己职业素质的实际，也不要脱离市场需要的实际。对一项职业来说，它包括工作性质、工作地点、工作环境、工作报酬以及该职业的社会地位等。

如何筛选招聘信息，可以主要考虑以下几个因素：

（1）是否符合个人的爱好和兴趣？

（2）该职业的社会地位及声誉如何？

（3）能否实现个人的价值？

（4）职业的收入和福利如何？

（5）单位内人际关系如何？

（6）单位的发展前景如何？

（7）单位的交通、办公环境如何？

（8）是否有深造和其他学习的机会？

在考虑以上因素时，不要面面俱到，不能带着一种理想化的标准去做决定。应该结合自己的特点和综合实力，把上述因素加以排队，在尽可能多地符合最大化目标的前提下加以果断定位。

由于市场竞争的需要，越来越多的企业发布的大规模招聘广告，往往只是为了向行业、客户、对手，乃至政府公众等，显示其发展力量，广告中所提出的岗位需求往往只做储备甚至根本就是虚构，因而对应聘求职材料基本不予回复。一般地，对以下这6种状况下的招聘信息要格外警惕：

几乎每周都发布显眼的招聘广告；特别巨大的广告版面；过于创意别致而不规范的招聘广告；过于诱人的优越待遇；招聘岗位几乎全面覆盖公司的部门岗位；每个岗位的招聘数额较多……

3．运用信息，实现就业

第一，及时运用有价值的信息，选择适合自己的工作。每个人都要充分运用、善于运用信息，根据职业的要求和自己具备的素质，进行两相对照后，如基本适合自己，应立即参加应聘。第一次就业，应抱着“骑驴找马”的心态。在市场经济条件下，就业需要不断调适，不可能、也没必要一步到位。

第二，根据筛选出来的信息要求，发现和寻找自己的不足。当发现自己感兴趣的几类职业，其条件要求都高出自己时，要迅速调节自己的知识结构，提高自己的能力，弥补原来的缺陷。如用人单位需要一定的商务经历时，可策划提前去企业热身；如用人单位需要营销技能，可策划提前通过策划师的认证。总之，为了适应市场需要必须尽可能地提前做好多方面的准备，就业要有一定的“提前量”，否则，就会处于十分被动的地位。

第三，学会分享，及时输出对他人有用的信息。有些信息非常有价值，但对自己却没有作用，遇到这种情况，要学会分享，及时输送给他人，因为这样的信息对别人也许是非常宝贵的。输出对他人有用的信息，不仅帮助了别人，而且他人的顺利就业也会使自己少了一个竞争对手。反过来，别人得到你的帮助，也会为你提供一些有用的信息，从而促进了信息交流。所以，就业有时也要学会双赢。这既是境界，也是学问。

当然，所有的求职者都希望能从招聘信息中找到一家理想的好公司。可是，什么样的公司才能够称为好公司，是知名公司、大公司？还是外资公司？好的公司应具备以下 6 种特征：

（1）优越的工资待遇。好公司提供的薪水肯定是你不能够在别的公司获得的，因为他们会每年对薪资进行调查，并根据结果进行薪水的调整。这样的薪水会让你的自尊心得到满足，也让你的价值充分体现出来，还能够让你的聪明才智充分发挥出来，让你不再有什么理由不在公司好好工作，让你不再有理由把主要精力放在找别的工作上。好公司不一定是有名的公司，但它提供的工资待遇却一定是在同行业内极具竞争力的。好公司如果想吸引最优秀的人才，却不能够提供最好的薪水，吸引一流人才几乎是不可能的。

（2）良好的企业形象。提起摩托罗拉、3M、微软、麦当劳，很多人都会肃然起敬。如果你能够在这样的驰名公司上班，即使只是一般的小职员，也会使你工作时信心百倍，备加珍惜，并获益匪浅。即使将来有一天你离开这样的公司，这段特殊的工作经历也会让用人单位眼前一亮，大开绿灯笑纳你入门。

（3）充分的培训机会。对于一般的职员来说，能够谋生仅是生活和工作的一个方面，更重要的是在工作中通过良好的学习和培训的机会，能够掌握更多的谋生本领，以便今后在个人价值方面能够得到提升和增值。好公司十分重视员工培训，每年要有一定比例的费用专门用于对员工的培训，为了让员工的个人能力得到提高，还规定了员工每年必须有一定的时间参加培训。既对人才充分体现了尊重，也表明了公司追求发展的长远眼光，同时也代表了公司的实力。

(4) 完善的福利待遇。好公司有很多福利待遇，比如：带薪假期能够让你在紧张的工作之外得到放松和休息；除了国家规定的养老、医疗、失业、工伤保险之外，很多公司还增加了附加商业保险，使公司的员工能够享受到比社会一般员工更多的福利；住房公积金除了按国家规定补贴外，还能针对公司的情况，给予优秀员工额外的住房补贴；交通补助能够使员工缩短在路上的时间；免费的午餐代表了公司对员工的关心……好公司希望通过这些完善的福利待遇留住真正优秀的人才。

(5) 有序的制度管理。好公司有比较完善的制度，并且制度权威要大于总经理，法治大于人治；一切都会按章办事，奖罚分明；几乎处理任何事情都可以在规章制度中找到。在有序的办公环境中，排除许多不必要的干扰和人为因素，有助于工作效率的提高，也有助于员工业绩的兑现。你如犯有小错误，人力资源部门会按照规章制度处理，不会因为一点小错误，就将一个好员工辞退。

(6) 公平的升迁机会。好公司不会根据员工的国籍、年龄、关系、性别来决定员工的晋升，而是根据员工的能力和业绩。当然这些一定要充分体现在公司的实际工作中，有的公司也表示有公平的升迁机会，但是那只是写在制度中，实际上很多人看见的却是因为是某个国家的人，所以在重要的岗位上；因为是某个人的关系，所以在关键的岗位上……好公司在日常的工作中不会出现类似的现象，而把平等的发展机遇留给每一个员工。

这样的好公司，向往的人非常多，就业竞争一定激烈，要求标准一定很高。为积极、稳妥、顺畅就业，应该提倡并坚持这样的原则：就业策划只求较好，不求更好，也不求最好。

四、大学生求职的五项警示

据某市劳动保障部门对当地就业市场调查后的不完全统计，这几年毕业生在第一次就业时，由于择业观念不正确、求职时缺乏经验、心理准备不充分等原因导致就业失败的约占50%以上。这种现象在全国比较普遍，为此，我们要对高校毕业生求职就业发出五项警示。

1. 警示一：不要以收入定职业

选择高收入的职业本无可厚非，但是作为高校毕业生第一次就业，如果单纯以薪金订岗位则犯了求职的大忌。选择职业要看到职业的发展前景、个人的发展空间，只有喜欢的而又适合的才是最好的。

2. 警示二：不要一次选择定终身

毕业生们千万不要抱着一次选择定终身的想法。应先找一份自己可以接受的工作锻炼社会经验、工作经验，在时机成熟的时候再进行第二次择业，也就是“骑驴找马”。

3. 警示三：不要眼高手低

某企业反映，某个学机械设计的毕业生一上来要应聘总工，可是他连基本的数控机床的操作使用都不熟悉。为此，专家特别提醒毕业生，一定要在心态上做好从白领向蓝领的转变、从“精英学子”到“普通员工”的转变，不要眼高手低，增强动手能力才是求职的制胜之道。

4. 警示四：不要带着家长求职

现在在各种招聘会上经常见到家长陪着孩子一起去求职的场景，家长以为这样会帮助孩子求职，其实恰恰相反。有不少企业的人事主管就提到，肯定不会录用这样的人到公司来。

5. 警示五：不要忽视“灰领”职业

专家提醒大学生就业时不要忽视一些“灰领”职业。据国家劳动和社会保障部门有关负责人介绍，目前掌握高新技术设备使用技能的生产第一线应用型人才；在高新技术领域的“高级蓝领”；软件、网络公司等新兴产业公司实施操作的员工；金融保险、各种咨询服务业、中介机构等以知识和高科技应用为特点的现代第三产业的从业人员，都是企业比较急需的人才。而且，目前最有发展潜力的职业是服务业，商务策划师、会展策划师、建筑设计师、软件工程师、营销总监、律师、农业技师、注册会计师、涉外文秘等都属于目前的热门职业。

第三节 就业渠道的形式与创新

一、一般求职渠道

对于面临就业的大学生而言，获取职场招聘的信息主要来源于三类渠道：

学校途径、个人途径和社会途径。从数据分析看，学校仍是毕业生获取招聘信息的主渠道，约80%的毕业生从学校的各种媒体或信息载体上获取招聘信息。而当前社会上比较流行和便捷的各种招聘会、互联网站、生活类报纸、专业杂志、手机短信、职业中介、亲友老师等渠道都可以为大学生获得招聘和就业信息。

以上这些信息渠道各有优势与不足，应该互补参照，兼听则明。而对于从社会职业中介机构所获取的招聘信息，以及对这些日益增多的机构所提供的求职服务，则更应该强调谨慎和规范。在如今“就业难”的大环境中，大学生们必须清醒地鉴别分析，注意保护自己的合法权益，尤其需要注意的是：

第一，获取招聘信息应该通过正规渠道，不要相信非法小报、传单和乱张贴的招聘广告。第二，找工作应去合法职业介绍机构。第三，注意保留职业介绍机构的收款收据、介绍函及协议等凭证。第四，留意用人单位有无《工商营业执照》和《税务登记证》。第五，不要向用人单位交纳任何形式的报名费、服务费、培训费、保证金及抵押金。第六，牢记相关合同协议书规范要点，仔细阅读甲方协议书条款细节，防止合同陷阱。第七，了解掌握劳动保障相关权益法规以及执法维权部门的相关信息。

只有在信息确切可靠，权益可以得到保障的前提下，才能进一步针对求职目标进行创新策划。创新求职的过程方法是：职业定位→直接应聘你感兴趣的组织，无论这些组织是否在公开招人→预先了解应聘单位→面试→上班。据对众多求职者的统计，这种方法的成功率最高。

二、创新求职渠道

因为求职策划的差异，毕业于同一个学校同一个专业，而且各方面情况相差不大的同班几十个同学，是否顺利找到工作的结果相差极大。其中的原因，很大程度上是源于不同的求职策略和求职方法。

对求职渠道的选择与创新，首先要依据求职者自我的特长优势，回避自我的弱点，并根据各种渠道客观上的成功率进行，在这里，介绍几项有效的创新求职方法：

1. 问顶求职法——成功率约80%。它的主要特点是根据自己的特长和专业知识，向有兴趣的公司查询职位空缺情况前，设法拜会公司的决策人。实践表明，那些越不登广告招聘人手的公司，竞争对手越少，如得到雇主垂青，对方可能为你度身打造一个职位。

2. 直访求职法——成功率约50%。这种方法有较大的难处，因为你很难找到与那些大集团、大公司老板或人力资源部经理会面的机会，你很可能要锲而不舍花上几个星期，甚至更多时间，对方才肯见面。但相比起在投递简历和在会场上的等待、苦斗，也不算过分。

3. 资源扩展法——成功率约30%。俗话说“多个朋友多条路”，亲朋好友都是优质资源。可请教认识的每位朋友，了解哪里正有空缺。由于是朋友、特别是知心朋友，对自己各方面情况比较了解，所以朋友的介绍是找到理想工作的一条重要途径。向亲戚打探各种工作机会，这样可扩大找工作的范围。应给亲戚朋友提供一些较详细的个人资料，如你要求的工作类别、个人专长等。

4. 母校依托法——成功率约15%。由于近几年毕业生就业工作市场化经验的积累，各个高校的毕业生就业指导中心与不少大的用人单位建立了良好的合作关系，他们对就业资讯、职位空缺掌握得比较全面，加上是自己的毕业生，利益一致，学校总会想尽办法“推销”自己的毕业生。

采用这4种成功率较高的创新方法，最重要的是求职者要不怕拉下面子，同时要有锲而不舍的精神。

第四节　应试策划与技巧

当求职者进入应试阶段时，应该说已经具有一定的竞争力了，但这时的成功率仍然只有一半，另一半则取决于求职人的应试水平。

对规范化的企业来说，其招聘员工的笔试工作，一般以专业技能、业务知识为考察主体，虽然也有一些实战性的经验问题，但因为是间接的文字书写而易于思考应对。所以笔试对于涉世不深而久经各类考试的应届大学毕业生而言，并不是最恐惧的。更多的失利往往发生在招聘面试的现场。

按一般要求，应对面试要做好以下常规准备：

第一是硬件，比如学历、各种资格认证、工作经验等；第二是软件，包括你的潜能、工作习惯、社交能力、兴趣、爱好等的综合素质。这两项基本各占50分，一般70分算是通过，很多人只重视第一条却忽略了第二条，这是致命的，要知道你硬件的东西基本上是死的，该打多少分就多少分。但个性化的东西经过仔细的准备，在短期内提高10～15分是很正常的，所以面试前一定要多准备“软件”。

如何准备“软件”？首先是目标明确，知己知彼。第二是仪表得体，穿着大方、简捷。第三是绝不迟到，但也不要太早到，一般提前15分钟到，和接待人员确认好时间，再默背一遍自己的面试资料，如果已经很有把握了，不妨拿起接待室摆放的杂志随手翻翻，以表示对新环境的兴趣。

自我介绍要突出重点、言简意赅、围绕优点；在面试前对自我介绍要多次演练并掌握好时间。记住你的最精彩的故事，恰如其分地表达。

面试中有一个准则，就是放低自己的姿态，不要为了显示自己的信心而过分表现，更不要言过其实。

还有一些细节需要注意：不要擅自走进面试房间，即使前面一个人已经面试结束，应聘者也应该在门外耐心等待；如果面试时间到了，进房间之前应先敲门；握手要有“感染力”。面试前的握手是一个“重头戏”，因为不少企业把握手作为考察一个应聘者是否专业、自信的依据，如果先前没有太多和别人握手的经验，可以事先练习一下；如果有名片，在递给面试人员的时候要把握时机，如果你的面试官双手都是你的资料，千万不要急着送上自己的名片，以免显得不成熟；将名片调转180度递给对方，以方便对方阅读。

到达面试现场时，只有在得到明确示意后方可坐下，同时要注意克服两种坐姿：一是紧贴着椅背坐，二是只坐在椅边。

STAR原则是企业人力资源部门在面试过程中涉及实质性内容的谈话程序，任何有效的面试都必须遵循这个程序。该程序是Situation（背景）、Task（任务）、Action（行动）和Result（结果）四个英文单词的首字母组合。其要点为：面试官在与应聘人员交谈时，首先了解应聘人员以前的工作背景，尽可能多了解应聘者先前供职企业的经营管理状况、所在行业的特点、该行业的市场情况，即所谓的背景调查（Situation）。然后着重了解应聘人员具体的工作任务（Task）都是哪些，每一项工作任务都是怎么做的，都采取了哪些行动（Action)，所采取行动的结果如何（Result）。这样可以全面对其工作经历与特有的知识和技能做出判断，招聘到更为合适的人才。

这四点是招聘者策划面试的决策点，它也是应聘者进行面试准备的决策点和应对思路。对大学生来说，大多没有预期的工作背景，但这并不妨碍面试官通过假设来考验你的反应能力。

如在面试中出现测试情商（EQ）一类问题时，应聘者只要遵循“心态大于技巧”的原则立场，确保心态和思维的流畅无阻，不紧张不造作；凡事从对方角度出发、从真实诚恳态度出发、从和谐沟通原则出发、从团队合作和整体利益出发，真实、自然，就能正常发挥，顺利应对各类偏题怪题、急智问题，无须强迫自己去一味地记忆和钻研所谓“技巧”。

第五节　职场的基本原则

不论是谁，从找到第一份工作开始，他就踏入了职场，他的市场人生将从此上演。

和商场一样，职场同样充满了竞争，因而需要通过策划以谋求优势。成功者为此总结出 11 条准则。

第 1 条：适应生活——生活是不公平的，要去适应它。命运掌握在自己手中。

第 2 条：成功是你的人格资本。

第 3 条：别希望不劳而获。成功不会自动降临，成功来自积极的努力，要分解目标，循序渐进，坚持到底。

第 4 条：习惯律己。好习惯源于自我培养。

第 5 条：不要忽视小事。平凡成就大事业。

第 6 条：从错误中吸取教训。

第 7 条：事事自己动手。不要总靠别人活着，要凭借自己的力量前进。

第 8 条：你往往只有一次机会。机遇是一种巨大的财富，机遇往往就那么一次，也许你“没有机会”，但可以创造。

第9条：时间，在你手中。自己找时间做吧，决不要把今天的事情拖到明天。

第10条：做该做的事。

第11条：善待身边的人。善待他人就是善待自己，要用赞扬代替批评并主动适应对方。

上面这11条准则，对刚刚接触或迈进职场的大学生来说意义非同寻常，它既是一种世界观，更是一种生存心态。与心态相映衬的则是我们应该培养的处事习惯，习惯强于知识，只有时时事事都“习惯地”甚至“本能地”依照原则和道理行动，我们就不会遭遇“差一点儿就成功”的遗憾。

针对应届大学生的特定背景，我们总结归纳了“职场人缘16条”供参考比照。

第1条：自己要喜欢自己：长相很占便宜，但如果长得不好，就让自己有才气；如果才气也没有，那就总是微笑。

第2条：要注意尊敬不喜欢你的人。

第3条：要对事不对人；对事可无情，对人要有情；做人第一，做事其次。

第4条：与人握手时，要用力多握一会儿。

第5条：与人“打的”时，请抢先坐在司机旁。

第6条：要坚持在背后说别人好话，别担心这好话传不到当事人耳朵里。

第7条：要做到有人在你面前说其他人的坏话时，你只微笑。

第8条：要尊重前台的接待小姐及搞卫生的阿姨。

第9条：要明知故问：你的钻戒很贵吧！

第10条：要在人多的场合少说话，话多必失，重要的是学会聆听。

第11条：不要把过去的事全让人知道。

第12条：不必什么都用“我”做主语，说话时常用“我们”开头。

第13条：不要向同事或朋友借钱。

第14条：不要期望所有人都喜欢你，那是不可能的，让大多数人喜欢就是成功的表现。

第15条：不要把别人对自己的好，视为理所当然，要知道感恩。

第16条：要把未出口的“不”字改成：这需要时间、我尽力、我不确定、我决定后会给你打电话……

有一篇当前国内十分流行的著名文章《中国职场生存法则66 条——这样的员工老板喜欢》，其中的前20 条是这样的：

第1 条，千万不要认为老板容易；

第2 条，千万不要拿老板当公仆；

第3 条，千万要和老板同舟共济；

第4 条，处处维护老板的权威；

第5 条，千万不要指望和上司交朋友；

第6 条，千万不要主动请老板吃饭；

第7 条，千万不要私自拜访老板家庭；

第8 条，千万不要贸然给上司送昂贵的礼物；

第9 条，千万不要无故奉承上司；

第10 条，千万不要顶撞老板；

第11 条，千万不要“纵容”上司；

第12 条，千万不要耍弄老板；

第13 条，千万不要妄想和老板联姻；

第14 条，千万不要落井下石；

第15 条，千万不要在上司背后评价上司；

第16 条，千万不要在上司和同事面前摆阔；

第17 条，千万不要看《老板是靠不住的》之类的书；

第18 条，千万不要忘记了解上司的个性；

第19 条，千万不要认为上司比你傻；

第20 条，千万助你的顶头上司出色……

不管还有多少条法则或告诫，必须明确一个宗旨：做个好下属，这样的员工老板喜欢。

第六节　创业策划

作为一个有正常理性的人，谁都想获得成功，谁都想事业有成，谁都想被人承认，谁都想获得财富。然而，怎样才能做到呢？创业，唯有创业才能实现上述梦想。

在有些人看来，那些有成就的企业家，都十分幸运，他们得到了许多常人得不到的机会。其实不然，创业是艰难的，创业之道，靠的是努力和持之以恒，靠的是智慧，当然也离不开策划。

回顾日本索尼、松下公司的创始人盛田昭夫、松下幸之助所走过的历程，能为我们在创业策划上激发许多灵感。1946 年，盛田昭夫和井深大用借来的 500 美元在东京创办了一个小型电子企业，取名“东京通讯工业公司”。12 年后，他们的产品开始进入美国，其创业过程十分艰辛。而松下的创业则更加艰难，24 岁那年松下辞去工作，以 97 美元的资本涉足电器，刚开始经历了惨痛的失败，几乎破产。但少年时代的贫困生活，给了松下坚强的意志。他始终没有灰心，坚持做了下去，终于制成了新颖的电灯插头，上市后受到欢迎，这就是“松下电器”的开始。

从盛田昭夫、松下幸之助的创业经历可以看出，创业绝不是一帆风顺的。综观全球成就大业者，都走过了一条十分艰辛的道路。自古英雄多磨难，从来纨绔少伟男，不经千锤百炼，即使成功，也只会是昙花一现。

一、创业的基本条件

今天要创业，可能比前辈更加困难，所以更要注重创业策划。总的来说，在创业之前，你首先要下大力气进行一番策划，看自己在哪一方面有实力，想达到何种目的，如何实现这个目的。其次，要选准突破口，做事有时不在于大小，而在于是否找得准。第三，要有足够的市场信息，以确定用何种方式经营。第四，还要考虑人才，是否有得力的干将，自己是否有驾驭人才的能力。

这些是创业的前提，做好了这些，并不等于创业就能成功，因为创业是个复杂的系统工程，制约它的因素很多。一个成功的创业者，必须具备五个方面的条件：

1. 树立必胜信心。这是创业的基础，所谓“不想当将军的士兵不是好士兵”，就是告诉我们要创业，就必须有当老板、挣大钱、成就一番事业的信念和决心。一味地不敢为、遇事裹足不前、瞻前顾后，何以成就事业？如果时间都耗在这些“过虑”上了，哪还有心思去为前途奋斗呢？可见，信心十足是创业的前提。

2. 不怕吃苦受难。有道是："吃尽苦中苦，方为人上人。"吃不了苦、受不得难，即使有天大的理想和报复也无法实现。受到一点挫折就回头，遇到一点困难就放弃，只能会怀疑自己当初的选择，离成功就会越来越远。孙悟空保护唐僧西天取经，经过了九九八十一难，哪一难克服不了，他的理想都会泡汤。

3. 善于创造机遇。机遇不是从天上掉下来的，也不是坐等上门的。机遇往往是为那些有准备的人准备的。所以，要善抓机遇，有机遇绝不放过，没有机遇要学会创造或争取。鸡蛋要生出小鸡，需要一定的环境，或由母鸡孵化，或由人工孵化，前者是自然的，后者是创造的。机遇也是这样，对创业者来说，更需要的是后者。

4. 明确创业目标。明确的奋斗目标，既能鼓足勇气，开拓进取，又能集中精力，持之以恒。要使这个目标明确，创业者就必须有自知之明，正确认识自己，而不好高骛远，追求不切实际的东西。创业的目标越明确，意味着前进的方向越清晰，成功不过是早晚的事情。

5. 学会合作用人。俗话说："一个篱笆三个桩，一个好汉三个帮。"任何人，自己的能力和能量总是有限的，都需要别人的帮助，尤其是在创业的初期更是这样。创业不但需要资金、项目、市场，更需要人才，需要与人合作。没有人才怎么办？可以自己挖掘、培养，也可以借用，所谓"借鸡生蛋"。

二、创业项目的选择

按照商务策划的核心价值观，大学生创业首先要解决做什么的问题，也就是要做正确的事情，即首先要解决如何选择合适的创业项目。如果项目选择有误，必将造成投资失败，对创业者造成沉重打击。因此，创业项目的选择应遵循下列原则：

1. 量力而行，从小做起。初次创业本来就是个未知数，加上大学生自身市场经验、经营管理能力的不足，因而初次创业成功率很低，一般不超过三成。所以，初次创业在很大程度上是一个摸索和学习的过程，应量力而行，从小做起。为此，应尽量将初次创业资金数额减至最低，选择那些只需少量现金，并能充分展现个人才华和专长的项目做起，为自己创造一个经验积累和资本积累的机会，切勿贪多求大，不切实际。例如，史玉柱的第一次创业是从卖自己开发的小软件开始的，黄光裕的第一次创业是从经营一个小型家用电器店辅开始的。

2. 独辟蹊径，避热就冷。由于缺乏对市场的认识，初次创业者往往喜欢“跟风”，也就是喜欢把眼光盯向所谓的热门。事实证明，初次投资失败的人，一个通病就是赶“热门”，看到别人做什么赚钱自己就去做什么，结果由于“热门”生意竞争激烈，自己又不专业，最终十有九败。其实，真正成功的人，一般决不轻易去赶“热门”，而是留心寻找和发现新的商机，也就是避热就冷，从而抢先进入新生市场，获得丰厚的利润。例如，丁磊的手机中文短信、马化腾的 QQ 聊天业务等，无不是避热就冷而成大气候的。

三、创业资金的获取

创业不能没有合适的项目，也不能没有资金，筹集足够的资金对于创业者来说是至关重要的。对于大学生来说，资金的问题尤为突出，因为在校期间一般都是花父母的钱，即使毕业后工作一段时间，也不可能攒下足够的创业资本。所以，创业资金的获取更要精心策划，巧妙进入，以小博大。以下是几种见效较快的途径：

1. 寻找加盟机会。一些品牌型的大公司为了迅速扩大市场，纷纷选择连锁经营的方式壮大自己。特别是那些增长势头强劲的企业，为了有效而快速地扩大地盘，常常会推出一系列优惠待遇吸引加盟者，这些优惠待遇或免收加盟费用，或赠送专用设备，虽然不是直接的资金扶持，但对缺乏资金的创业者来说，等于获得了一大笔难得的资金。俗话说得好，“背靠大树好乘凉”。如何寻找这类加盟机会？除了平时注意搜集信息外，最应关注的是每年在京举办的“中国特许展览会”和“中国特许加盟大会”，由中国连锁经营协会（CCFA）主办，每届展览会都会发布一些全新的连锁经营项目，有的项目因急于扩张，对加盟者的优惠待遇非常诱人。特别是以下项目进入机会较多，主要有：便利店、服装、礼品、保健营养品等各种专卖店，美容美体、健身、洗衣、教育培训、家居用品、办公用品和服务等。

2. 接手亏损企业。一些企业因经营不善而导致亏损，希望尽早脱手变现，其中有相当一部分企业并非产品或服务项目没有市场，而是缺乏信心和能力。

创业者可以将这样的企业接过来，然后作为抵押物向当地银行或典当行贷款而获得创业资金。当然，这种筹资方法的风险比较大，获得资金的同时往往要承担一大笔债务，最好由经验丰富的人指导运作。创业的风险与机遇并存，如果有足够的胆识和能力，这种融资的办法可以帮助创业者在更短的时间内获得成功。例如汇源果汁朱新礼的创业，就是1992年6月接手山东沂蒙地区一家县办倒闭的罐头厂开始的。

3. 争取小额创业贷款。一些地区为了缓解就业压力，当地政府部门将会出台一些创业扶持政策，其中包括资金支持和税收优惠政策。另外，银行为了拓展信贷业务，考虑到创业者寻找担保的实际困难，往往由银行方面主动寻找担保方，为有意创业的人提供免担保小额贷款。

知识要点

SWOT 就业分析；就业策划的基本思路；一般求职渠道；创新求职渠道；应试策划与技巧；职场生存的基本原则；创业的基本条件、项目选择和资金获取。

思考与训练

1. 从全世界近年来技术和经济发展的新趋势出发，并结合中国市场经济的实际情况，深入分析大学生就业难的根本原因。

2. 用 SWOT 方法为自己和一位关系要好的同学分别作出就业分析，综合评价各自的就业成功率，然后提出解决方案。

3. 用四维策划模型对自己进行定性和定量分析，写出一份自己第一次的就业方案，并请授课老师点评。

4. 就业策划的思路有哪些？讨论如何提前上岗。

5. 寻找2～3位已经就业并有工作成就感的学兄、学姐，试总结他们的就业经验，并用四维策划模型加以解释。

6. 组织一次研讨，假设用5万元资金进行第一次创业，分别按餐饮、培训、中介、书店四类项目写出创业计划。

第十章

创新人才的素养与技能

本章重点介绍如何培养创新人才的素养和技能，如何获得策划人应具有的各种“商能”。

商务策划师是创新型人才，更是当今市场的紧缺型人才，必须具备非一般意义的商务能力。

策划人最容易向经营管理层跃升，一个优秀的策划人往往与资本家只有一步之遥。这一步取决于策划人的创新素养和技能是否符合竞争的需要、企业的需要。严格地说，策划是一种思想，也是一种人生态度。修身、齐家、治国、平天下，今天的策划人要有儒家的德、法家的略、兵家的谋，方能修创新之身、平商战之天下。

第一节 创新人才的基本素养

今天，策划是创新的代名词，优秀的策划人都是业绩显著的创新人才。从商务策划的角度来说，所有的经营活动无不是求新、求变的结果，作为这种导引变化的创新人才，必须具有较高的素养和技能方能与时俱进。

一、心态大于技巧

心态是我们看待环境与自我的角度。心态是我们对于社会、他人，以及对于自我的看法和态度，直接决定着我们的生活目标，决定着我们选择什么样的策略和方法处世待人。心态决定我们的价值观、得失观，决定我们存在的战略，决定我们运用什么样的知识储备（技巧）去应对环境。对一个策划人来说，特别是对一个合格的创新人才来说，心态永远是第一位的。这种心态具体表现为：

1. 自信。相信自己的独特与能力，相信自己一定可以达成目标，而且比竞争对手做得更好。如果你不相信自己，就很难说服别人听从或追随你。

2. 弹性。失败和挫折人人难免，要能够不受失败影响，并从中变得更有决心。不要因为运气不佳而改变了目标，应该继续迎接下一个挑战。当外界环境或经济走势发生重大变化的时候，能够适时转换注意重心。

3. 专注。拥有渴望及渴求成功的内在动机，面对问题时，把注意力放在目前该做的事情上，把自己推向能力的极限。

4. 控制。在出乎意料之外，或者无法控制的事情发生后，心理上必须能够重拾控制的感觉，不要在事后反悔或批评自己。

5. 沉着。不以物喜，不以己悲。沉着面对外部环境，面对每一次成功和每一次失败。

一位管理大师说：心态决定思维，思维决定行为，行为决定习惯，习惯决定命运。可见，心态对每一个人来说都是至关重要的，而对时刻与自己能力极限挑战的策划人来说则更是这样。

二、习惯强于知识

如果说心态更多的是"怎么想怎么看"，那么习惯指的就是"一贯怎么做"和"总是这么做"，甚至"本能地这么做"。习惯是我们在解决问题与处理事务过程中的下意识和本能行为，是一种顽强而巨大的力量，它可以主宰人生。所谓"成功就是差一点失败"，那关键的一点，就是我们思考的习惯，行为的习惯。

古希腊哲学家亚里士多德说优秀是一种习惯。优秀的职业化的人才必须具备良好的习惯，无论是生活还是工作，都要时刻注意自己的习惯，改掉曾经有的不良的习惯，训练和培养成职业化的行为习惯，使个人的言行体现出专业化、职业化的风采。作为专业人士，应该具备的良好习惯很多，结合职业发展的特点和要求，策划人应培养并形成以下基本习惯：

1. 清楚地了解将要做的每一件事情的目的。虽然要重视事情的结果，但更应该重视事情的目的，目的的清楚有助于我们达到结果并且享受过程。

2. 决策果断而不轻易改变决定。一般人面对决策时经常是优柔寡断，决策之后却又轻易更改。具备智慧优势的策划人必须十分清楚自己的价值观和信念，了解事情的轻重缓急，系统有效地处理面临的问题。

3. 具有极佳的倾听习惯。倾听并非是去听对方说的话，而是去听对方话中的意思。倾听的基本要点有：

（1）倾听时不打断对方的谈话；

（2）把对方的话听完；

（3）即使不需要记录，你都可以听出来对方的意思；

（4）把所有的问题记在自己的头脑中，等对方说完后再一同发问。

4. 写日记。不是机械刻板地记每天的流水账，而是要真正做到：

（1）保持弹性，重表达思想，而不用太多严格规则；

（2）持续，坚持不懈；

（3）记录每件事情的差异；

（4）记录特殊时刻及事件；

（5）学习问更好的问题；

（6）把每天写下的信息内容尤其是自己的思路、点子、创意，在月底进行一次整合。

创新人才的思维能力是其核心竞争力，但要防止“以思考代替行动”，有时候，简单的行动比冥思苦想更有效，因为十次心动往往不如一次行动。

阻碍我们前进的有时并不是外部的环境和自身的能力，而是不良的习惯。

典型的阻碍个人创造能力的习惯有以下 8 种：

——不问“为什么?”因为过分倚赖自己的成长经验和成功积累，所以习惯地凭着直觉经验“不假思索”地去解决问题。

——不把想法记录下来。精彩的思路稍纵即逝，错失机会。

——不回顾过去的想法。没有记录自己的点子创意，自然也就没法回顾和升华。

——不积极表达想法。缺乏自信，或总想不劳而获，失去沟通和展现的机会。

——不用新方法思考。学习能力低下，思维惯性顽固。

——不求更多。浅尝辄止，不进则退。

——不坚持到底。成功是一种习惯，放弃也是一种习惯。

——不能容忍创造性行为。把习惯当真理，由于多年积淀的思维惯性，对很多似是而非的错误见怪不怪，并且“理所当然”地拒绝新思维、新角度、新方法。

克服上述不良习惯，同时也就是培养良好的习惯。如果能经常对一些习以为常的思路、看法、做法问上几个“为什么”，对于“大家都这么看这么说这样做”的事情变换角度进行思考，或者用新的方法进行思考，往往就能发现新的机会点。要养成随时把自己的一些想法、思路、灵感、点子记录下来并时常回顾的习惯，如能坚持到底，持之以恒，定能成为有作为、有成就的创新人才。

三、策划人的基本立场

做一个新时代的策划人，应该坚持自己的基本立场，它们不仅是策划人的素养体现，也是策划人创新所秉持的原则。

1. 决策者至尊

首先，决策者很可能是对的。企业最高决策者一般都是富有决策经历和策划见识的，虽然他们可能没有受过专门的策划训练，但他们一定有过策划或“采购”策划的历史。所以，他们的意见很可能有更有说服力的依据。尤其是那些经历过原始积累的资本拥有者，他们可能是那些决策与管理能力均见长的企业家，有非常好的商务直觉，他们的意见应受到商务人的尊重。

其次，决策者是责任的最终承担者，是他决定策划方案是否采用。决策后就要面对结果，成败经常在一瞬间确定，策划的决策风险一般比常规决策的风险大，敢不敢策划是水平问题，敢不敢决策有时是心理素质的问题，作为商务人应该体谅决策者的难处。

再次，在市场经营中，决策者可能有秘密信息做依据。策划必须建立在真实、全面的信息基础上，但决策者有时很难把所有的企业信息和盘托出，有些信息连自己最亲近的人都不知道。所以，一旦出现决策者无理由地不采纳策划师的建议时，最大的可能之一就是决策者有更深的企业秘密。

当然作为一个成熟的策划人还应该理解，决策者理解力有限。“对不知者勿怪”，决策者最终不能理解的策划方案，无论策划方案实际上多么优秀，都是属于不适合企业实际的，作为策划人就不应该一味抱怨，因为决策者的决策水平也应被重点考虑在策划可行性范围之内。

2. 管理者至上

首先，管理者没有降解与分解复杂思维的义务。管理者最终不能理解的策划方案，无论策划方案实际上多么优秀，都是属于不符合企业运营背景和当前现状的，策划人不能抱怨，因为管理者的理解水平也应被重点考虑在策划可行性范围之内。

其次，管理者是策划目的的最终实现者。许多策划是说者一瞬间，而做者没有完，实施策划方案的人均应被策划人视为自己理想的实现者，策划人不能以一个指挥者的心态面对管理者。

再次，管理者都是利益中人，策划方案有时直接或间接地是一个利益再分配方案。策划的受益者大多是企业整体，对于企业中从事管理的某个特定人物可能是非受益者，甚至是“受害者”。所以，一个策划很可能会受到某一管理局部的抵触，这是人之常情，是正常的现象，成熟的策划人应当理解并尽可能避免接触“受害者”。

最后，企业的管理者群体一般有以常人意识为主、习惯为事的特点。只要可能，人们一般不愿意改变工作习惯，而策划往往要打破常规，所以，策划时要尽量减少对策划对象中实施执行者常规的改变点。

3. 为知己而追求

有时要用策划来真心诚意地帮助人，但帮助不当会适得其反。为知己而策划追求时，应当参考如下提示：

(1) 追求空前绝后：建立垄断因素是策划的最高服务质量前提。策划，空前容易，绝后难。空前水平的策划可能会使企业因一时的领先而对策划人感恩不尽，但如果不能绝后，竞争者大量模仿，某些竞争企业产生后发优势时，企业面临的打击是相当大的。

（2）要把费用变投资：不要仅仅用金钱来实现策划人的理想，要在花费企业资金时尽量为企业新生机会而投资奠基。策划人不仅要为企业省钱，还要努力把花出的费用变成一种有潜在价值的未来投资。

（3）技术交底：创造使知心的决策人可安心驾驭事业、实现持续发展的心理环境，是策划人最高服务的体现之一。“留一手”是许多传统策划人的生意经。但如果我们是为知己服务，真正的帮助是要使人彻底明白。

（4）留有余地：永远不说极端的话，永远有余地地预测策划所产生的利益和效果。真正有水平、有素养、持科学态度的人都从不把话说绝，留有余地不是胆怯的表现，而是客观意识的体现。有时为了观点或争论问题时，极端地表白可能使策划人自己陷入尴尬的境地。

（5）甘心在侧：不为操作环境所动，让决策者放心，使策划与决策保持良好沟通。为了赶进度，为了使管理信息渠道尽量缩短，企业领导者在某些时候会要求策划师担负起管理者的工作；而策划人也经常受到管理者岗位权力利益的诱惑，倾向于从事对自己所策划项目的管理工作。一旦策划人成为管理执行者，领导人对策划人的信任评价会增加许多新的指标，弄不好还会增加许多相互猜疑的成分。领导人往往把公司安全放在第一位，策划人与管理者合为一体，对企业安全的威胁会增大。

4.“劳改”心态

行商，“心态大于技巧，习惯大于知识”，以什么心态去从事策划工作对于商务创新人才在工作中增添幸福感、抵御工作中的挫折感都是非常重要的。

首先，必须坚信策划是一种高级劳动，在争取劳动价值实现时应按商业原则行事，但在思维过程中要以“劳改”的心态老老实实地、精益求精地超越自我，不要患得患失，让商业利益得失影响自己的思维活动。任何思维成果此时此地不能价值兑现，彼时彼地也能兑现。

其次，自我的能力与水平不可保留。每时每刻都要拿出极限水平，只有这样才会不断再创新高。但在履行合同过程中除外。

最后，必须强调自省检讨，错误全在自己。遇到不被理解、方案半途而废、被剥夺策划机会甚至遭到违反策划科学等干扰时，必须任劳任怨，多在自己处找原因。策划是思维，也是工作、人生，更是一种道德情操。

四、策划人的思维素质

市场经济竞争激烈，对创新人才的要求越来越高，特别是对思维方式提出了挑战。一个以创新为己任的商务人士，必须具备全面的思维素质。

1. 思维的高度：即思考问题起点高、全方位、有战略眼光。

2. 思维的广度：即思路要广，创意丰富，内外联想。

3. 思维的深度：即思考问题细致深刻，分析周到，判断准确。

4. 思维的速度：即思维要跟上客观形势的变化，思想敏锐。

5. 思维的力度：即思维有时空穿透力，敢为人先，把握时机。

第二节　创新人才必备的基本知识

从事高级脑力劳动的策划人，面对竞争和创新的双重挑战，在基本的高等教育知识背景下，还应该着重加强以下三个方面知识的学习和专业积累。

一、文化与科技知识：心理学，经济学，社会学，科技前沿知识

1. 心理学：是研究人如何思考、学习、知觉、感受、行动，并与对方互动，了解对方的科学；是解释因与果的钥匙，是联系人与动物的基因链条，是接通自我与社会的桥梁。总之，心理学是关于人的学问，关于策划的主体与对象的科学，是关于生活和社会的科学与技巧。我思故我在，人类的基本属性是思维。

2. 社会学：是试图用科学的思维逻辑来讨论人类社会和社会生活的学科。事实上，在人们的日常生活中，就像人们在不断地处理经济学的问题一样，也在不断地处理社会学的问题，从家庭关系到工作关系，从结婚生子到养儿育女，从社会经济活动到政治运动，都有社会学研究的议题。与心理学比较，社会学不关注心理过程，而关注客观的、可测量的社会现象；与政治学比较，社会学不单纯关注国家和政体，而是把两者都当做人类的组织活动，关注组织所具有

的共同属性；与经济学比较，社会学不关注所谓的经济现象，譬如价格、竞争、垄断，但却关注经济现象的社会基础及其相互关系；与人类学比较，社会学不关注所谓地方性的文化、象征和意义，而关注具有普遍意义、可解释的文化现象。

3. 经济学：是研究如何配置和使用相对稀缺的资源，来满足最大化需求的社会科学，即研究社会活动中的个人、企业、政府如何进行选择，以及这些选择如何决定社会资源使用方式的一门科学。经济学的构成有两大部分，即微观经济学和宏观经济学。经济学方面的知识极其丰富而又复杂，同时门类繁多，需要钻研学习，更需要与社会实践相结合。在市场经济社会中，人们必须学会"像经济学家一样思考"。

4. 科学技术：是第一生产力，是企业发展和社会生活的物质根本，而科技的前沿知识更是商务策划最有价值和号召力、影响力的公众资源。紧跟科技步伐，把握时尚脉搏，倡导消费创新，是策划人赢得机会、博取增值、抢占先手的重要手段和方法。

二、信息工具运用的知识：词典，大众传媒，搜索引擎

知识的增值在于贯通和运用。在信息爆炸的21世纪，获取信息整合知识的能力显得格外重要。

作为商务创新人才，必须熟练掌握运用各类信息工具、检索工具的知识与技巧。例如：

《新华字典》、《现代汉语词典》、《英汉词典》、《成语词典》、《汉语大辞典》、《辞海》等语文工具书；

《中国大百科全书》、《中国企业名录》、《世界名人录》、《中华人民共和国法典》、《电话黄页》等实用型工具书；

《行业报告》、《行业年鉴》、《统计年鉴》、《论文汇编》、《市场调查报告》等专业性专题性工具书；

Google、Baidu、3721、中国搜索等专业网络搜索引擎。

三、视觉形象设计的知识，印刷与音像艺术知识

1. 掌握基本的美术知识、美学知识，熟悉透视、图形、空间等概念；

2. 熟练掌握各种字体、线条、版式、标准色、印刷色等；

3. 熟练掌握各类标识、图案，对各国著名商标、LOGO 极其熟悉；

4. 要熟练使用 Word、Excel、Powerpoint 等文件编排软件；熟悉和基本掌握 Fhotoshop、Coreldraw、Freehand、3DMax 等设计类软件；

5. 了解彩色印刷、彩色喷绘写真的基本知识和基本工艺流程，市场现状；

6. 了解主要广告传媒形式如报刊、电视、广播、路牌、车身等的特点、材料等；

7. 掌握基本的音乐、影视知识，熟悉音像类广告的制作流程；

8. 熟悉经典与时尚文化的代表作品，深刻了解当代音像艺术作品；

9. 熟悉和掌握企业形象识别系统 CIS 的知识和导入要点。

第三节　创新人才的基本能力

作为创新人才精英的商务策划师，以出色的思维影响着商务的决策和实施，因而必须拥有深厚的商务功力。

一、观察能力

观察能力是创新策划等一切竞争思维的基础，是产生动机的诱因。观察是一种有目的、有计划、有意识的感知活动。观察是思维的触角。

善于深入、全面、正确地察看各种客观事物和现象的能力，称为观察力。敏锐的观察能力表现在如下三个方面：一是观察迅速，能在较短的时间内捕捉到事物的主要特征；二是观察准确，善于辨别事物之间的微小差别；三是观察全面，能全面仔细地进行观察，善于发现不易看到的事物的特征和形态上的一些细小变化。商务策划师的观察能力，不仅是衡量其综合智力强弱的重要标志，而且对正确地做出判断乃至创新和验证有着至关重要的作用。

要在纷繁复杂的现象中及时准确地抓住事物本质和要领，最重要的是要有敏锐的观察能力。要有敏锐的观察能力，首先要求商务策划师要养成观察细致入微的良好习惯，善于从事物表象的蛛丝马迹的变化中发现事情的真相和趋势。

其次是能抓住本质要领，不为竞争对手所制造的各种假象所迷惑。再次是能抓住时机，通过各种迹象的分析，能及时正确地做出判断，准确捕获商机。

二、表达能力

表达能力包括口头表达能力和文字表达能力。“信、达、雅”是口头表达能力的基本构成要素，也是提高口头表达能力的基本程序。所谓“信”就是要表达自己的真实观点，目标是要保证表达思想正确；所谓“达”就是要使听众理解自己的真实想法，目标是保证对方听懂；所谓“雅”就是要使自己的思想表达方式完美，目标是使对方怀着浓厚兴趣听取自己的观点。

文字表达能力。熟悉主要的商务文书、文件格式，熟练掌握可行性分析报告、项目建议书、市场分析报告、上报策划方案等典型、常用的与策划工作相关的文本和文件格式。把握基本写作技巧，做到能够快速进入写作状态，并且达到“完整”、“明确”、“规范”的基本标准。

三、沟通能力

当各种能力都达到较高水平时，往往最制约自我发展的因素就是沟通能力了。现实生活中，如果说能有一种事半功倍、至高无上的能力，那就是沟通能力。

管理就是沟通。很多时候，我们抱怨别人工作不力，问题往往不是出在水平上，而是出在沟通上。能够最有效地进行沟通的人就是最有力量的人。但有效的沟通技能并不是与生俱来的，没有经过认真的学习和有意识的训练是难以具备的。

提高沟通能力要从两方面入手：一是提高理解别人的能力，二是增加别人理解自己的可能性。

怎样才能切实提高自己的沟通能力呢？心理学家提出的一般程序是：

1. 一般步骤

（1）开列沟通情境和沟通对象清单。

（2）评价自己当前的沟通状况。在这一步里，问自己如下问题：

- 对哪些情境的沟通感到愉快？
- 对哪些情境的沟通感到有心理压力？
- 最愿意与谁保持沟通？

- 最不喜欢与谁沟通？
- 是否经常与多数人保持愉快的沟通？
- 是否常感到自己的意思没有说清楚？
- 是否常误解别人，事后才发觉自己错了？
- 是否与朋友保持经常性联系？
- 是否经常懒得给人写信或打电话？……

客观、认真地回答上述问题，有助于了解自己在哪些情境中、与哪些人的沟通状况较为理想，在哪些情境中、与哪些人的沟通需要着力改善。

（3）评价自己的沟通方式。在这一步中，主要问自己如下3个问题：

- 通常情况下，自己是主动与别人沟通还是被动沟通？
- 在与别人沟通时，自己的注意力是否集中？
- 在表达自己的意图时，信息是否充分？

主动沟通者与被动沟通者的沟通状况往往有明显差异，主动沟通者更容易与别人建立并维持广泛的人际关系，更可能在人际交往中获得成功。

沟通时保持高度的注意力，有助于了解对方的心理状态，并能够较好地根据反馈来调节自己的沟通过程。没有人喜欢自己的谈话对象总是左顾右盼、心不在焉。

在表达自己的意图时，一定要注意使自己被人充分理解。沟通时的言语、动作等信息如果不充分，则不能明确地表达自己的意思；如果信息过多，出现冗余，也会引起信息接受方的不舒服。最常见的例子就是，你一不小心踩了别人的脚，那么你说声“对不起”就足以表达你的歉意，如果你还继续说：“我实在不是有意的，别人挤了我一下，我又不知怎的就站不稳了……”反倒令人反感。因此，信息充分而又无冗余是最佳的沟通方式。

（4）制定、执行沟通计划。通过前几个步骤，你一定能够发现自己在哪些方面存在不足，从而确定在哪些方面重点改进。比如，沟通范围狭窄，则需要扩大沟通范围；忽略了与友人的联系，则需写信、打电话；沟通主动性不够，则需要积极主动地与人沟通等。把这些制成一个循序渐进的沟通计划，然后把自己的计划付诸行动，体现在具体的生活小事中。比如，觉得自己的沟通范围狭窄，主动性不够，你可以规定自己每周与两个素不相识的人打招呼，具体如问路，说说天气等。不必害羞，没有人会取笑你的主动，相反，对方可能还会欣赏你的勇气呢!

在制订和执行计划时，要注意小步子的原则，即不要对自己提出太高的要求，以免实现不了，反而挫伤自己的积极性。小要求实现并巩固之后，再对自己提出更高的要求。

(5) 对计划进行监督。这一步至关重要。一旦监督不力，可能就会功亏一篑。最好是自己对自己进行监督，比如用日记、图表记载自己的发展状况，并评价与分析自己的感受。

计划的执行需要信心，要坚信自己能够成功。记住：一个人能够做的，比他已经做的和相信自己能够做的要多得多。

2. 身体语言沟通的改善

我们已经了解身体语言在人际交往中的作用。这需要我们做两件事情：一是理解别人的身体语言，二是恰当使用自己的身体语言。

(1) 理解别人的身体语言。身体语言比口头语言能够表达更多的信息，因此，理解别人的身体语言是理解别人的一个重要途径。从他人的目光、表情、身体运动与姿势，以及彼此之间的空间距离中，我们都能够感知到对方的心理状态。了解了对方的喜怒哀乐，我们就能够有的放矢地调整我们的交往行为。但是，理解别人的身体语言必须注意以下几个问题：

- 同样的身体语言在不同性格的人身上意义可能不同；
- 同样的身体语言在不同情境中意义也可能不同；
- 要站在别人的角度来考虑；
- 要培养自己的观察能力；
- 不要简单地下结论。

同样的身体语言在不同性格的人身上意义可能不同。相类似的，解释别人的身体语言还要考虑情境因素。同样是笑，有时候是表示好感，有时候是表示尴尬，而有的时候又表示嘲讽，这都需要我们加以区别。

理解别人的身体语言，最重要的是要从别人的角度上来考虑问题。要用心去体验别人的情感状态，也就是心理学上常讲的要注意“移情”。当别人对你表情淡漠，很可能是由于对方遇到了不顺心的事，因此不要看到别人淡漠就觉得对方不重视你。事实上，这样的误解，在年轻人中最容易出现，也最容易导致朋友、恋人之间的隔阂。站在别人的角度，替别人着想，才能使交往更富有人情味儿，使交往更深刻。

需要注意的是，要培养自己敏锐的观察力，善于从对方不自觉的姿势、目光中发现对方内心的真实状态。不要简单地下结论。比如，中国人喜欢客套，当来做客的人起身要走时，往往极力挽留，然而很多时候，这些挽留都并非出自诚意，我们从主人的姿势上是可以看出来的，口头上说慢走，却早已摆出了送客的架式。

（2）恰当使用自己的身体语言。

- 经常自省自己的身体语言；
- 有意识地运用身体语言；
- 注意身体语言的使用情境；
- 注意自己的角色与身体语言相称；
- 注意言行一致；
- 改掉不良的身体语言习惯。

自省的目的是我们检验自己以往使用身体语言是否有效，是否自然，是否使人产生过误解。了解了这些，有助于我们随时对自己的身体语言进行调节，使它有效地为我们的交往服务。不善于自省的人，经常会产生问题。有的性格开朗的女孩，她们在和异性交往中总是表现得很亲近，总是令人想入非非。一位男士就遇到过一个这样的女孩，结果害得他陷入单相思，烦恼不堪。而实际上，女孩根本就没有什么特别的意思。对于他应该增强对别人的身体语言的理解能力，避免产生误解。而那个女孩则应该自省，自己是否总是使人产生误解，如果是，则应注意检点自己的行为。如果不注意自省，可能很危险。

我们可能会注意到，那些比较著名的演说家、政治家，都很善于运用富有个人特色的身体语言。这些有特色的身体语言并不是与生俱来的，都是经常有意识地运用的结果。

身体语言的使用一定要注意与自己的角色以及生活情境相适应。北京某名牌大学的一个毕业生，到一家公司去求职。在面试时，这位自我感觉良好的大学生一进门就坐在沙发上，跷起二郎腿，还不时地摇动。如果在家里，这是个再平常不过的姿势，而在面试的情境中，则很不合适。结果，负责面试的人连半个问题也没有问，只是客气地说："回去等消息吧。"最终的结果可想而知，他失去了一个很好的工作机会。

改变不良的身体语言的意义，是消除无助于沟通反而使沟通效率下降的不良的身体语言习惯。有人在与人谈话时，常有梳理头发、打响指等习惯，有的人还有掏耳朵、挖鼻孔的小动作，这些都会给人家留下不好的印象，有时会让人觉得很不礼貌。同时，这些无意义的身体语言会分散对方的注意力，会影响沟通的效果。

真诚是一种美德，而言行一致则是真诚的体现。口头语言与身体语言不一致，会使人觉得你很虚伪，就如口说留客，身体语言已经送客一样。你必须记住，你什么也掩藏不了，你的眼睛早已说明了一切。

第四节 创新人才的"商能"培养

当前在各种舆论传媒上流传着"十商"的观点，认为要成为一个成功的商务人士就应该具备十种"商能"，其中的德商（MQ，指一个人的道德人格品质）、心商（MQ，维持心理健康、缓解心理压力、保持良好心理状况和活力的能力）、志商（WQ，意志品质水平，包括坚韧性、目的性、果断性、自制力等方面）、灵商（SQ，是对事物本质的顿悟能力和直觉思维能力）和健商（HQ，指个人所具有的健康意识、健康知识和健康能力的反映），这五种商能对于创新人才的成功不可缺少，而另外的五种商能则显得格外重要。

1. 智商（IQ）：是一种表示人智力高低的数量指标，也可以表现为一个人对知识的掌握程度，反映人的观察力、记忆力、思维力、想象力、创造力以及分析问题和解决问题的能力。

2. 情商（EQ）：指管理自己的情绪和处理人际关系的能力。EQ 高的人，人们都喜欢同他交往，总是能得到众多人的拥护和支持。人际关系是人生的重要资源，良好的人际关系往往能使你获得更多成功的机会。

3. 逆商（AQ）：指面对逆境承受压力的能力，或承受失败和挫折的能力。苦难是人生最好的教育。伟大的人格只有经历磨难，潜力才会激发，视野才会开阔，灵魂才会升华。

4. 胆商（DQ）：是一个人胆量、胆识、胆略的度量，体现了一种冒险精神。胆商高的人能够把握机会，凡是成功的商人、政客，都具有非凡胆略和魄力。

5. 财商（FQ）：指个人的理财能力，特别是投资收益能力。财商是一个人最需要的能力，但往往会被人们忽略。

第五节　创新人才的潜能开发

策划的生命力在于创新，要提高策划人的创新能力，除了加强理论学习之外，还必须加强创新实践，在实践中不断增长才干。

一、创新者的人格特征

人是否具有创新潜能与其人格特征有很大的关系。一般来说，要创新，必须具备两个基本的要素，一个是“态度”，一个是“能力”。为此，必须首先培养属于态度的创新性和属于能力的创造性。

综合中外学者的研究成果，具有高度创新能力的人具有以下特征：

1. 精力旺盛，刻苦勤勉，有强烈的工作欲望；
2. 百折不挠，有一种精神上的耐久力；
3. 既有自知之明，也能自我肯定；
4. 反对过分强调传统，不落陈规，有相当的独立性；
5. 善于观察，除了看到别人看到的，还看到别人看不到的；
6. 能够很快地把握新思想，但并不盲从；
7. 对现状不满足，总想超越；
8. 具有足够的灵活性，善于从失败和错误中学习。

二、创新的心理障碍

从创新人才的性格特征可以看出，创新更多的时候是一种态度。创新的作用不言而喻，但对其重要性并不是人人都有同样的认识，这主要是人的心理障碍造成的。这种障碍有许多方面，主要有：

1. 习惯于以固定的方式分析问题，忽视事物间的有机联系和相互作用；
2. 喜欢罗列现象，不善于动态地、变化地看问题；
3. 喜欢将问题简单化或复杂化，主观地给自己加上限制；
4. 不客观地看待事物，只看到自己想看到的东西；
5. 墨守成规，动辄批判他人；
6. 喜欢引经据典，对书本、古人、外国人、某些权威人士的说法深信不疑；
7. 对事物喜欢作出是与非、对与错、一是一、二是二的判断；
8. 怕出差错、失败而丢脸，死要面子；
9. 害怕困难，觉得创造很费劲，不如干熟悉的事来得省心；
10. 一旦遇到挫折，就灰心丧气，或怨天尤人。

三、创新潜能自测

美国普林斯顿创新才能研究所对于富有创新能力的男女科学家、工程师、企业经营管理人员的个性和品质进行了多年的研究，并设计了一套简单的测试方法。测试者只要花10分钟左右的时间，就可以测出自己是否具有创新才能。你只要在每句话的后面表示同意或不同意，同意的圈A，不同意的圈C，吃不准或不知道的圈B。但是，回答必须忠实、准确，不得猜测、推理。以下是测试题：

1. 我不做盲目的事，也就是我总是有的放矢，用正确的步骤来解决每一个具体问题。(ABC)
2. 我认为，只提出问题而不想获得答案，无疑是浪费时间。(ABC)
3. 无论什么事情，要我发生兴趣，总比别人困难。(ABC)
4. 我认为，合乎逻辑、循序渐进的方法，是解决问题的最好方法。(ABC)
5. 有时，我在小组里发表的意见，似乎使一些人感到厌烦。(ABC)
6. 我花费大量时间来考虑别人是怎样看待我的。(ABC)
7. 做自己认为正确的事，比力求博得别人的赞同要重要得多。(ABC)
8. 我不尊重那些做事似乎没有把握的人。(ABC)

9. 我需要的刺激和兴趣比别人多。(ABC)

10. 我知道如何在考验面前，保持自己的内心镇定。(ABC)

11. 我能坚持很长一段时间解决问题。(ABC)

12. 有时我对事情过于热情。(ABC)

13. 在特别无事可做时，我倒常常想出好主意。(ABC)

14. 在解决问题时，我常常凭直觉来判断“正确”和“错误”。(ABC)

15. 在解决问题时，我分析问题较快，而综合所收集的资料较慢。(ABC)

16. 有时我打破常规去做我原来并未想到要做的事。(ABC)

17. 我有收集东西的癖好。(ABC)

18. 幻想促进了我许多重要计划的提出。(ABC)

19. 我喜欢客观而又有理性的人。(ABC)

20. 如果要我在本职工作之外的两种职业中选择一种，我宁愿当一个实际工作者，而不当探索者。(ABC)

21. 我能与自己的同事或同行很好地相处。(ABC)

22. 我有较高的审美感。(ABC)

23. 在我的一生中，我一直在追求着名利和地位。(ABC)

24. 我喜欢坚信自己结论的人。(ABC)

25. 灵感与获得成功无关。(ABC)

26. 争论时，使我感到高兴的是，原来与我观点不一样的人变成了我的朋友，即使牺牲我原来的观点也在所不惜。(ABC)

27. 我更大的兴趣在于提出新的建议，而不在于设法说服别人接受这些建议。(ABC)

28. 乐意独自一人整天“深思熟虑”。(ABC)

29. 我往往避免做那些使我感到低下的工作。(ABC)

30. 在评价资料时，我觉得资料的来源比其内容更重要。(ABC)

31. 我不满意那些不确定和不可预言的事。(ABC)

32. 我喜欢一门心思苦干的人。(ABC)

33. 一个人的自尊比得到他人敬慕更为重要。(ABC)

34. 我觉得那些力求完满的人是不明智的。(ABC)

35. 我宁愿与大家一起努力工作，而不愿意单独工作。(ABC)

36. 我喜欢那种对别人产生影响的工作。(ABC)

37. 在生活中，我经常碰到不能用“正确”或“错误”来加以判断的问题。(ABC)

38. 对我来说，“各得其所”、“各在其位”是很重要的。(ABC)

39. 那些使用古怪和不常用的词语的作家，纯粹是为了炫耀自己。(ABC)

40. 许多人之所以感到苦闷，是因为他们把事情看得太认真了。(ABC)

41. 即使遭到不幸、挫折和反对，我仍能对我的工作保持原来的精神状态和热情。(ABC)

42. 想入非非的人是不切实际的。(ABC)

43. 我对“我不知道的事”比“我知道的事”印象更深刻。(ABC)

44. 我对“这可能是什么”比“这是什么”更感兴趣。(ABC)

45. 我经常为自己在无意之中说话伤人而闷闷不乐。(ABC)

46. 即使没有报答，我也乐意为新颖的想法而花费大量的时间。(ABC)

47. 我认为，“出主意没什么了不起”的说法是中肯的。(ABC)

48. 我不喜欢提出这种显得无知的问题。(ABC)

49. 一旦任务确定后，即使受到挫折，我也要坚持完成。(ABC)

50. 从下面描述人物性格的形容词中，挑选出 10 个最能说明你性格的词：

精神饱满的	有说服力的	实事求是的
虚心的	观察力敏锐的	谨慎的
束手束脚的	足智多谋的	自高自大的
有主见的	有献身精神的	有独创性的
性急的	高效的	乐意助人的
坚强的	老练的	有克制力的
热情的	时髦的	自信的
不屈不挠的	有远见的	机灵的

好奇的　　有组织力的　　铁石心肠的
思路清晰的　　脾气温顺的　　可预言的
拘泥于形式的　　不拘礼节的　　有理解力的
有朝气的　　严于律己的　　精干的
讲实惠的　　感觉灵敏的　　无畏的
严格的　　一丝不苟的　　谦逊的
复杂的　　漫不经心的　　柔顺的
创新的　　泰然自若的　　渴求知识的
实干的　　好交际的　　善良的
孤独的　　不满足的　　易动感情的

	A	B	C		A	B	C		A	B	C
1	0	1	2	18	3	0	−1	35	0	1	2
2	0	1	2	19	0	1	2	36	1	2	3
3	4	1	0	20	0	1	2	37	2	1	0
4	−2	0	3	21	0	1	2	38	0	1	2
5	2	1	0	22	3	0	−1	39	−1	0	2
6	−1	0	3	23	0	1	2	40	2	1	0
7	3	0	−1	24	−1	0	2	41	3	1	0
8	0	1	2	25	0	1	3	42	−1	0	2
9	3	0	−1	26	−1	0	2	43	2	1	0
10	1	0	3	27	2	1	0	44	2	1	0
11	4	1	0	28	2	0	−1	45	−1	0	2
12	3	0	−1	29	0	1	2	46	3	2	0
13	2	1	0	30	−2	0	3	47	0	1	2
14	4	0	−2	31	0	1	2	48	0	1	3
15	−1	0	2	32	0	1	2	49	3	1	0
16	2	1	0	33	3	0	−1				
17	0	1	2	34	−1	0	2				

下列每个形容词得 2 分：

精神饱满的　　柔顺的　　有献身精神的　　无畏的　　有朝气的
观察力敏锐的　　足智多谋的　　有独创性的　　创新的　　热情的
不屈不挠的　　有主见的　　感觉灵敏的　　严于律己的

下列每个形容词得1分：

自信的	有远见的	不拘礼节的	不满足的
一丝不苟的	虚心的	机灵的	坚强的

其余的得0分。

将总得分加起来，分数在：

大于110	创新性非凡
85～109	创新性很强
56～84	创新性强
30～55	创新性一般
15～29	创新性弱
-21～14	无创新性

四、创新潜能的开发途径

要开发创新潜能，可以从以下几个方面入手：

1. 勤学多思；
2. 突破习惯思维；
3. 养成收集资料的良好习惯；
4. 提高记忆力；
5. 训练敏锐的观察力；
6. 提高抽象思维能力；
7. 培养直觉力；
8. 强化操作能力。

第六节　商务人才的发展与提升

策划人的策划始于自我。只有对自我的策划定位正确，才能拥有一个坚实的基础平台。策划人的发展和提升，既不能脱离自身所处的位置，也不能脱离时代的大环境。

一、策划人的三种类型

同样是策划，由于所处地位、身份的不同，策划的性质大不一样，策划所起的作用也不相同。

1. 职务策划：在经营管理工作中自我主动发起的策划。特点是思维、决策、实施一体化，策划是自己的权力。

2. 专业策划：在岗位工作中专门负责所在组织的创新策划。特点是思维间接影响决策和实施，策划是自己的职责，也是饭碗。

3. 职业策划：以各种策划成果为生。特点是思维影响决策，但一般与实施无关，策划是自己的事业，甚至是自己的全部。

上述三种类型策划人才的关系是：一般策划性人才技术化后可转变为专业策划人才；专业策划人才高度提升知识资本的价值后可转变为职业策划人才；职业策划人才拥有资本和资源后可转变为职务策划人才。从中我们可以发现一个规律：策划性人才最容易向资本阶层跃升，成为知本和资本高度复合的现代财商。

二、商务策划师认证

在我国，由于市场竞争的加剧，企业对创新人才的需求量呈逐年上升趋势。为了引导人才的有序成长，促进行业的规范发展，2004 年 12 月，商务策划师成为劳动和社会保障部颁布的第二批十种新职业之一，并且位列第一。策划正式成为一种职业，这在我国历史上尚属首次。

在我国，最早进行专业化推广商务策划师培训认证的是 CBSA 全国商务策划师培训总部，自 2001 年起，CBSA 全国商务策划师培训总部与国家人事部全国人才流动中心合作，前后推出了高级商务策划师直接申报资料认证，中、初级商务策划师经过系统培训参加全国考试认证，截至 2008 年 6 月，全国有 3000 余人通过高级商务策划师认证，7000 余人通过中级商务策划师认证，20000 余人通过初级商务策划师认证，为批量培养商务创新人才、缓解企业对策划人才的需求探索出一条成功的路子。

2004 年 10 月 26 日，由国家人事部全国人才流动中心与 CBSA 全国商务策划师培训总部共同开发的国内首部经营创新人才评价标准——《商务策划师资质评价标准》在北京通过专家论证，同年12月开始在全国试行。

《商务策划师资质评价标准》对商务策划师的定义为：具有良好的职业道德，能够熟练运用经济管理、商务策划理论和各种实战方法为经济组织提供创新服务并取得明显绩效的专业化人员。

职业概况：根据保守的估计，我国现有各类专业策划公司超过10万家，从业人员50万人，加上企业中各类企划从业人员，总数约500万人。策划已经成为一个新兴行业，具有良好的发展前景。

三、商务策划师参考阅读书目

1.《孙子兵法》：春秋·孙武著。明末兵学家茅元仪："前孙子者孙子不能遗；后孙子者不能遗孙子。"

2.《东周列国志》：明·冯梦龙著。竞争之书。

3.《三国演义》：明·罗贯中著。人生训、处世方、成功法、组织学、领导术、战略论、经营教科书。

4.《毛泽东选集》：毛泽东著。中国事，中国人。

5.《企画力》：日本·坂田弘毅著。作为日本著名的广告人，作者凭自己从业广告、咨询的经验写成，在我国港台地区十分流行，多次再版。虽然日本的"企画"概念和我国的"策划"并不完全相同，但其中论述的企画的原则，如"企画是活用他人的智慧与金钱"；"企画要当机立断"，"应放弃固定模式"，"必须考虑他人利益"，"要根据人类的行为来规划"；企画的观念如"企画应贯彻第一主义"、"超脱经验之外"，应"膨胀扩充、大胆假设"、"追求完美""满足欲望、领先攻击"等；引导企画走向成功的步骤、品质、效用、舒适、完美是企画的哲学；企画失败的原因等。

6.《创新和企业家精神》：美国彼得·德鲁克著。现代管理学之父，论述创新机会的七个来源，极富时代的洞察力；所分析的四种开拓进取的战略，有着谋略的眼光，且充满丰富的实例和具体的经验。

7.《我是最懂创造力的人物》：美国阿里克斯·奥斯本著。美国最权威的创造力开发研究专家，书中介绍了创造力的障碍，发展创造力的办法，开发创意的原则，使创意更为活泼的手段，创意产生的加、减、乘、除、替代、相反、结合方式等。

知识要点

心态；习惯；策划人的基本立场；创新人才的商务能力；“商能”；创新者的人格特征；创新潜能的开发途径；策划人的三种类型；商务策划师的定义。

思考与训练

1. 策划人为什么要有自己的立场？它与创新人才的基本素养有何关系？

2. 举例说明创新人才的商务能力如何培养。

3. 自测一下你的“商能”，对照创新者的人格特征，对自己进行评价。

4. 职务策划、专业策划和职业策划三者有何关系？

5. 自我进行一次创新潜能测试，并按创新潜能的开发途径进行为期1个月的训练。

6. 组织一场报告会，题目是：心态大于技巧、习惯强于知识。

要求：每人限时5分钟，不许看讲稿。由3位同学组成评委会，每位同学发言后，由评委会进行不超过1分钟的点评，最后由授课老师分别对发言同学和评委会进行评价。

第十一章

市场调研报告

> 本章重点介绍商务市场调研的概念及范围，主要工作方法、流程，调研报告的编写要求等。
>
> 商务策划是为企业商战提供具有竞争优势的可操作性方案，其科学性、准确性首先来自于市场调研。从某种程度上来说，商务策划市场调研是现代商战的“侦察兵”，没有“侦察”得到的第一手资料，没有对资料的搜集、整理、分析和在此基础上的应用，企业是难以赢得竞争的。

市场调研是指运用科学的方法系统地、客观地搜集、整理、分析和传递有关市场营销活动各方面的信息，为企业营销管理者制定有效的市场营销决策提供重要的依据。与狭义的市场调查不同，商务策划市场调研是对市场营销活动全过程的分析和研究。

20 世纪 90 年代以来，商务策划在我国兴起，策划界在为企业提供策划咨询服务中，运用科学的思维方法，创新的研究手段，开展了大量的市场调查和研究活动，为中国市场调研探索出了一条具有策划特色的新路。

市场调研是商务策划工作的基础，没有深入的市场调研，整个策划工作就如同无源之水，无本之木。从商务策划的思维工作过程看，分为搜集、整理、判断、创新四个步骤，按照市场研究的一般规律，前三个步骤恰恰都属于市场调研的工作范畴。

第一节 市场调研策划

商务策划市场调研不同于一般市场研究，需要用策划的思维和方法解决市场调研的有关问题。讲求工作角度和工作程序，其工作流程包括主题确定、调研范围、工作阶段、调研形式与方法及市场预测等。

一、主题确定

市场调研首先要确定主题，即要搞清楚调研工作的对象、目标。没有明确的主题，调研工作就会漫无边际，甚至无从下手。商务策划市场调研主题确定的方法较多，常用的有如下几种形式：

1. 项目确定法：即市场调研是为某个项目策划而进行的前期工作，如《××公司阳光家园项目市场研究报告》。

2. 行业确定法：即市场调研是为某个行业产品策划而进行的前期工作，如《中国白酒行业市场研究报告》。

3. 市场确定法：即市场调研是为某个特定市场策划而进行的前期工作，如《××市家电消费市场研究报告》。

4. 产品确定法：即市场调研是为某个新产品上市策划而进行的前期工作，如《××企业新产品上市市场研究报告》。

5. 专题确定法：即市场调研是为某个专题策划，包括广告、促销、公关等专门需要而进行的前期工作，如《××牌电动自行车广告策划市场研究报告》。

二、调研范围

商务策划市场调研的范围，主要从“知己、知彼、正合、奇胜”四大要素入手，其理论依据是“四维策划模型”（详见第五章《策划思维与模型》）。

“知己”调研：主要是指对企业内部的调研。它包括企业自身的政治（企业价值观、战略形态等）、经济（企业的经营管理）、科技（企业的技术状况）、文化（企业文化氛围）等。

“知彼”调研：主要是指对企业外部的调研。它包括政治、经济、科技、文化等，按宏观、中观和微观三个层面进行，即宏观层面的政治、经济、科技、文化，主要范围是国内、外市场；中观层面的政治、经济、科技、文化，主要范围是区域性市场；微观层面的政治、经济、科技、文化，主要范围是竞争对手市场。

在“知己”与“知彼”调研中，还要从“正合”、“奇胜”两个方面分类研究。既要研究“知己”之“正合”，也要研究“知彼”之“正合”；既要研究“知己”之“奇胜”，也要研究“知彼”之“奇胜”。

“正合”调研：主要是指企业内部所采取的常规性、基础性的工作。

“奇胜”调研：主要是指企业面对市场所采取的相对新颖性、超前性的创新措施。

按照上述四个方面就可以形成一个商务策划的市场调研构架。在此基础上开展市场调研，将能做到有的放矢。

三、工作阶段

根据调研活动中各项工作的自然顺序和逻辑关系，调研工作可分为以下三个阶段：

1. 准备阶段：主要任务是界定研究主题、选择研究目标、形成研究假设并确定需要获得的信息。

2. 设计阶段：主要内容包括确定资料的来源和收集方法、设计收集资料的工具、决定样本计划以及调研经费预算和时间进度安排等。设计阶段最主要的任务是绘制指导调研工作顺利执行的详细蓝图。

3. 执行阶段：主要任务是把调研计划付诸实施，内容包括实地调查即收集资料，然后对资料进行整理、分析和解释，最后提交调研报告。

四、调研形式与方法

1. 调研形式

根据研究的主题、目的、性质和形式的不同，市场调研一般分为如下四种

形式:

（1）探测性调研。探测性调研用于探询企业所要研究问题的一般性质。研究者在研究之初对所要研究的问题或范围还不很清楚，不能确定到底要研究些什么问题。这时就需要应用探测性研究去发现问题、形成假设。至于问题的解决，则有待进一步的研究。

（2）描述性调研。描述性调研是通过详细的调查和分析，对市场营销活动的某个方面进行客观的描述。大多数的市场调研都属于描述性调研。例如，市场潜力和市场占有率，产品的消费群结构，竞争企业状况的描述，等等。在描述性调研中，可以发现其中的关联因素，但是，此时并不能说明两个变量哪个是因、哪个是果。与探测性调研相比，描述性调研的目的更加明确，研究的问题更加具体。

（3）因果关系调研。因果关系调研的目的是找出关联现象或变量之间的因果关系。描述性调研可以说明某些现象或变量之间相互关联，但要说明某个变量是否引起或决定着其他变量的变化，就需应用因果关系调研。因果关系调研的目的就是寻找足够的证据来验证这一假设。

（4）预测性调研。市场营销所面临的最大问题就是市场需求的预测问题，这是企业制定市场营销方案和市场营销决策的基础和前提。预测性调研就是企业为了推断和测量市场的未来变化而进行的研究，它对企业的生存与发展具有重要的意义。

2．调研方法

在营销调研的设计和执行阶段，要根据调研的目的和具体的研究目标，选择合适的调查对象，采用适当的调查方法和技术，获取完整可靠的信息。这些在实践中发展起来的方法和技术，既包含一些基本的操作程序，又涉及到研究者的运用技巧，各自都有其适用的范围和优缺点。要点如下：

（1）调查方法。调查方法一般分为三类，即访问法、观察法和实验法。

①访问法。访问法是营销调研中使用最普遍的一种调查方法。它把研究人员事先拟订的调查项目或问题以某种方式向被调查者提出，要求给予答复，由此获取被调查者或消费者的动机、意向、态度等方面的信息。按照调查人员与被调查者接触方式的不同访问法又分为个人访谈、电话访问和邮寄访问。

②观察法。观察法是由调查员直接或通过仪器在现场观察调查对象的行为动态并加以记录而获取信息的一种方法。观察法分人工观察和非人工观察，在市场调研中用途很广。比如研究人员可以通过观察消费者的行为来测定品牌偏好和促销的效果。现代科学技术的发展，为人们设计一些专门的仪器来观察消费者的行为带来方便。观察法可以观察到消费者的真实行为特征，但是只能观察到外部现象，无法观察到调查对象的一些动机、意向及态度等内在因素。

③实验法。实验法是指在控制的条件下对所研究的现象的一个或多个因素进行操纵，以测定这些因素之间的关系，它是因果关系调研中经常使用的一种行之有效的方法。实验方法来源于自然科学的实验求证，现在广泛应用于营销调研，是市场营销学走向科学化的标志。现场实验法的优点是方法科学，能够获得较真实的资料。但是，大规模的现场实验往往很难控制市场变量，影响实验结果的内部有效性。实验室实验正好相反，内部有效度易于保持但难于维持外部有效度。此外，实验法实验周期较长，研究费用昂贵，严重影响了实验方法的广泛使用。

（2）问卷设计。调查问卷是市场营销调研的重要工具之一。在大多数市场调查中，研究者都要依据研究的目的设计某种形式的问卷。问卷设计没有统一的固定格式和程序，一般说来有以下几个步骤：

①确定需要的信息。在问卷设计之初，研究者首先要考虑的就是要达到研究的目的、检验研究假设所需要的信息，从而在问卷中提出一些必要的问题以获取这些信息。

②确定问题的内容。确定了需要的信息之后，就要确定在问卷中要提出哪些问题或包含哪些调查项目。在保证能够获取所需信息的前提下，要尽量减少问题的数量，降低回答问题的难度。

③确定问题的类型。问题的类型一般分为以下三类：A. 自由问题：这种回答问题的方式可以获得较多的较真实的信息。但是被调查人因受不同因素的影响，各抒己见，使资料难以整理。B. 多项选择题：这种问题应答者回答简单，资料和结果也便于整理。需要注意的问题是选择题既要包含所有可能的答案，又要避免过多和重复。C. 二分问题：二分问题回答简单也易于整理，但有时可能不能完全表达出应答者的意见。

④确定问题的词句。问题的词句或字眼对应答者的影响很大，有些表面上看差异不大的问题，由于字眼不同应答者就会做出不同的反应。因此问题的字眼或词句必须斟酌使用，以免引起不正确的回答。

⑤确定问题的顺序。问题的顺序会对应答者产生影响，因此，在问卷设计时问题的顺序也必须加以考虑。原则上开始的问题应该容易回答并具有趣味性，以提高应答者的兴趣。涉及应答者个人的资料则应最后提出。

⑥问卷的试答。一般在正式调查之前，设计好的问卷应该选择小样本进行预试，其目的是发现问卷的缺点，改善提高问卷的质量。

（3）抽样方法。大多数的市场调查是抽样调查，即从调查对象总体中选取具有代表性的部分个体或样本进行调查，并根据样本的调查结果去推断总体。抽样方法按照是否遵循随机原则分为随机抽样和非随机抽样。

①随机抽样方法。随机抽样就是按照随机原则进行抽样，即调查总体中每一个个体被抽到的可能性都是一样的，是一种客观的抽样方法。随机抽样方法主要有：简单随机抽样、等距抽样、分层抽样和分群抽样。

②非随机抽样方法。与随机抽样方法相比，客观性相对差一些，常用的非随机抽样主要有：

任意抽样。任意抽样也称便利抽样，这是纯粹以便利为基础的一种抽样方法。街头访问是这种抽样最普遍的应用。这种方法抽样偏差很大，结果极不可靠。一般用于准备性调查，在正式调查阶段很少采用。

判断抽样。判断抽样是根据样本设计者的判断进行抽样的一种方法，它要求设计者对母体有关特征有相当的了解。在利用判断抽样选取样本时，应避免抽取“极端”类型，而应选择“普通型”或“平均型”的个体作为样本，以增加样本的代表性。

配额抽样。配额抽样与分层抽样法类似，要先把总体按特征分类，根据每一类的大小规定样本的配额，然后由调查人员在每一类中进行非随机的抽样。这种方法比较简单，又可以保证各类样本的比例，比任意抽样和判断抽样样本的代表性都强，因此实际上应用较多。

五、市场预测

市场预测是在市场调查的基础上，运用科学的方法对市场需求和企业需求以及影响市场需求变化的诸因素进行分析研究，对未来的发展趋势作出判断和推测，为企业制定正确的市场营销决策提供依据。

市场预测的内容，按照预测的层次可以分成以下三个方面：

1. 环境预测。环境预测也称为宏观预测或经济预测，它是通过对各种环境因素，如国家财政开支、进出口贸易、通货膨胀、失业状况、企业投资及消费者支出等因素的分析，对国民总产值和有关的总量指标的预测。环境预测是市场潜量与企业潜量预测、市场预测和企业预测的基础。

2. 市场潜量与企业潜量预测。市场潜量和企业潜量是市场需求预测的重要内容。市场潜量是从行业的角度考虑某一产品的市场需求的极限值，企业潜量则是从企业角度考虑某一产品在市场上所占的最大的市场份额。市场潜量和企业潜量的预测是企业制定营销决策的前提，也是进行市场预测和企业销售预测的基础。

3. 市场预测与企业预测。市场预测是在一定营销环境下和一定营销力量下，某产品的市场需求水平的估计，企业预测是在一定的环境下和一定的营销方案下，企业预期的销售水平。企业预测不是企业制定营销决策的基础或前提，相反它是受企业营销方案影响的一个函数。

第二节 市场调研资料

市场调研工作的基础是资料，成也资料，败也资料。资料的搜集、整理、分析决定了市场调研工作的质量，也影响具体策划项目的成败。可见，在进行市场调研策划谋篇布局后，实际调研工作要从资料开始，只有建立在资料搜集、整理、分析基础之上的市场调研，才会产生实际价值。

资料搜集就是利用各种手段，最大限度地将需要解决的策划问题的资料和相关资讯进行完整的“打捞”。这是商务策划市场调研总体工作中的第一步。只有搜集到与策划对象相关的所有一手和二手资料，才能客观全面地了解策划问题的全貌，做到知己知彼、知天知地、知优知劣。在搜集过程中，最关键的是要戴着“客观的镜头”进行全方位扫描，而不能主观地提前进行取舍，这样才能达到客观搜集策划资料的效果，为今后的资料整理、分析判断、策划创新打下真实可信的基础。

一、一手资料的搜集方法

一手资料也称原始资料，是指为当前的策划特定目标而首次通过记录和观察获得的资料，其特点是具有可靠的真实性。

一手资料是市场研究人员亲自采集的资料，其来源直接，真实性强。为了获取真实、有效的一手资料，就必须采集大量的原始数据，一般过程长、用人多、费用较高。

一手资料的搜集方法很多，主要有访问法、观察法、访谈法、德尔菲法、投影技法、实验法、抽样调查法等。下面着重介绍前三种方法。

1. 访问法

访问法是指将所拟调查的事项，以当面、电话或书面的不同形式向调查者提出询问，以了解市场情况，获得所需研究资料的调查方法。是征集一手资料的主要方法。采用访问法进行一手资料搜集时，通常要将所要调查了解的问题事先陈列在调查表中，按照调查表的要求询问，所以也称访谈法、调查表法。

访问法的特点：

（1）影响性。访问法的实施过程是访问者与被访问者之间相互作用、相互影响的过程。访问者与被访问者在访问过程中是矛盾的两个方面，不仅访问者的提问会对被访问者产生作用，而且只有被访问者的回答作用于访问者才能达到访问的目的，因此在访问过程中，访问者要努力掌握主动权，积极对被访问者进行影响、作用，激起被访问者回答问题的愿望。只有相互产生积极的作用，才能获得真实、有效的一手资料。

（2）能力性。访问者的人际交往和沟通能力在访问过程中对获得有效的一手资料具有关键的作用。同样的问题，不同的访问者进行调查，往往效果大不相同，这主要是人际交往和沟通能力所起的作用。因为被访问者是一个个有思想能力的人，其情绪、心理活动会因外界状况而改变，因此察言观色、巧妙确定沟通话题和切入角度，打消被访问者心中顾虑等是访问者必备的基本素质，否则效果会大打折扣。

（3）时机性。访问者对被访问者的时机选择在访问中具有非常关键的作用。如果是一个对食欲有影响产品的访问，不错过吃饭的时间就会被访问者拒绝；在街头拦截行色匆匆的人，要求回答很长问题可能会遭到敷衍甚至反感。所以时机的选择对获得有效的一手资料具有重要的作用。

访问法的种类。根据访问的形式可以分为人员访问法、电话访问法、邮寄访问法和网络访问法等。

2. 观察法

在现代市场调查中，观察法常用于处于动态的消费、购买行为过程和消费所留下痕迹的调查，可以获得更加真实、客观的原始资料。

（1）观察法主要有直接观察法、痕迹观察法和记录观察法等。

①直接观察法。也就是调研人员去现场直接察看的一种方法。例如，一家服装厂派调研人员到一家或多家商场观察成衣店的顾客都对哪些衣服发生兴趣，都是什么款式？什么价格？使用这种方法进行调查，要确定是定期观察还是不定期观察以及观察的次数等。又如，一家百货商店在选址时，连续一周安排调研人员分别站在一条马路的两边，对过往的行人记数，最后确定了在流量多的一侧开店。

②痕迹观察法。痕迹观察法不是直接观察被调查对象的行为，而是观察被调查对象留下的实际痕迹。例如，某汽车经销商在4S店进行汽车修理业务时，为了了解在哪一个广播电台做广告的效果好，对开来修理的汽车，要做的第一件事就是派人看看汽车收音机是在哪个波段，从这里他们就可以了解到哪一个电台的听众最多，下一次就可以选择在这个电台做广告了。又如，为了搜集某种牛奶在某一区域的消费份额的数据，专门派人向捡拾垃圾者收购牛奶废弃包装，以确定本品牌牛奶的份额。使用此种方法要求必须能够留下消费者的痕迹。

③行为记录法。行为记录法就是通过录音、录像、照相、记录仪等仪器设备来进行观察的方法。例如，美国尼尔森公司就通过计算机系统，在全国各地1250个家庭的电视机里装上了电子监视器，每90秒钟扫描一次。每个家庭的电视机，只要收看3分钟以上的节目，就会被记录下来。这是使用行为记录法最典型的例子。另一种是请家庭做收看记录，每家都在什么时间看什么节目，每周统计一次，然后把统计表寄给调查单位，这也是行为记录搜集资料的方法。

（2）观察法的分类：

①按观察时间周期，可以分为连续性观察和非连续性观察。连续性观察是

指在比较长的一段时间内，对被观察对象连续作多次、反复的观察调查。连续性观察适用于对动态性事件的观察，可以定期进行，也可以不定期进行。而非连续性观察，只是在较短时期内的一次性观察调查，一般适用于对过程性、非动态性事件的观察。

②按观察所采取的方式，可以分为隐蔽性观察和非隐蔽性观察。隐蔽性观察是指被观察者在没有意识到自己正在受到观察的情况下进行的一切观察活动。非隐蔽性观察则相反，往往是被观察者了解市场调查的真正目的，知道自己处于被观察状态。一般说，市场观察既可以采取隐蔽性观察，也可以采取非隐蔽性观察，但前者获取的信息资料更加真实、客观。

③按调查者扮演的角色，可以分为参与性观察和非参与性观察。参与性观察是指调查者参加到被观察对象群体中并成为其中的一员，直接与被观察者发生关系以收集有关资料的一种调查方法。而非参与性观察是指调查者不改变身份，而是以局外人的身份从外围现场收集资料的一种调查方法。一般而言，非参与性观察必须事先制订周密的观察计划，严格规定观察内容和记录方式，如果没有明确的规定，非参与性观察很容易导致观察资料不完整。另外，非参与性观察往往需要配备一定的观测设备和记录设备，如录音笔、摄像机、记数仪器、记数表格、望远镜等，以尽量保障观察的隐蔽性，降低调查人员的记数负担，提高资料的可靠程度。

④从调查者对观察环境施加影响的程度，可以分为结构性观察和非结构性观察。结构性观察必须按照统一的计划、统一的观察内容、统一的要求和统一的手段进行观察调查，调研人员没有太大的自主权。与结构性观察法相反，非结构性观察则实行开放性政策，不预先制订计划，制作观察提纲或观察卡，只凭调查人员随看、随听、随记，简便操作，这种方法对调研人员的要求很高，只有受过良好训练的调研员才能胜任，但受客观发问限制，此种方法一般只适用于探索性观察。

（3）观察法的优点：

①直观、可靠。观察法能够比较客观地搜集第一手资料，直接记录调查的事实和被调查者在现场的行为，调查结果更接近于实际，数据真实可靠。

②排除干扰。观察法基本上是调查者单方面的活动，特别是非参与观察，

它一般不依赖语言交流，不与被调查者进行人际交往，因此有利于对无法、无需或无意进行语言交流的市场现象进行调查，有利于排除语言或人际交往中可能发生的种种误会和干扰。

(4) 观察法的缺点：

①深入、具体不足。观察法只能观察到正在发生的动作和现象，或已经发生但能留下痕迹的物品和现象，说明事实的发生，而不能说明发生的原因和动机。

②时间、费用较大。观察法常常需要大量观察人员到现场进行长时间的观察，而且记录观察还需购买设备，因此费用支出也较大。

③人员素质要求高。观察法要求调查者必须具备较高的业务水平和敏锐的洞察能力，能及时捕捉到所需资料，同时要具备良好的记忆力。

3. 访谈法

访谈法属于定性研究方法，主要包括焦点小组座谈会、深度访谈法、案例研究、投影法等。但在实践中都要尽量将定性分析与定量分析结合起来，以便得出尽可能客观的结论。

(1) 焦点小组座谈会。焦点小组座谈会是以会议的形式，就某个或某几个特定的主题进行集体讨论的集思广益的方法。在进行焦点小组座谈时，有几个问题值得注意：

第一，必须确定好主题。

第二，小组成员的选定。每个小组成员一般以5~10人为宜，每一组的小组成员大致处于同一层次。

第三，应组织多次座谈。一般一个主题应组织3~4次小组座谈，每次座谈的人员不应相同，以便保证每次座谈都有新的内容、新的发现和新的见解。

第四，进行有效的控制。这是焦点小组座谈会取得成功的关键因素之一。有效控制一般包括以下内容：鼓励与会者畅所欲言，尽量激发和保持其讨论热情；尽量防止讨论话题偏离主题；能将讨论主题平滑地过渡到新的话题，以防某一话题过多讨论占用太多时间而无法完成预定讨论计划；防止出现会堂上中心人物左右会堂的局面，避免“从众”现象的发生；另外，会议主持人良好的谈吐风格和优雅热情的举止也是会议取得成功的因素之一。

最后，分析评论讨论结果。对讨论结果进行系统性分析和总结性评价，既是对与会者讨论成绩的肯定，同时也便于形成进一步检验的假设，供下面一轮“循环”讨论。

（2）深度访谈。深度访谈包括自由交谈和半控制性访谈两类。前者对交谈内容没有控制，而后者则需要对每个问题的讨论时间和讨论内容加以控制。

自由式访谈一般适用于平级关系或工作时间弹性较大（机动时间较多）的被调查对象。在自由式访谈中，被调查者可以自由地发表意见或者回答问题，不受讨论时间的限制，也没有讨论提纲和制约，只要是和主题相关的内容，就可以畅所欲言。自由式访谈的目的在于从更深层次发掘主题内涵，捕捉深度信息。

半控制性访谈一般适用于工作很忙的被调查对象，如经理人员、工程专家等，半控制性访谈因其访谈对象的特殊性，决定了访谈内容的指向性。一般而言，半控制性访谈的内容多是最基本的市场情报。如果没有良好的人际沟通能力和公关能力，很难接近被访问对象，即使接近了被访问对象，也很难获得足够的信息资料。当然，由于半控制性访谈的“门槛”高，一旦访问成功，往往能获得一些不曾预料到的事实和信息。

二、二手资料的搜集方法

二手资料是因其他目的已经被收集好了的资料。这些资料的获得既快速又节约费用。其来源分为内部和外部两个方面，内部二手资料主要包括企业日常报表、记录、以前做的市场研究报告等。外部二手资料主要包括：政府出版物、商业出版物、商业资料、计算机数据库等。

1．二手资料的特性

（1）公众性。二手资料一般都来源于公开出版物、咨询公司市场研究报告，它从完成之时起，就是为社会公众服务的讯息，因此容易获得。

（2）全面客观性。由于二手资料具有公众性，其反映的数据必然较为客观地反映某一阶段、某一行业、某一产品的数据，因此有利于全面客观了解相关情况。

（3）经济性。由于二手资料获得渠道广泛，便于获取，可以重复利用，因此具有时间快、成本低、数据翔实的特性。

2. 搜集方法

二手资料的搜集方法取决于它的来源，因此，在进行二手资料搜集时，一定要把握来源，选择适当的搜集方法。

（1）图书资料搜集的方法。每家图书馆都对其藏书有一个编目卡片，这是在大多数图书馆进行图书资料查寻的出发点。目录系统一般是按科目、姓名分类。按科目分类可以使读者便捷地寻找到某个特定科目的信息，按姓名查找可以按照作者的拼音字母来寻找其著作。同时在图书馆中还有可供市场研究人员查阅资料的只读光盘、电子图书等，通过计算机索引搜索功能，可以准确地寻找到所需要的资料，为查询提供了更便捷的手段。

（2）期刊资料搜集的方法。大量的期刊和期刊中各种各样的文章，要求市场研究人员在搜集数据过程中，必须依赖索引去搜集合适的数据，这些索引可以到图书馆的参考数据中寻找。许多摘要提供了与索引相同的信息，越来越多的索引和摘要现在被录入到了只读光盘上的数据库中，在图书馆可以很方便地查询，同时也可以通过互联网获得索引和摘要。

（3）报纸资料搜集的方法。报纸承载着大量的信息，尤其在进行专业的营销调查中，专业报纸可以提供关于行业发展的历史、现状、竞争对手、技术发展、市场开拓等方面的动态性消息。另外，由于报纸发行周期，可以提供一个关于行业、市场比较全面的纵向发展信息，是进行市场研究的一个重要的二手资料载体。在搜集报纸资料时，可以到图书馆、相关行业情报资料室、相关报纸的网络版网站进行搜集。

（4）互联网资料搜集的方法。现代信息技术的飞速发展，使得互联网成为一个重要的信息来源。大量的门户网站、搜索引擎网站、专业网站、行业网站、企业网站、个人网站以及博客的存在，是互联网成为一个主要的信息获取渠道。目前主要互联网门户网站有搜狐、新浪、网易、QQ. com 等。这些网站既有搜索功能，也有信息功能，属于为社会提供广泛服务的综合性网站；主要搜索引擎网站有百度、google（谷歌）、雅虎、3721 等，主要提供信息查询的搜索功能。

（5）普查资料的搜集方法。普查资料是数据庞大的二手资料，由于组织普查往往是政府和行业类的非政府组织的行为，所以普查数据的全面性、权威性和真实性是毋庸置疑的。来自普查的信息和数量简直就是天文数字，很难细细描述，它可以在进行市场研究时，帮助研究人员获得某个区域或某类个体的相关数据。普查资料的获得渠道主要是图书馆、综合书店、专业书店、互联网以及组织普查的机构等。

（6）专业研究报告资料的搜集方法。专业研究报告是由专业进行市场研究的商业机构，以专业或专题的方式对市场进行调查、分析后所形成的书面报告，它最大的特点不是为某一个客户的某一个特定的问题服务，而是为需要此类信息的广大客户需求而搜集整理的，这些数据一般比较客观中立，不受个别企业的影响，因此具有普遍适用性，客户既可以直接运用其分析结论，也可以从中选择适合自己研究角度的数据。如某行业发展研究报告的数据，既可以为行业发展战略服务，也可以为某种品牌的营销策划服务。专业研究报告资料可以在专业书店购买，也可以联系市场研究商业机构购买，还可以通过网络进行预定。

三、资料整理

资料整理工作是商务策划市场调研工作的第二个步骤，资料整理工作的核心是将搜集取得的原始数据、图文资料进行科学分类与汇总，使其条理化、系统化，成为能够反映策划项目总体特征及其发展变化情况的综合性资料。整理工作主要有资料的接收和编辑、资料的编码和录入、资料数据的统计预处理、资料整理任务书的制定、数据的表现等。

1. 资料的接收与保管

调查数据的整理计划应该在商务策划市场研究设计阶段已经制订好，但真正着手资料整理是从仍在实施的现场中回收的第一份问卷开始的。调查资料（或完成的问卷）接收工作流程如下：

设计一套资料整理工作流程来处理原始文件，对于确保资料整理工作有序进行具有非常重要的作用。具体流程如下：

（1）验收：对接手的资料进行完整性和数量的验收。这是确保文件接收责任的重要环节，如果不进行详细的验收，而是按批接收，一旦资料内容短缺，很难分清责任。

（2）登记：对验收后的资料排出序号，记录收文日期和交付人的姓名。有经验的研究者发现，按顺序号码来记录所有接收的问卷是十分有用的。这些唯一的号码不但记录在原始文件上，也同时记录在数据中。因此，如有必要进行查找问题时，研究者可以随时找到原始的资料。这些原始文件的识别号码可以手写，也可以用打号机。重要的是不能出现重复编号。

（3）保管与使用：资料要妥善保管，避免污损、火灾，同时要建立一套系统的使用登记制度，以明确原始文件的使用者、使用权限、使用时间、完好程度、交回时间和数量、质量状况等。如果事后发现任何问题或错误，应能分清责任。在数据整理的全过程中，花费时间和精力来坚持做这样的登记工作是十分值得的。

2. 资料的审查

资料的审查一般是指对回收问卷的完整性和访问质量审查工作的总称。目的是要确定哪些问卷可以接受，哪些问卷要作废。这些检查常常在调研进行的过程中就已经开始。如果调研是委托某个数据收集机构去做的，那么研究者在实施工作结束后还要进行独立的审查。其要点是：

（1）制定若干规则，使检查人员明确问卷完整到什么程度才可以接受。例如，至少要完成多少，哪一部分是应该全部完成的，哪些缺失数据是可以容忍的，等等。

（2）对于每份看似完成了的问卷都必须彻底地审查，要检查每一页和每一部分，以确认调查员（被访者）是按照指导语进行了访问（回答）并将答案记录在了恰当的位置上。

（3）一般不能接受的问卷

①所回收的问卷明显不完整，如缺页或多页；

②问卷从整体上回答不完全；

③问卷的几个部分回答不完全；

④问卷只有开头的部分回答完全；

⑤回答的模式说明调查员（被访者）并没有理解或遵循访问（回答）指南，如没有按要求跳答等；

⑥答案几乎没有什么变化，如在用5级量表测量的一系列问答题中，只选了答案3，等等；

⑦问卷是在事先规定的截止日期以后回收的；

⑧问卷是由不合要求的被访者回答的。

一般情况下会有一些检查人员难于判断的问卷，对这些问卷可暂时搁置，通过研究人员检查来决定取舍。因此，通常最好建议检查人员将原始文件（问卷）分成三部分：

- 可以接受的；
- 应当作废的；
- 对是否接受有疑问的。

3. 资料的校订

（1）检查不满意的答案。为了增加准确性，对那些初步接收的问卷还要进一步地检查和校订。校订的工作通常包括检查问卷，问卷答案中有下列情况之一的，可以根据实际情况作出适当的处理：

- 字迹模糊的；
- 回答不完全的；
- 前后不一致的；
- 模棱两可的；
- 分叉错误的。

（2）处理少量答案不满意的问卷。通常有三种处理办法：

①退回实施现场去获取较为满意的数据。把有不满意答案的问卷退回实施现场，让调查员再次去接触被访者。在商业性的市场调查中，有时候样本量是比较小的，而且被访者是比较容易识别的。不过由于访问时间和所采用的方法的变化，第二次得到的数据和第一次的可能会有些差别。

②按缺失值处理。如果将问卷退回实施现场的做法无法实现，校订人员可能就要把不满意答案问卷按缺失数据来处理。在满足以下条件的前提下，这种方法是可行的：

- 有不满意答案的问卷（被访者）的数量很小；
- 每份有这种情况的问卷中，不满意的答案的比例很小；
- 有不满意答案的变量不是关键的变量。

③整个问卷（或被访者）作废。最后一个方法就是简单地将有不满意答案

的问卷按作废处理。按作废处理问卷要综合考虑如下要素：

- 不满意的问卷（被访者）的比例很小（小于10%）；
- 样本量很大；
- 不满意的问卷（被访者）和满意的问卷（被访者）之间没有明显的差别（例如，人口背景资料，产品适用特征，等等）；
- 每份不满意的问卷中，不满意答案的比例很大；
- 关键变量的答案是缺失的。

不过，不满意的问卷（被访者）与满意的问卷之间一般都会有差异，而且将某份问卷（某个被访者）指定为不满意的问卷也可能是主观的。按缺失值处理或将整个问卷作废，都可能会使数据产生偏差。如果研究者决定对不满意的问卷进行作废处理，应该向项目策划单位报告识别这些问卷（被访者）的方法和作废的数量。

四、资料分析

资料分析是市场研究工作中非常重要的一环，没有分析，搜集和整理的资料就只能是一些原材料，相当于一堆化验数据，无法发挥应有的作用。市场调研资料分析不同于一般的分析，即不能单纯依靠经验、直觉来进行，而要借助一些分析工具，采用定性与定量相结合的分析方法。

1. 工具分析法

市场调研常用的分析工具方法主要有：SWOT 分析法、波士顿矩阵法、PEST 法、五力模型分析法、鱼骨图法等。这里重点介绍 SWOT 分析法和五力模型分析法。

（1）SWOT 分析法。SWOT 分析法又称为态势分析法，常用来作为企业内、外部条件的分析方法，即根据企业自身的既定内在条件进行分析，找出企业的优势、劣势及核心竞争力之所在。其中，S 代表 strength（优势），W 代表 weakness（弱势），O 代表 opportunity（机会），T 代表 threat（威胁）。S、W 是内部因素，O、T 是外部因素。其含义见表 11－1。

SWOT 分析实际上是将对企业内、外部条件各方面内容进行综合和概括，进而分析企业的优、劣势，面临的机会和威胁的一种方法。其中，优、劣势分析主要是着眼于企业自身的实力及其与竞争对手的比较，而机会和威胁分析将注意力放在外部环境的变化及对企业的可能影响上。但是，外部环境的同一变化给具有不同资源和能力的企业带来的机会与威胁却可能完全不同，因此，两者之间又有紧密的联系。

SWOT 分析实际上是企业外部环境分析和企业内部要素分析的组合分析。因此，企业外部环境评价矩阵和内部要素评价矩阵构成了 SWOT 分析的方法基础。

表 11－1　　SWOT 示意图

纵向 / 横向	有利方面	不利方面
企业内部条件	优势 Strengths	劣势 Weakness
企业外部环境	机会 Opportunities	威胁 Threats

①优势与劣势分析（SW）。竞争优势是指一个企业超越其竞争对手、实现企业目标的能力，企业的主要目标包括盈利、增长、市场份额等。因此，企业的竞争优势并不一定完全体现在较高的盈利率上，有时企业更希望保持增长速度、增加市场份额，或者稳定雇员等。当两个企业处在同一市场或者说它们都有能力向同一顾客群体提供产品和服务时，如果其中一个企业有更高的盈利率、更快的增长速度或更高的市场份额，则企业比另外一个企业更具有竞争优势。

竞争优势可以是一个企业或它的产品有别于其竞争对手的任何优越的东西，它可以是产品质量、可靠性、适用性、风格和形象以及服务的及时、态度的热情等。虽然竞争优势实际上指的是一个企业比其竞争对手有较强的综合优势，但是明确企业究竟在哪一个方面具有优势更有意义。因为只有这样，才可以扬长避短。由于企业是一个整体，并且由于竞争优势来源广泛，所以，在做优劣势分析时必须从整个价值链的每个环节上，将企业与竞争对手做详细的对比。如产品是否新颖，制造工艺是否先进，销售渠道是否畅通，以及价格是否具有竞争力等。如果一个企业在某一方面或几个方面的优势正是该行业企业应具备的关键成功要素，该企业的综合竞争优势就强。

影响企业竞争优势的持续时间，主要的是三个关键因素：建立这种优势要多长时间？能够获得的优势有多大？竞争对手做出有力反应需要多长时间？只有分析清楚了这三个因素，企业才能明确建立和维持竞争优势。

企业的优势和劣势可以通过企业内部因素来进行评价，相对竞争对手，企业的内部因素可以表现在研发能力、资金实力、生产设备、工艺水平、产品性能和质量、销售网络、管理能力等方面。可以采用企业内部因素评价矩阵（IFE，Internal Factor Evaluation Matrix），通过加权计算，定量分析企业的优劣势，如表 11－2 所示。

表 11－2　　某企业内部因素评价矩阵

	关键内部因素	权重	得分（－5～＋5）	加权数
优势	研发能力强大	0.20	4	0.80
	产品性能和质量处于行业中游	0.15	0	0
	销售网络完善	0.20	4	0.80
	管理能力强	0.15	4	0.60
	小计			2.20
劣势	资金紧张	0.10	－3	－0.30
	生产设备落后	0.10	－2	－0.20
	工艺水平不高	0.10	－3	－0.30
小计	综合			－0.80
	合计	1.00		1.40

②机会与威胁分析（OT）。机会与威胁分析主要着眼于企业外部环境带来的机会和威胁。外部环境发展趋势分为两大类：一类表示环境威胁，另一类表示环境机会。

环境威胁指的是环境中不利的发展趋势所形成的挑战，如果不采取果断的战略行为，这种不利趋势将导致公司的竞争地位受到削弱。企业外部的不利因素包括：新产品替代、销售商拖延结款、竞争对手结盟、市场成长放缓、供应商讨价还价能力增强以及突发因素导致的经济衰退（如 2008 年美国的金融海啸）等，影响企业目前的竞争地位。

环境机会是指企业面临的外部环境中对企业发展有利的因素，是对公司行为富有吸引力的领域，在这一领域中发展壮大的企业将拥有竞争优势。外部机会如政策支持、技术进步、供应商良好关系、银行信贷支持等。

机会与威胁分析可以采用企业外部评价矩阵，如表 11－3 所示。

表 11－3　　某企业外部因素评价表

	关键外部因素	权重	得分（－5～+5）	加权数
机会	政策扶持	0.25	4	1.00
	技术进步	0.15	3	0.45
	金融信贷宽松	0.10	3	0.30
	小 计			1.75
威胁	新替代产品出现	0.15	－2	－0.30
	竞争对手结盟	0.10	－4	－0.40
	市场成长放缓	0.15	－4	－0.60
	供应商减少	0.10	－3	－0.30
	小　计			－1.60
综　合	合　计	1.00		0.15

③企业战略选择。根据企业优势劣势分析和机会威胁分析，可以画出 SWOT 分析图，并据此制定企业相应所需采取的策略，如图 11－1 所示。

SWOT 分析图划分为四个象限，根据企业所有的不同位置，应采取不同的战略。SWOT 分析图提供了 4 种战略选择。在右上角的企业拥有强大的内部优势和众多的机会，企业应采取增加投资、扩大生产、提高生产占有率的增长性战略。在右下角的企业尽管具有较大的内部优势，但必须面临严峻的外部挑战，应利用企业自身优势，开展多元化经营，避免或降低外部威胁的打击，分散风险，寻找新的发展机会。处于左上角的企业，面临外部机会，但自身内部缺乏条件，应采取扭转性战略，改变企业内部的不利条件。处于左下角的企业既面临外部威胁，自身条件也存在问题，应采取防御性战略，避开威胁，消除劣势。

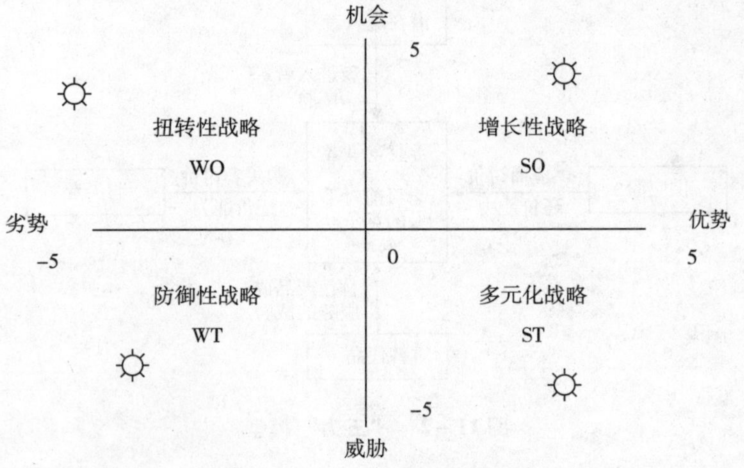

图 11-1　企业 SWOT 分析图

（2）五力模型分析法

"五力"模型是著名竞争战略专家迈克尔·波特教授于 20 世纪 80 年代初提出，对企业战略制定产生了全球性的深远影响。用于竞争战略的分析，可以有效地分析客户的竞争环境。五力分别是：供应商的讨价还价能力、购买者的讨价还价能力、潜在竞争者进入的能力、替代品的替代能力、行业内竞争者现在的竞争能力。五力模型将大量不同的因素汇集在一个简便的模型中，以此分析一个行业的基本竞争态势。五力模型确定了竞争的五种主要来源，即供应商和购买者的讨价还价能力，潜在进入者的威胁，替代品的威胁，以及最后一点，来自目前在同一行业的公司间的竞争。一种可行战略的提出首先应该包括确认并评价这五种力量，不同力量的特性和重要性因行业和公司的不同而变化，如图 11-2 所示。

①供应商的讨价还价能力 。供方主要通过其提高投入要素价格与降低单位价值质量的能力来影响行业中现有企业的盈利能力与产品竞争力。供方力量的强弱主要取决于他们所提供给买主的是什么投入要素，当供方所提供的投入要素其价值构成了买主产品总成本的较大比例、对买主产品生产过程非常重要或者严重影响买主产品的质量时，供方对于买主的潜在讨价还价力量就大大增强。一般来说，满足如下条件的供方集团会具有比较强大的讨价还价力量：

供方行业为一些具有比较稳固市场地位而不受市场剧烈竞争困扰的企业所控制，其产品的买主很多，以至于每一单个买主都不可能成为供方的重要客户。

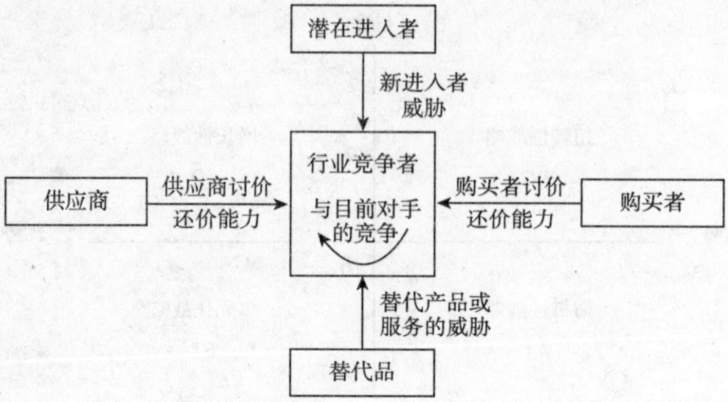

图 11－2 “五力”模型

供方各企业的产品各具有一定特色，以至于买主难以转换或转换成本太高，或者很难找到可与供方企业产品相竞争的替代品。

供方能够方便地实行前向联合或一体化，而买主难以进行后向联合或一体化。

②购买者的讨价还价能力。购买者主要通过其压价与要求提供较高的产品或服务质量的能力，来影响行业中现有企业的盈利能力。一般来说，满足如下条件的购买者可能具有较强的讨价还价力量：

- 购买者的总数较少，而每个购买者的购买量较大，占了卖方销售量的很大比例。
- 卖方行业由大量相对来说规模较小的企业所组成。
- 购买者所购买的基本上是一种标准化产品，同时向多个卖主购买产品在经济上也完全可行。
- 购买者有能力实现后向一体化，而卖主不可能前向一体化。

③新进入者的威胁。新进入者在给行业带来新生产能力、新资源的同时，将希望在已被现有企业瓜分完毕的市场中赢得一席之地，这就有可能会与现有企业发生原材料与市场份额的竞争，最终导致行业中现有企业盈利水平降低，严重的话还有可能危及这些企业的生存。竞争性进入威胁的严重程度取决于两方面的因素，这就是进入新领域的障碍大小与预期现有企业对于进入者的反应情况。

进入障碍主要包括规模经济、产品差异、资本需要、转换成本、销售渠道开拓、政府行为与政策（如国家综合平衡统一建设的石化企业）、不受规模支配的成本劣势（如商业秘密、产供销关系、学习与经验曲线效应等）、自然资源（如冶金业对矿产的拥有）、地理环境（如造船厂只能建在海滨城市）等方面，这其中有些障碍是很难借助复制或仿造的方式来突破的。预期现有企业对进入者的反应情况，主要是采取报复行动的可能性大小，则取决于有关厂商的财力情况、报复记录、固定资产规模、行业增长速度等。总之，新企业进入一个行业的可能性大小，取决于进入者主观估计进入所能带来的潜在利益、所需花费的代价与所要承担的风险这三者的相对大小情况。

④替代品的威胁。两个处于不同行业中的企业，可能会由于所生产的产品是互为替代品，从而在它们之间产生相互竞争行为，这种源自于替代品的竞争会以各种形式影响行业中现有企业的竞争战略。首先，现有企业产品售价以及获利潜力的提高，将由于存在着能被用户方便接受的替代品而受到限制；第二，由于替代品生产者的侵入，使得现有企业必须提高产品质量、或者通过降低成本来降低售价、或者使其产品具有特色，否则其销量与利润增长的目标就有可能受挫；第三，源自替代品生产者的竞争强度，受产品买主转换成本高低的影响。总之，替代品价格越低、质量越好、用户转换成本越低，其所能产生的竞争压力就强；而这种来自替代品生产者的竞争压力的强度，可以具体通过考察替代品销售增长率、替代品厂家生产能力与盈利扩张情况来加以描述。

⑤行业内现有竞争者的竞争。大部分行业中的企业，相互之间的利益都是紧密联系在一起的，作为企业整体战略一部分的各企业竞争战略，其目标都在于使得自己的企业获得相对于竞争对手的优势，所以，在实施中就必然会产生冲突与对抗现象，这些冲突与对抗就构成了现有企业之间的竞争。现有企业之间的竞争常常表现在产品价格、广告、购买渠道、售后服务等方面，其竞争强度与许多因素有关。

一般来说，出现下述情况将意味着行业中现有企业之间竞争的加剧，这就是：行业进入障碍较低，势均力敌竞争对手较多，竞争参与者范围广泛；市场趋于成熟，产品需求增长缓慢；竞争者企图采用降价等手段促销；竞争者提供几乎相同的产品或服务，用户转换成本很低；一个战略行动如果取得成功，其收入相当可观；行业外部实力强大的公司在接收了行业中实力薄弱企业后，发起进攻性行动，结果使得刚被接收的企业成为市场的主要竞争者；退出障碍较高，即退出竞争要比继续参与竞争代价更高。在这里，退出障碍主要受经济、战略、感情以及社会政治关系等方面考虑的影响，具体包括：资产的专用性、退出的固定费用、战略上的相互牵制、情绪上的难以接受、政府和社会的各种限制等。

行业中的每一个企业或多或少都必须应付以上各种力量构成的威胁，而且客户必须面对行业中的每一个竞争者的举动。除非认为正面交锋有必要而且有益处，例如要求得到很大的市场份额，否则客户可以通过设置进入壁垒，包括差异化和转换成本来保护自己。当一个客户确定了其优势和劣势时（参见SWOT分析），客户必须进行定位，以便因势利导，而不是被预料到的环境因素变化所损害，如产品生命周期、行业增长速度等，然后保护自己并做好准备，以有效地对其他企业的举动做出反应。

根据上面对于五种竞争力量的讨论，企业可以采取尽可能地将自身的经营与竞争力量隔绝开来、努力从自身利益需要出发影响行业竞争规则、先占领有利的市场地位再发起进攻性竞争行动等手段来对付这五种竞争力量，以增强自己的市场地位与竞争实力。

在实际运用中，五力分析模型一直存在许多争论。目前较为一致的看法是：该模型更多是一种理论思考工具，而非可以实际操作的战略工具。

波特的竞争力模型的意义在于，五种竞争力量的抗争中蕴涵着三类成功的战略思想，即中外企业界熟知的总成本领先战略、差异化战略。

2. 数理分析法

对所搜集和整理的信息数据运用常规统计分析技术和交叉列表分析技术的方法来进行分析。常规统计分析方法包括：频数分布分析、集中趋势的计量、离散程度的计量。

（1）频数分布分析。在统计分组的基础上，将总体所有的单位进行分组并计算各组的单位数，称为频数分布，或称为次数分布。

分组可以采用两种方法：一种是按属性分组，另一种是按数量分组。

按属性分组比较简单，如某企业职工按照性别分组，即分为男女两组；将职工按学历分组，可分为：初中以下、初中、高中、大专、大本、硕士、博士。如果有必要，还可以单独设立一组“其他”。

按数量分组则需考虑组距，也就是每一组的界限，表现为“从……到……”

的距离，各组的组距可以相等，也可以不等。具体操作时常见的方式有两种：一是间断组距分组法，这种方法要求某一组的上限小于下一组的下限，或者说某一组的最大值小于下一组的最小值，如职工按年龄分组，分为：25岁及以下，26～35岁，36～45岁，46～55岁，56岁及以上；二是连续组距分组法，这种方法要求用同一数值作为相邻的两组的共同界限，如将职工按照工资分组，分为：1600元以下，1600～2500元，2500～4000元，4000～6000元，6000以上，按照这种分组方法，如果某个工人的工资恰好是4000元，按照“上限不在内”原则，应将他归入4000～6000元这一组，而不应归入2500～4000元组。

无论采用哪一种分组方法，都必须确保总体中任何一个单位都有组可归，也要确保组与组之间没有相互重叠的部分。

进行频数分析之前，需要区分两个概念：频数和频率。

频数又称次数，是指每一组里面的单位的个数，常用 n_i 表示，即第一组的频率就表示为 n_1，第二组的频率就是 n_2，以此类推。总体单位总数就是各组频数的和，常用 n 表示，$n = n_1 + n_2 + \cdots$。

频率是指各组频数与总体单位总数之比，常用 f_i 表示。计算公式为：某一组频率 = 这一组的频数/总体单位总数，用字母表示为 $f_i = n_i/n$。

例：根据抽样调查，×月×市20户居民购买消费品支出情况如下（单位：元）：

830　1050　1180　1410　940　1380　1250　1200　1620　1070

1100　1030　870　1150　1170　1230　1260　1380　1510　930

请对上述数据进行频数分布分析。

按照数量进行分组，采用连续组距分组法，列表如下：

按户月消费品支出额分组	频数	频率	计算过程
1000以下	4	20%	4/20 = 20%
1000～1200	7	35%	7/20 = 35%
1200～1400	6	30%	6/20 = 30%
1400以上	3	15%	3/20 = 15%
合计	20	100%	

通过频数分布分析，就能了解目标群体的大致特征，可以进行初步的市场定位，又为进一步分析奠定了基础。

（2）集中趋势的计量。集中趋势也就是总体中所有数据的平均水平，常用平均数来反映。计算方法有简单平均数和加权平均数两种。

简单平均数组要用于未分组的原始资料，或者数据比较少的时候，计算结果比较精确。其计算公式为：平均数 = 所有数据的和/总体单位个数，用字母表示为 $x = (x_1 + x_2 + \cdots + x_n)/n$。如上面的例子，简单平均数 = (830 + 1050 + 1180 + … + 930)/20 = 23560/20 = 1178。

加权平均数适用于原始资料已经分组，并且已经求出频数分布的资料。计算时需要用组中值作为一组的代表，某一组的组中值 = 该组下限 + (该组上限 − 该组下限)/2，或者 = 该组上限 − (该组上限 − 该组下限)/2，如前例第二组组中值 = 1000 + (1200 − 1000)/2 = 1100；如果分组时第一组采用"……以下"，第一组组中值 = 第一组上限 − (第二组上限 − 第二组下限)/2，如前例，第一组组中值 = 1000 − (1200 − 1000)/2 = 900；同理，如果最后一组采用"……以下"，最后一组组中值 = 最后一组下限 + (前一组上限 − 前一组下限)/2。加权平均数的计算要用各组组中值乘以各组频数，然后将这些乘积加起来，再除以总体单位总数，计算结果不如简单算术平均数精确，但是计算过程比较简单。如前例，加权平均数 = (900 × 4 + 1100 × 7 + 1300 × 6 + 1500 × 3)/20 = 1180。

（3）离散程度的计量。集中趋势（平均数）的计算，让我们对目标总体有了一些了解，那么，如果一个总体平均数已知，是否说明总体中每个数值都等于平均数呢？另外，如果两个总体的平均数相同，是否能够说明这两个总体是没有差异的呢？

我们通过一个例子来探讨：

甲、乙两公司200×年各季度利润如下：

收入（单位：百万）/公司名称	第一季度	第二季度	第三季度	第四季度
甲公司	200	200	200	200
乙公司	600	50	50	100

计算平均数得：

甲公司利润平均数 = (200 + 200 + 200 + 200)/4 = 200

乙公司利润平均数 = (600 + 50 + 50 + 100)/4 = 200

首先来回答第一个问题：甲公司各月利润都等于平均数，而乙公司各月利润不完全相等，而且都不等于平均数，所以说第一个问题的答案是否定的。

在来探讨第二个问题：虽然平均数是相同的，可是，我们能够很明显地从表格中看出，这两个公司各个季度的利润是有区别的。然而平均数却无法将这个差异反映出来。也就是说：平均数相同的各个总体并不一定相同。

那么，我们应该如何解决这个问题呢？在此，引入离散程度，以反映总体内部的差异。常用的离散程度指标是方差和标准差。

方差是总体所有单位标志值与总体平均数的差的平方的平均数。常用 σ^2 表示。公式如下：

$$\sigma^2 = [(x_1 - x)^2 + (x_2 - x)^2 + \cdots + (x_n - x)^2]/n$$

$$\text{或者} = [f_1(x_1 - x)^2 + f_2(x_2 - x)^2 + \cdots + f_n(x_n - x)^2]$$

方差的算术平方根就是标准差，常用 σ 表示。

方差或标准差数值越大，说明总体内部差异越大。一般计算出方差或标准差中的任意一个就可以说明问题。

于是上面的两个问题可以得到解决。

上面的例子中：

$$\text{甲公司利润方差} = [(200 - 200)^2 + (200 - 200)^2 + (200 - 200)^2 + (200 - 200)^2]/4 = 0$$

甲公司利润标准差 = 0

$$\text{乙公司利润方差} = [(600 - 200)^2 + (50 - 200)^2 + (50 - 200)^2 + (100 - 200)^2]/4 = 53750$$

乙公司利润标准差 = 231.84

由此，我们知道：甲公司的各季度利润差异为0，各个季度利润与平均数一样，而乙公司的各个季度利润差异表现为方差是53750，标准差是231.84，与平均数差异较大。

同样，我们可以知道，虽然两个公司利润平均数相同，而方差、标准差不同，所以，这两个公司也是有差异的。

方差和标准差常与平均数共同使用，其用途非常广泛。

例：某公司面临以下两个投资项目，项目 A 有 50% 的可能收入 1000 万元，50% 的可能收入为 0；项目 B 则确定能够得到 400 万元收入。这时该如何做出投资决策呢？

项目 A 的收入平均数 $=50\%\times1000+50\%\times0=500$（万元）

项目 B 的收入平均数 $=400$（万元）

项目 A 的方差 $=[50\%\times(1000-500)^2+50\%\times(0-500)^2]=250000$

项目 B 的方差 $=100\%\times(400-400)^2=0$

此时方差反映的是风险，也就是说：方差越大，风险就越大。由以上计算可知：虽然项目 A 的收入平均数比项目 B 高，但是项目 A 的风险也比项目 B 大。如果在项目 A 和 B 之中只允许选择一个，倾向于稳妥的投资者将选择风险小的、收益虽少但有保障的项目 B，而勇于冒险的投资者将选择可能获得高收益但是有一定风险的项目 A。

（注：数理分析的方法还有很多，欲详细了解可以阅读统计学方面的专著。）

3. 经验分析法

依靠专业人士多年积累起来的知识、经验、信息和分析判断能力对所搜集的资料，运用科学的逻辑思维和一定的数学手段进行分析。

人的经验一般有专业经验、行业经验、生活经验三种类型。

（1）专业经验。专业经验是指人在学习和从事专业工作过程中获得的各种知识和技能。从事管理工作多年，就获得了丰富的管理工作经验；从事会计工作多年，就获得了丰富的财务工作经验；从事策划工作多年，就会获得丰富的策划经验。有些专业经验丰富的人在分析问题时，比研究人士的数据研究要快得多，因为他们已经把一般的经验上升到把握了事物规律的程度，因此具有一定的速度和准确性。比如，老司机一听发动机声音，就知道机器有无毛病，老会计看看单位的财务报表，就知道单位经营的状况。有经验的商人，能够发现别人难以看到的市场机会。李嘉诚在谈到自己成功经商的经验时说，我只是在别人抛股票的时候买股票，在别人买地产的时候抛地产。其实这就是经验。进行商务策划时，有时我们准备了很多数据，却很难得出分析结论，而有专业经验的商务策划师却能在短时间的谈话和观察后，迅速得出分析结论，这些都是专业经验在分析问题时发挥了作用。

（2）行业经验。行业经验是指人在学习和从事行业工作过程中获得的各种知识和技能。一个人在某个行业从事专业的过程中，不仅能积累专业经验，而且还能积累丰富的行业经验。如同样是会计，一个从事银行业，一个从事房地产业，他们所获得的行业经验是不同的。同样从事管理工作，在学校从事管理工作和在食品加工企业获得的行业经验是不同的。在商务策划中，分析问题既要进行工具分析、数理分析，也要重视从事本行业策划经验丰富的专家的意见，这样有利于检验分析的正确性和缩短分析问题的时间。

（3）生活经验。生活经验是指人在生活过程中获得的各种生活相关的知识和技能。生活经验是每一个人在社会生活和家庭生活中获得的，是与自然、人际交往过程中不断发现蕴涵在生活现象背后的规律，并使之成为一种指导自己分析问题的方法。如家庭主妇一般都积累了丰富的生活经验，商务策划师在进行生活类产品策划时，可以邀请具有丰富生活经验的家庭主妇来进行分析，这样就能够获得准确的结论。雀巢咖啡为了在华语国家拓展市场，他们曾选择十多位男士来录制“味道好极了”的广告语，然后邀请近百位家庭主妇来投票，大部分主妇一致选择了她们认为最具有磁性的男声，结果广告播出后，迅速在家庭主妇中产生了巨大的反响，雀巢咖啡也迅速打开了华语国家市场。因此，生活经验对分析策划问题，也具有不可替代的作用。

第三节 市场调研报告编写

市场调研报告是商务策划市场研究工作整体工作的成果性体现，也是从事商务策划人员必备的基本能力，只有掌握商务策划原理和研究报告的写作规律，才能高质量地完成商务策划市场调研工作。

市场调研报告是商务策划调查人员对策划问题进行深入细致的资料搜集工作和资料整理工作后，通过运用定性和定量方法对资料分析研究而形成的一种文本性报告，它既是商务策划案的一部分，也可以独立成篇，作为向商务策划专家汇报的材料和企业决策层或管理层了解企业与市场关系的依据。

一、调研报告写作要求

撰写一份质量较高的商务策划市场调研报告，必须了解其特点，在把握整体策划的前提下，进一步掌握整个市场调研报告的撰写步骤、报告的结构和撰写方法。具体要求如下：

1．实事求是

市场调研报告作为商务策划的阶段性成果，最基本的特点就是尊重客观实际，用事实说话。只有深入调查研究，力求弄清事实，摸清原因，才能真实反映事物的本来面目。但真正做到实事求是是不容易的，原因在于：

第一，数字不容易搞准确；

第二，人的认识能力有局限性，因而准确地判断不是轻而易举的事情；

第三，少数人弄虚作假，虚报瞒报，为准确地反映客观事物带来困难。

2．符合经济规律及有关政策的规定

经济活动有其特有的规律性。因此，要掌握市场规律的变化，研究其变化的原因，加深对市场规律的认识。同时，要密切注意各个时期国家有关方针政策的变化，结合调查目的，深入分析研究，保证市场调查报告更加真实、准确。

3．观点与数据要结合运用

调研报告的独特风格就是以调查资料为依据，而资料中数据资料显得尤为重要，数据资料具有很强的概括力和表现力。用数据证明事实的真相往往比长篇大论更能使人信服。在市场研究中，常常会碰到一些问题、观点，用很多叙述都难以表达清楚，而用一个数字、一个百分比，往往使事物的全貌一目了然。但运用数据要适当，数字过少不能说明问题，使调查报告空洞无物，失去特色；过多地堆砌数字又太繁琐，反而使人眼花缭乱，不得要领。所以，要恰当地运用调查数据。

一篇好的调研报告，必须有数字、有情况、有分析，既要用资料说明观点，又要用观点统率资料，二者应紧密结合、相互统一。通过定性分析与定量分析的有效结合，达到透过现象看本质的目的。

此外，调研报告还必须做到主题突出、结构严谨、条理清楚、文字简洁。同时，尽量用表格、图表、照片或其他可视物品来补充正文中关键的信息。直观可视的图表等对帮助报告撰写人和读者之间进行交流很有好处，也可以增强报告的明了程度和效果。

二、调研报告写作步骤

1. 构思

调研报告的构思过程主要是通过收集到的资料，认识客观事物，经过判断推理，确立主题思想，在此基础上，确立观点，列出论点、论据，安排文章层次结构，编写详细提纲。构思是根据思维运动的基本规律，从感性认识上升到理性认识的过程。整个构思过程要符合策划思维的过程，即搜集、整理、判断、创新。在调研报告中，重点是搜集、整理、判断三个过程，它主要包括四个阶段：

（1）深入认识客观事物。通过对收集到的资料运用合理归类、有序排列、有意重组的手段，进一步深入认识客观事物，使杂乱无序、一团乱麻的原始数据和背景资料，呈现出策划项目客观规律性的面貌，在此基础上，深入研究客观事物，得出客观事物的一般规律性认识。

（2）确定分析工具。在认识客观事物的基础上，在头脑中运用多种分析方法，对数据资料进行简单的定性与定量的分析，进而确定选择何种分析工具和方法，对数据资料进行分析。

（3）确立观点，得出结论或建议。要充分发挥人的主观能动性，对收集到的大量资料，再一次经过分析研究，逐步消化、吸收，形成观点，再通过判断、推理等思维手段，把感性认识提高到理性认识。然后列出论点、论据，得出初步结论或建议。为策划创新思路的产生奠定基础。

在做出结论时，应注意以下几个问题：

①一切有关实际情况及调查资料是否都考虑了；

②是否有足够的事实来说明相反的结论；

③立场是否公正客观，前后一致。

（4）安排文章层次结构。在完成上述几步后，构思基本上就有个框架了。

在此基础上，考虑文章正文的大致结构与内容，安排文章层次段落。一般分为三个层次，即市场现状、现状分析、结论或建议。

2. 选材

选材，就是要围绕主题研究和选取数据资料。有无丰富的、准确的数据资料做基础，是撰写调研报告成败的关键。调研报告的撰写必须根据数据资料进行分析，介绍情况要有数据做依据；反映问题要用数据做定量分析；提出结论同样要用数据来论证其可行性与效益。恰当选材可以使调研报告主题突出、观点明确、论证有力。

在开始进行市场调查、收集资料过程中，思想上还没有形成任何固定的观点，因此收集到的大量调查数据资料，不都是切中主题、能准确反映事物本质特征的典型材料。必须对所收集的数据资料，进行去粗取精、去伪存真、由此及彼、由表及里的分析研究，加工判断，才能挑选出符合选题需要、最能够反映事物本质特征，作为论据的准确资料。

选取数据资料后，还要运用得法，运用资料的过程就是一个用资料说明观点、揭示主题的过程，在写作时，要努力做到用资料说明观点，用观点论证主题，详略得当，主次分明，使观点与数据资料协调统一，以便更好地突出主题。

3. 初稿

根据写作提纲的要求，由单独一人或数人分工负责撰写初稿。初稿各部分的写作格式、文字数量、图表和数据要协调，统一控制。初稿完成后，就要对其进行修改，先看各部分内容和主题的连贯性，有无修改和增减，顺序安排是否得当，然后整理成文，提交审阅。

4. 定稿

写出初稿，征得各方意见进行修改后，就可以定稿。定稿阶段，一定要坚持公正客观、服从真理、不屈服于权力和金钱的态度，使最终报告较完善、较准确地反映企业自身和市场的客观规律。

三、调研报告基本格式

调研报告的基本格式一般是由三大部分构成：浏览要素、正文要素及附件要素等。

1. 浏览要素

浏览要素是市场调研报告的窗口，包括封面与标题、目录、报告概要等。要精心设计，简洁明了，为阅读者提高阅读效率、统揽调研报告提供便利。

（1）封面与标题。封面与标题是市场调研报告的视觉第一要素，因此要对封面的版面和字体精心设计，要把它作为展示项目特征、策划研究单位形象的媒介。封面主要反映要素有4项：

标题、项目委托单位、策划研究单位、日期。

标题是封面乃至整个研究报告的画龙点睛之笔，它必须准确揭示研究报告的主题思想，做到题文相符。标题要简单明了，高度概括，具有较强的吸引力。标题的写法灵活多样，一般是通过标题把策划单位或项目、策划内容明确而具体地表示出来。

（2）目录。目录是阅读调研报告的导引，相当于道路上的路标，因此目录要简洁明了，体现出导引的效果即可，切记过细。如果有些资料内容多，可以在对应内容增加分目录。

（3）概要。概要即市场调研报告的内容摘要。主要包括以下四方面内容：一是简要说明调研目的，即简要说明调研的由来和委托调研的原因；二是简要介绍研究对象和调查内容，包括调查时间、地点、对象、范围、调查要点及所要解答的问题；三是简要介绍搜集、整理和分析资料都采用了哪些研究方法；四是简要说明调查执行结果，包括主要发现、结论和建议（或策划主要思路和策划执行后达到的效益与效果）。

2. 正文要素

正文是研究报告的主要部分。正文部分必须客观呈现市场现状的数据和资料，准确反映对现状分析所运用的方法和过程，恰当提出结论或建议。

（1）市场现状。现状描述可以从知己、知彼两个方面描述。知己主要反映策划项目委托单位的基本现状；知彼主要反映市场与此项目有关系的基本现状。市场现状的描述主要任务是把经整理后的资料用凝练的语言、精准的数据、恰当的图表客观呈现出来。市场现状的描述是认识问题的过程切记不能把对现状问题的客观认识与主观性的分析问题的内容混淆在一起。主要包括：

①内部现状。主要介绍企业（或项目）的现状，这是让参与策划人员全面

知己的重要内容，因此要充分发挥一手资料和二手资料的作用，把企业（或现状）反映企业的客观面貌。

②外部现状。主要包括三个方面，国家或地方相关政策、行业（或竞争对手）情况、市场与客户需求等。

市场现状是调研报告的基础部分，它决定着整个调研报告的成败。没有呈现出真实可信的数据，这个调研报告就没有说服力。这一部分着重展示通过调查获得的，人们完全未知或部分未知的新发现，使调研报告具有真实性、客观性。

（2）现状分析。现状分析是运用工具、数理和经验分析的方法，对市场现状进行定性或定量分析的过程，对分析工具要有针对性的选择，一般可选择的分析方法如本书第十一章第二节“市场调研资料”介绍的SWOT分析法、波士顿矩阵法、PEST法、竞争优势五力模型分析法、三力营销分析法、鱼骨图法等。

在选择分析工具时，不能为表现分析水平而选择很多分析工具，而是要选择适用的分析工具和方法。例如，战略策划分析可以选择竞争优势五力模型分析法、波士顿矩阵法、SWOT分析法、波士顿矩阵法、PEST法；营销策划分析可采用SWOT分析法、三力营销分析法；管理策划可选择鱼骨图法和SWOT分析法。

通过上述描述，在商务策划市场调研报告中经常选用的方法是SWOT分析法，这种方法最大的特点是简单实用，且能迅速说明问题。

如对市场现状进行分析，我们可以把内部现状分析出优势和劣势两大类；把外部现状分析出机会和威胁两大类。进而为下面的结论或建议内容打下基础。

（3）结论和建议。结论和建议是商务策划市场调研报告的落脚点，既是调研报告的结束，也是进行策划创新的开始。我们所做的资料搜集、资料整理和资料分析工作，最终的结果是要形成对商务策划项目具有指导性的结论或建议。

结论是建立在分析基础上的，它是整个市场研究结果高度概括的论点，因此要具有客观性、新颖性和概括性。切忌把一般性的陈旧观点作为结论，误导今后的策划创新工作。

建议是在结论的基础上，对今后进一步做好策划创新工作提出具有一定的虚构性、相对新颖性、相对超前性和可操作性的建议。建议要精练，忌冗长，防止把建议变成策划，影响策划创新工作的全面开展。

对于商务策划市场研究报告的结论和建议，我们应把它与策划思路当成一个整体来思考，在策划报告陈述的时候，一般都是将市场研究和策划思路合在一起提出，不单独提出结论和建议。

3．附件部分

附件部分是从事市场研究基础工作内容和工作量的真实和客观反映，主要包括一手资料、二手资料和工作资料。

（1）一手资料。主要包括直接获得的调查问卷、实验数据、观察记录等内容，要把具有代表性的资料选择1~2份，与调研报告装订在一起，便于阅读者了解。

（2）二手资料。主要包括间接获得的各类相关资料，也应当选择有代表性的资料和调研报告装订在一起，以便于阅读者了解。

（3）工作资料。主要反映时市场研究工作的一些计划、安排和工作过程的影像资料，这些都是市场调研报告的重要组成部分，以便于让策划项目委托单位了解研究单位做的工作。

附件部分一般资料比较多，必要时，可单独整理成册，以便于阅读和管理。也便于项目委托单位看到策划单位的劳动成果。

四、市场研究报告注意事项

1．要具有可读性。调研报告虽是一种应用型文体，也应重视其可读性。首先是思维层次分明；其次是观点鲜明、突出；三是内容的组织安排有序；四是行文流畅、通俗易懂。

2．要具有公正性。调研报告要完整报告研究的结果，不应略去或故意隐藏所知事实。如果在进行调查中出现严重问题（如回收率过低），研究者应有勇气承认，同时不能随便报道结果，以免误导读者。即便是成功的调查，在调查报告中也不应只选择那些对自己有利的结果做出报道，而对其他避而不提。

附：2008年北京汽车市场调查报告

2008年临近岁末，由华尔街金融危机引发的这场全球有史以来最大规模的金融海啸正在进一步扩大，汽车行业受牵连的程度几乎成为各行业之首。

“危机”二字，既有危难也意味着机会，虽然中国汽车业受到全球金融风暴的巨大冲击，但它也提供了诸多机会等待中国企业放手一搏——金融风暴不但考验着市场的消费能力，更考验着国内车企、相关产业乃至区域经销商冷静制定发展对策，在细分市场找到各自出路的应对能力。

京城车市作为中国最重要的汽车市场，具有其显著的特殊性与不可比拟性：它不但是全国车市的晴雨表，还是全国车价的风向标；不但是各大品牌的必争区域，还是众多外企高层的驻扎之地。了解京城车市，也就大体了解到中国车市的生存状态及发展方向。

第一篇：细分市场　冰火两重天

京城车市向来是各大汽车品牌争夺市场份额的宝地，同样也是各种车型的“试金石”，没有哪辆车能逃过市场的检验。

如果它是一款不被市民认可的车型，价格再低、优惠礼包再丰富也难以取得销量的突破；而如果是一部百姓认可的好车，加价销售一到两年也并非没有可能。总而言之，不论是热销还是滞销，都必然有它内在的道理。

市场就是这样真实而残酷，相隔一墙的两家经销商，很可能一边是火，一边是冰。尤其是在细分市场中，遵循着优胜劣汰的自然法则。

据北京地区相关部门提供的权威统计数字显示，截至今年10月份，京城上牌新车的总量达到了395765辆，其中包含进口新车19294辆，而二手车销量总计302760辆。在单一月份中，今年7月的上牌量为全年最高，突破了5万辆；8月份为最低，总量不足3万辆；3月至6月则相对平稳，在4万辆上下浮动。

在汽车品牌销量统计中，1~10月份北京地区新车销售总量的前五位出自包括东风日产、广州本田、上海通用、广州丰田、上海大众、一汽大众、一汽丰田在内的7家企业。在单一车型销量榜上，前10月中雅阁多次占据了单月销量冠军的位置。其他车型包括凯美瑞、新天籁、TIIDA、新凯越、捷达、速腾、赛拉图、伊兰特悦动等，在前十位的争夺中显得较为激烈。

北京市场1~10月份销售统计表

分类	1月	2月	3月	4月	5月	6月	7月	8月	9月	10月
新车	47000	30400	39000	42000	38000	45000	51000	28625	34635	40105
进口车	1900	1000	1400	1500	2000	2000	3000	2735	2000	1759
二手车	35000	19000	38700	37000	29000	33031	33000	16942	27092	33995

在小型车市场中，奇瑞QQ依然占据着老大的地位，但同时也受到了来自比亚迪FO、吉利熊猫等新车的强烈冲击，这种竞争将在明年表露无遗；AO级市场被新飞度、雅力士及新威驰的联袂登场搅得混乱，三款日系小车除了在较高的价格上保持一致外，并没有获得北京市场的过多青睐，纷纷大举降价。

竞争激烈的A级市场是兵家争夺的要地，不论是“走量”，还是争取更多的利润，各大企业布下重兵拼杀市场。TIIDA、速腾、思域、福克斯都没有挡住降价后的卡罗拉，一汽丰田在这场较量中笑到了最后。

准B级（BO级）市场是京城车市近两年催生的产物，包括凯旋、马6、奔腾、景程在内的大尺寸低价位梯队已经将触角向下延伸至A级车市，马6凭借出色的动力性能以及精准的品牌定位赢得了市场的认可。

在争夺最为惨烈的B级车市场中，新雅阁的诞生不但逼迫凯美瑞大幅降价，更以上市单月21065的巨大优势夺回了“中级之王”的称号。新天籁的高调出世则创造了另一个“奇迹”，将PASSAT领驭甩在身后，挤身B级前三甲，与新雅阁、凯美瑞成功会师，名副其实成为“日系三巨头”。

SUV市场中依然没有出现可以阻挡哪怕遏制新CR－V强劲势头的车型，即便东风日产奇骏11月的销量达到2607辆，也丝毫不影响本田加装配置的“本色”。

此外，北京车市中不得不提经久不衰的捷达“天王”，在良好口碑的相传中始终盘踞着该价格区间的市场。

第二篇：经销商　是生存还是发展

生存还是死亡？先生存还是先扩张，这是一个严肃的课题。

业内专家指出，目前北京车市中总共存活着800多家档次不等、规格不一的经销商，这些企业大到拥有上亿资产，小到只有不到10平方米的洗车房；而北京城里各大汽车品牌的专营4S店共有不到400家，其中类似一汽丰田、一汽大众、上海通用等最早一批进入北京的品牌几乎都拥有30家左右的4S店。

其实，自2006年开始，就不断涌现经营不利、实力薄弱的经销商退出历史舞台，要么销声匿迹将店面盘出，从而转攻其他领域；要么彻底宣布破产，由相关部门介入或全盘接手。直到2008年，销售形势一落千丈，经销商背负着多重压力，艰难地爬行在陡峭的悬崖边，一不留神就有可能坠入深渊。对于大多数经销商而言，紧跟厂家的步伐，积极调整战略战术，先保证不要掉队，再谈伟大的理想——生存，才有发展的可能。

经销商面临的困难及造成因素：

一、新店开业举步维艰

在金融危机席卷全球的形势下，京城经销商虽然受到一定程度的影响，但从整体上看还是顶住了巨大的压力，尤其是开业较同品牌4S店时期早的经销商，稳定的销售业绩和维修保有量还可以供它们维持基本运营。

但对于不下30家今年开业的经销商就没有那么幸运了。尽管多数今年刚刚“启程”的企业高层对所选择的品牌乃至北京市场抱有充足的信心，但“新店亏损”、“新店面临死亡”的现象在北京大市场中也是屡见不鲜。地理位置相对偏远、维修团队年轻且缺少经验、为争取更多客户大打价格战等因素直接影响了消费者的进店量，即便是广州本田这样拥有热销车型的品牌新店，也难逃“起步熄火”的尴尬。

另外一些游离在市场边缘的经销商在今年纷纷举起了“白旗”，走到了“生命”的尽头。这一方面表现在企业主动放弃与厂家的合约，不再销售该品牌车辆；另一方面表现为厂家从4S店的实际经营出发，不再向经营不景气的4S店发售新车，而一旦该经销商消化完已有车辆便自动解除与厂家的车辆买卖关系，也不排除经过双方的积极协商重归于好，但这样的几率非常渺小。

二、资金链“生锈”资金流“不流”

关于经销商缘何走到悬崖边缘，说法众多。但究其根本原因乃是资金链的彻底断裂。众所周知，建设一家中档品牌4S店前前后后动辄花费千万元，维持4S店的正常运营同样需要巨大开支。一位不愿透露身份的一汽大众4S

店总经理告诉记者，店面折旧、银行利息、工资等十多项成本每月动辄消耗100万元。在高额的前期投入后，经销商便进入了漫长的“还债”期，在巨大的资金压力面前，任何环节出现问题都会引发经销商的生存危机，一些实力较弱的经销商已将店面转让或预备转让，或在有形的客户身上尽可能多的赚取利润，而这势必伴随着不良经营，一旦被顾客发现“实情”则难以收场，名誉扫地，日后的经营将更加困难。

三、竞争过度VS竞争不充分

经销商之间的竞争是造成一系列市场矛盾的导火线。在记者的深度访问中，业界专家就目前“经销商竞争到底是过度还是不足”给予了两派不同意见。

业内资深专家钟师认为网点过乱过多是造成无序竞争的重要原因。就一汽—大众为例，1997年左右开始建立4S店，至今北京地区共有将近40家一汽—大众经销商，这令区域管理难上加难。服务标准不统一、价格恶性竞争、售后不讲诚信都是该品牌经销商给消费者留下的印象，“厂家盲目扩建销售网络，不但使经销商的困境雪上加霜，同时也是一种资源浪费，对消费者更是不够负责。”

另一派以苏晖为首的观点则认为目前经销商的竞争依然不充分，主要是没把力量用在“点儿”上，“大多都把注意力集中在降价上，虽说这是市场竞争必然的结果，但这是绝对的误区。”激烈的竞争要建立在诚信机制和体制上，如果竞争更加充分，企业的诚信就自然会被经销商再度重视起来。

四、库存压力前所未有

今年7月，记者曾就北京地区合资品牌经销商的库存量进行了全面调查，据不完全统计结果显示，包括南北大众、一汽丰田、东风日产在内的20个主流合资品牌的全部库存量达到3.6万台，业内专家认为，这样庞大的库存量在北京市场上还是前所未有的。

面对车市种种不利因素，经销商显得始料不及，一方面已经很难应付当月的销售任务，纷纷加大优惠力度、调整采购政策；另一方面又要面对变化莫测的车市，不敢贸然停止从厂家提车。采访中，多位经销商老总都表示出对下半年车市走向的“未知”，东风日产三合专营店总经理尚宗林甚至用

“诡异”来形容目前的车市，足见经销商的生存状态。

根据汽车业界的普遍算法，一家经销商的合理库存应该是其当月销量的1.2~1.3倍。假设某经销商月销售100台车，它的合理库存就应该在120~130台。然而就记者调查的数据显示，目前不少经销商库存量已经超过了月销量的1.5倍，一些对销售有信心的经销商甚至达到日常2倍以上的库存，这表明产品已经在终端市场积压严重。

好在市场的回暖让经销商恢复了信心，记者日前再次对这些京城主力经销商进行了“复查”，八成以上的经销商表示目前店内的库存量处于合理的范围内，年中积攒的大量库存车基本都在9月、10两个月消化掉，并没有面临当初预期的风险，“如果奥运会后车市再不景气，我们真坚持不下去了。”

如何应对危机，扩张需求？

1. 集团化生存的模式决定命运

如何应对如此不利的大环境？如何摆脱经营压力，将企业利润逐步提升？一方面，经营单品牌的经销商备感力不从心，独木难支；另一方面，不少实力雄厚的汽车经销商开始大刀阔斧地进行扩张——集团化生存的背后酝酿着怎样的市场变革？

带着问题，记者分别与众义达、亚之杰、运通、百得利等京城实力强大的经销商集团高层进行了对话。众多观点中，“未来应该是资本竞争，而不是管理的竞争”吸引到记者的注意。

“对于经销商集团来讲，更看重的是未来5年或者10年发展的模式，因为那种模式决定了我们生存的基础，不要局限于把一个店做到多么完善，未来的竞争应该是资本竞争，而不是管理的竞争。”

在经销商集团老总眼中，所谓的“模式”是他们最关注的问题。用他们的话说，如果不在某种模式范围内将肯定会被淘汰，而这种资本竞争就反应在大集团进入和大量的外资引入，在这种强大的资本面前即使管理得再好也意义不大。

谈及4S店未来突围的模式，集团高层一致认为未来一定是大集团的发展模式——“高端品牌相对还好，但中端或低端品牌，要么是全国性的垄断，要么就是局部城市的区域性垄断”，比如一个城市某个品牌的10家店都是一个集团的，这样我们就不会把精力放在价格搏杀上，而是为消费者提供更好的服务，强者越来越强，弱者将被淘汰。

2.“逃离”A级市场，“围抢”二三级市场

此外，除了经销商集团的“大一统”，京城不少实力派经销商也在致力于开发新的市场，寻求新的突破。

一方面，单品牌中销量优异、售后稳定、资金充足的品牌经销商开始思考另开新店，主攻方向大多为比自身品牌高一档次的品牌，如北京地区东风雪铁龙综合排名第一的北方金泰店将在近期开设一家4S店，该店董事长李文表示目前此事双方仍在积极磋商中，但一定会选择一个高于东风雪铁龙的汽车品牌。

另一方面，京城很多相同情况的优质经销商将目光锁定在尚未被充分开发的二三级市场，企图在最短的时间内抢占市场，以成为当地极具影响力的汽车企业。

再有，经销商之间的强强联合也逐渐成为一种趋势，据东风标致汇京柯曼市场部经理王贤伟透露，该店将一方面借助汇京集团的力量于福建增开一家东风日产的新店，另一方面则携手长安福特北方福瑞店合作与福建开一家福特4S店，且项目已经发展到实施阶段。

企业个案分析：广州本田亦庄店

亦庄店作为北京地区广州本田第二批开业的经销商，在几年内发展迅速，明确而超前的经营理念，良好的团队建设，高效的执行力是该店突围的关键“棋子”。在其总经理常晓南看来，“文化力量是企业的核心，人才是最宝贵的资源。”

客观地讲，在所有经销商眼里，利润是企业发展的命脉。但要想长期而稳定的发展，“宁可牺牲短期的财务数字，也要把基础的东西打牢。”常晓南与记者谈到一本美国人写的书——《挥杆》。里面讲到人的一生离不开三件事，其一就是高尔夫。随着年龄的增长，阅历的丰富，职位的升迁、财富的积累都是正常的过程。但高尔夫不一样，你打了很多年，不等于你真正进步了。“它告诉你一个企业如何先会站，会走，再是跑。”车主可以通过高尔夫感悟人生，体验其中的文化和哲学。“作为企业，为客户创造健康的价值，人

生的哲学远比拥有我们的车要大得多。”

在人才培养方面，亦庄店同样走在了前面。4S 模式从 2000 年前就导入中国，品牌全球化意味着需要配备全球化的人才队伍。2003 年，亦庄店首次大批量招聘高校毕业生，让新人在进入正式工作前接受半年的脱产培训，“高起点去切入是从国际化营销的模式考虑的。”目前该店 25 ~ 30 岁的年轻员工比例占 70% 以上，各个业务部门不可或缺的关键人物都是国家一类院校毕业的学士或硕士，加起来的比例大于 40%。这在京城所有 4S 店中是最高的。

第三篇：消费市场　悲观中的微笑

坦率而言，京城消费者对金融危机的突然来袭感到些许恐惧与担忧，但并非过于敏感。多方调查的结果表明：超过一半的被访者表示肯定会推迟购车计划，这当中有一半本打算年内购车的消费者将购买时间更改为明年春节左右；还有近三成被调查者表示只要金融危机没有度过，就不会考虑何时购车。但毋庸置疑的一点是：北京汽车市场的消费潜力巨大，多数有意购车的百姓处于观望阶段，一旦时机成熟便可随时出手。

记者了解到，10 月份以来，到店看车的客流量明显增加，虽然多数消费者仍然只看不买，但单月平均销量相较前 9 个月已有明显提升；更有部分如东风日产、广州本田的实力经销商表示前 11 个月已经完成了年初制定的全年销量计划。造成京城车市年底升温的原因有三：其一为个性号牌的出台，给众多寻求个性的消费者以展示的机会；其二是年底价格优惠重重，消费者购车时机相对成熟；其三则是车市关于“2009 年限 10 万牌照”的传闻，导致不少消费能力提前释放。

半数被访者推迟购车计划。汽车早已不是京城百姓眼中陌生的移动机器，而成为最重要的交通工具之一，不论男女，不论老少，大街小巷中穿梭的必然有它的身影。对于北京车市，金融危机的不请自到打乱了百姓购车的步伐，原本打算在 2008 年实现有车梦的朋友们深思熟虑后决定：还是不在年前买车。

在采访调查中，百姓对于“购车是否受到金融危机的影响？”一题回答得很干脆，是或者否，几乎各占一半。毕竟，金融危机是外国的事情，受影响最深的恐怕还是百姓那颗悬着的心。

在对“金融危机是否影响你的购车时机”中，被访者多在“延迟3~6个月”的选项中画勾，很少人认为自己的购车计划会“延迟1个月”或“半年以上”，这则充分表明京城百姓的消费实力与预期，由此也可以期待明年春天将迎来北京车市的又一个小高潮。而被访者在回答“经济不景气是否会影响车辆的使用频率”方面几乎表示了否定的态度，“应该还好，车就是为了开的，不会影响太多”成为比较普遍的答复。同样，也有少部分被访者表示如果城铁附近有充足的停车场且收费合理，他们愿意把车停放在那里。

剑走偏锋：11月新车交易逆势走高

尽管由金融风暴而引起的诸多不利因素阻碍了百姓购车的热情，尽管来自中国汽车工业协会的最新统计数据显示今年1~11月全国乘用车共累计销售616.45万辆，同比增长8.87%，这是自2006年以来同期累计增幅首次低于10%。

但是，在如此不利的大环境中，北京车市却逆势走高，北亚汽车交易市场总经理苏晖告诉记者：11月北京市新车交易量达4.4万辆，二手车交易量达4.1万辆，比10月销量明显提升，这样的市场表现让所有人见到了悲观中的微笑。

统计数字显示，11月北京市新车交易量达4.4万辆，虽不是今年京城月销量最好的成绩，但比10月4万出头的成绩已有近10%的销量提升，这在当前全国汽车销售增幅继续回落的大环境下显得尤为突出。苏晖认为本月京城车市的销量还将超过11月4.4万辆的成绩，延续年末的增长势头。可见，京城车市已经开始大幅回暖，即将度过严冬，迎来车市之春。

（资料来源：2008年12月18日 北京晚报）

知识要点

商务策划调研主题确定；一手资料搜集；二手资料搜集；资料整理方法；资料分析方法；调研报告写作要求。

思考与训练

1. 商务策划主题确定有哪些形式？分别说明它们各自的作用。
2. 资料搜集分为几种，每种资料搜集有何要求？
3. 资料整理需要注意哪些问题，如何保证在整理环节不出大的偏差？
4. 资料分析有哪几种方法，为什么要强调定性与定量相结合？
5. 简述SWOT分析法、五力模型分析法等常用分析工具的概念，掌握这些方法的使用要点。
6. 试对进入校园的某种畅销产品进行市场调研，并按照本章要求编写一份调研报告（1500~3000字）。

第十二章

策划书的写作

本章重点介绍商务策划书的结构和内容，写作的基本要领，策划书的评价标准以及如何写作营销策划和广告策划案。

策划书的写作是策划人的基本功之一，再优秀的策划创意和行动方案，如果没有生动、准确、严谨的书面表达，是无法真正打动需求者的。策划不仅需要脑，也需要手，需要能够上演创新故事的"剧本"。

策划书，俗称策划案或策划文案，是对策划创意与策划行动方案的书面表达，策划创意之后的每一个行动都要根据策划书来开展。就像律师会写诉状、音乐家会写乐谱、建筑师会画设计图一样，策划人必须学会怎样撰写策划书。打个形象的比喻：策划好比排演一场戏，那么，策划书就相当于戏的剧本。它既是编剧对故事的构思，又是演员们赖以表演的蓝本，如果没有"剧本"，"戏"当然就无法上演。

进一步说，策划书是智慧产品的物质载体，是决策思维的文字表达，是市场舞台的"剧本"。

第一节　策划案的结构与类型

不同于商务策划师申报认证的规范格式，实战中的策划案写作并没有一个十分统一而又固定的格式，因为不同的策划内容、不同的策划对象、不同的策划目的、不同的阅读对象都各有其不同的专业性和特色需求。

从结构要素上讲，一个完整的策划案必须有5W3H：

What（什么）——策划的目的、主题、方式；

Who（谁）——策划的主体、客体、相关人员；

Where（何处）——策划的实施场所；

when（何时）——策划的实施时间；

Why（为什么）——策划的假设、原因、可行性；

How（如何）——策划的原理、方法和系统流程；

How?!（怎样）——策划的精彩性、独特性、新颖性；

How much（多少）——策划方案实施的预算（策划费另计）。

一般的方案计划书有5W2H即可，但对策划案来说，还得有一个H，一个带有疑问和惊叹意思的“How?!”——策划要具有十足的感性，得像精彩的演出一样扣人心弦，使对方不得不发出“How wonderful”（多么的棒啊!）、“How about this feel”（多好的感觉!）这样的惊叹!

策划案是对策划师的才智和经验的一种特殊方式的检验，它迫使我们对自己的任务明确了解，建立合理目标，编制工作程序，分清缓急轻重，组织公共关系活动，进而取得行动展开的结果。

一、策划案的结构与内容

有效的商务策划案，总体上都是两大部分的整合与呼应：可行性方案与执行计划。按照形式结构的进一步分解，商务策划师规范写作的策划书可分为以下10个部分。

1. 封面

策划书的封面犹如人的脸，是直接对外的，直接面对策划需要者或决策者的，虽然应以内容取胜，但外表也不容忽视。所以，封面虽不要特别精美，但厚度要比内文的纸厚些，颜色要与内文有所区别。

为了让需要者或决策者一目了然，策划书的封面要写明下列4点：策划书的名称；策划的主体（策划人或策划机构）；日期；编号。此外还可考虑在封面附加二三百字的简要说明，目的是让需要者或决策者马上看到策划的价值。

2. 内容提要

简要说明为什么要这样策划；如此策划的可行性、必要性及其价值；主要的策划方法以及步骤；策划的阶段性、阶段性目标实现的时间表等。文字不宜过长，一般不超过800字，务求简洁、明了。

3. 目录

策划书的“菜谱”，它是策划书的写作结构。编写目录的目的是为了让人了解策划的全貌、策划人的思路和策划书的整体结构。如果封面引人注目，内容提要使人感兴趣，那么，目录务求让人了解策划的全貌。目录具有与“菜谱”相同的作用，这点十分重要。

4. 宗旨

策划书的纲要，主要包括策划的目的性、必要性、可能性及其意义。

5. 主体内容

策划书的具体内容，它是策划案中最重要的部分，是全书的核心所在。在这里，必须对策划的全部过程做细致而有条理的叙述。主体内容因策划的目的、形式、行业的不同而有所变化，但须以让第三者能清晰理解为好，切忌过分详尽。下笔欲罢不能、过分拉杂，有如学术论文般枯燥，会令读者倒胃口。

6. 预算

策划是一项复杂的系统工作，它需要一定的人力、物力和财力。因此，必须进行周密的预算，使各种花费控制在最小规模上，以获得最多的经济效益。

预算中常用的是“目标估计”法，即按策划确定的目标（总目标或若干分目标）每项列出总细目，计算出所需要的经费，以做到计划性强、开支项目清晰。

在预算经费时，最好绘出表格，列出支出内容，这样既方便核算，又便于以后查对验核。

7. 实施进度表

把策划活动起讫全部过程拟成时间表，明确何月何日要做什么，以及工作阶段、工作任务、工作方式、注意事项等。一方面便于管理和实施，一方面便于检查和反馈。进度表最好在一张纸上拟出，以做一览表之用。

8. 管理网络图和有关人员职位分配表

此项非常重要，何人担任什么职务，负责何事，一旦发生权责不清或某项环节出现差错，可马上更换。在表现形式上，图表具有简洁明了、易于理解的优点。

9. 策划所需的物品和场地

在何时、何地提供何种方式的协助，需安排什么样的布置，这虽不如预算资金那么困难，但因此而延误了时机，策划的效果就会大打折扣，所以也要细致安排。

10. 预测与评估

预测策划实施后的经济效益及对可能产生的社会效果进行评估。

除此之外，有时候还需附加说明和相关资料，附加说明是对策划书未尽事项的解释。而相关资料是与策划相关的参考资料，有助于人们理解策划书的意图和实施策划。

二、商务策划书（案）的主要类型

根据策划的目的、对象、内容的不同，商务策划案有着不同的表现形式和体裁类型，概括起来，常见的商务策划案主要有以下7大类型：

1. 企业（城市、组织）发展战略策划案；
2. 企业（组织）融投资策划案（商业计划书）；
3. 企业组织管理策划案（企业重组，人力资源）；
4. 企业（组织）CIS系统策划案（CIS导入方案）；
5. 产品营销推广策划案（品牌塑造计划，整合推广，市场促销等）；
6. 产品广告策划案；
7. 大型商业性活动策划案（公益性活动的融资赞助方案）。

三、商务策划书的写作

策划书不同于一般的文章，是新颖性、严密性、可操作性三性一体的书面化作品。策划书既是策划的创新表现，也是策划的行动手册，更是鼓动策划的宣传书。策划书的好坏，直接影响着策划能否被采纳，也直接影响着实施的效果。

为了使策划能准确而细致地表达出策划人的构思，除了在策划中深思熟虑外，策划书的写作还需要掌握一定的技巧。其基本要领是：

1. 首先要了解策划环境

无论针对哪一种主题的策划，都应该首先考虑一下策划的限制条件，也就是先进行策划分析。通过环境分析，了解策划的全貌，以便逻辑构想，防止挂一漏万。具体可用“知己、知彼”思维图进行分析和判断。

2. 抓住策划的核心部分

策划的核心在策划书写作之前就已形成，如何将策划的核心写深、写透，应是策划书写作的关键。抓住策划的核心，能起到提纲挈领的效果。从形式上看，写作核心问题时，首先要有一定的篇幅，这是突出重点的一种方法，其次对核心问题的来龙去脉、前因后果应有一个明确的交代；从实质上看，策划的核心问题，是如何创新和突破的问题，具体可用“正合、奇胜”思维图进行分析和判断，但重点是从“奇胜”方面寻求突破。

3. 说明策划解决主题的构想

策划的目的，就是一个一个地解决问题。因此，对于策划解决主题的构想必须详加说明。解决主题的构想不是现实，而是将来可能实现的目标，也就是把眼下的虚构变成将来的现实。为此，在说明这一构想时，必须做到有理有据，必须把这一构想的逻辑论证写清楚。相关调查结果以及各结果之间的逻辑关系，原始的证明材料也应一一注明，以充分的论证赢得策划需求者或决策者的信任。说明策划解决主题的构想时，可以充分应用前面介绍的 6 种创意方法和其他方法。

4. 重视策划枝节的配合

策划主干固然很重要，但是单单有主干而没有枝叶，也难以成为大树。所以，策划书的枝节配合也很重要。枝节与主干相配合但却是鲜活的小创意和细节补充，它们能使策划的精巧性大大提高。

在实际写作中，策划书第一稿形成后，还要统一策划案的体裁、语言及格式。尤其是几个人共同执笔时，必须注意主干和细节的统一，前后呼应，然后再撰写正式的策划案。最后再制作封面、编撰目录、将各章节统一起来。

优秀策划书的写作应具备“四个必须”：

（1）必须提出具有相对新颖性的观点、论点、决策点；

（2）必须提供有显著说服力的论据；

（3）必须有完整且可以被决策管理层理解的论证过程；

（4）必须有清晰严密的工作分解分工的执行计划。

除了以上四个必须，专业的商务策划书还应该充分考虑和体现委托方的利益与需求；形式上一定要体现出精心设计的特征，条理清晰、逻辑分明、舒朗清新、图文并茂，语言上应深浅得当，简洁明快。

此外，在策划书的写作过程中，要始终注意做好保密工作。

四、对策划书的评价标准

商务策划从思维的结晶——策划书（案），到行动的制定——企业执行，其间受到很多客观因素的制约与改变，所以在评价一部策划书、一项策划案时，我们应该坚持以下的标准：

1. 唯契约论

以合同为策划成败的依据。不能把企业的最终成败与策划人的一次策划必然地联系在一起，如策划人按合同完成了营销策划，但因企业产品质量下降而使企业最终归于失败，则不能认定策划人的营销策划失败。

2. 唯思维论

如一项策划按策划书完整实施后，表现出来的商务效果欠佳时，评价策划成败的主要依据应当是策划人的策划思维过程是否合理。不能仅仅以实施者的成败论策划的成败。

3. 唯综合论

考查策划人的策划水平要看策划的思维步骤与工作步骤是否全面、合理，不能以策划的实施规模、知名度等作为考查依据。

第二节　产品营销策划案

营销策划案是营销策划的最终成果，所以必须准确、完整地表现营销策划的内容，能够充分、有效地说服决策者。

营销策划案的写作技巧可以概括为三性二力：新奇性、可信性、可操作性和震撼力、说服力。努力寻找一定的理论依据，适当列举正反事例，利用数字说明问题，利用图表帮助理解，合理设计版面，注意细节，消灭差错。

【产品营销策划案的样板】

一、“好记星”数码单词学习机营销策划案

（注：本案系高级商务策划师夏武先生2002年8月以好记之星数码科技有限公司营销顾问的身份主持“好记星”电子词典的市场营销策划案的制定与实施的经验总结。）

很多企业在创业初期或当企业在市场上成功地销售了第一个产品之后，不可避免地要进行第二个或第三个产品的研发和市场导入。如何在早已战国风云、列强争霸的市场中后来居上，掠得一席之地?

我的解决思路是：在没有核心的差异化技术和产品时，最好选择消费人群多，消费习惯具有普遍性的市场，然后把潜在的需求无限扩大化。具体策略集中概括为：

1. 超限思维，提炼概念。在给产品定位和命名时追求卓越，与时俱进，使产品具有推动力。

2. 超限营销，整版模式。在营销工具的使用上，采用的营销手法是“整版营销”模式。

3. 超限文案，“上软下硬”的文案攻心策略。广告文案采用“广告十大模块”撰写，以不同的主题刺激消费者。

4. 超限述求，指名道姓的情感诉求，锁定目标客户。

北京好记之星数码科技有限公司是由“背背佳”原班人马组建成立的。当年，北京背背佳科技发展有限公司以“背背佳塑造完美身姿”和“天天向上背背佳”而闻名全国，成为了全国青少年时尚保健用品第一品牌。

第一个产品成功了，为了企业可持续发展，经验教训告诉我：企业的成功必须要有一连串产品的成功。于是公司进入了新产品开发、销售、决策及

实施阶段。

在企业没有核心的差异化技术或产品时，新产品最好选择消费人群多，消费习惯具有普遍性的市场，然后把市场需求无限扩大化。我们运用超限思维开展市场分析，寻找市场追捧的热点：中国人用在哪里的投资是最不惜血本的？孩子！对孩子的投资中，什么投资最重要？教育！项目围绕教育来选。那么，父母对孩子的教育普遍最关心的问题是什么？英语教育。分析当前学生英语教育市场，主要产品是电子词典市场。2003 年，我用一周的时间蹲点考察某品牌市场销售情况。通过对技术分解发现电子词典总体技术含量不是很高，通过与技术专家沟通，完全可以复制、提升。

因此，我通过这样的超限思维，提炼概念，将新产品的开发定位在当前学生英语教育上。

进而，我从产品的概念上进行了超限思维。“好记星”产品从起名字时就定下了伟大志向，因为“好记星”三个字分别取自业内众所周知的三大巨头同类产品的某个字，使人们易于联想，并由此对产品产生某种亲切感，

在产品功能上采用“加法”和“减法”。即增加附加值，减去容易分散消费者注意力的功能。“好记星”首先将自己紧紧定位为记忆单词的高科技产品，而没有重点诉求它的课程表、计算器、通讯录等功能。这样的“减法”事实上为后来传播的概念“学英语关键在于背单词”埋下了伏笔。我认为当我们无法超越时，一定要学会区别。当别人都在广泛诉求产品的多功能时，我的单一功能诉求往往能一箭封喉。而采取的“加法”就是给消费者更多的信任感。因此，在市场导入期引入了某知名大学作为产品品牌，消费者一看，这家大学出的产品，技术上肯定没问题。从而实现了产品概念创新。

分析目前电子词典市场有三大知名品牌：

1. 香港权智集团的“好译通”在大陆和中国香港都是知名的产品，各大商场都有专柜，终端做得非常扎实，但他的市场推广手法太软，采取的是电子产品的常规打法，市场急剧提升的可能性很小。

2. 商务通神话创造者张征宇推出“记易宝”采用商务通的习惯打法，以电视广告为主要媒体，艰难分一点羹。

3. “文曲星”也是市场上行销多年的老品牌，有着稳固的市场。

这样一个平稳而且品牌林立的市场，如何切入？通过市场分析，我认为应当采用这样的市场策略：在营销上注重超限营销，采用的营销手法是“整版营销”模式。

“好记星”产品经营模式上仍沿用了背背佳“虚拟经营”的操作模式，使用 OEM 的方式。确保好记星的成功上市，“好记星”产品不走商场，在新华书店做专柜。因为传统的电子词典都在商场上有专柜和促销员，好记星不和竞争品牌放在一起，传统品牌连拦截的机会都没有。因为消费者都是看了广告去咨询的，旁边没有好译通、记易宝、文曲星，他们连对比的机会都没有。从渠道上成功地建立了壁垒。

面对“好译通”、“记易宝”、“文曲星”等一直在诉求功能的竞争产品，如果“好记星”再诉求功能，好记星的策划即使再厉害，也难以突破竞争品牌的坚冰。为了配合“好记星”产品的营销，我在文案的撰写上要求采取“上软下硬”的攻心策略。我借鉴了保健品营销手法中的恐吓这一重要的方法。我设计了这样的广告用语“家长们都知道，英语对于孩子的未来意味着什么——“越往后，需要英语的地方越多，考大学、出国、评职称，哪样不考英语？英语学不好，工作都难找！”由于家长对英语的重要性非常清楚，所以，只要广告一说，家长马上就有共鸣：对，学好英语对孩子太重要了。所有的广告文案都按照这样的结构撰写，然后根据入市的先后顺序分别采用“保健品广告十大模块”以不同的主题轮番刺激消费者。其中《一台好记星，万千父母情》更是通行全国，无不所向披靡。

同时，我认识到，必须使消费者的关注点完全集中到产品上来，国家教育管理部门对全国中学生进行的问卷调研显示：86.3% 的学生认为英语学习中的最大困难是“单词记不住”，91% 的学生往往抱怨“英语学不好，主要词汇量太少”。我利用这一数据和事实，对广告文案做出要求：让所有看到广告的学生家长都看下去，让所有看下去的家长都赶紧掏钱买，让所有最后下不了决心去买的家长内疚一辈子——“孩子，我对不起你！”我在广告文案中明确告诉家长：其实不是孩子不努力，可是单词背了又忘，总记不住，一到关键时刻，脑袋就空空的，没词了。这时候家长就会顺着我们的思路往下走：对，应该想办法帮助孩子记单词。通过这样指名道姓的情感诉求，让消费者心甘情愿地掏钱来买，迈出营销的最后一步，实现企业利益。

通过以上一系列的搜集、整理、判断、创新，我们的新产品得到了市场的广泛认可，取得了巨大的成功。好记星数码单词学习机市场营销取得了这样的好成绩：

1. 5月底在济南试水，当月赢利；

2. 7月在武汉市进行大规模的样板市场运作，第三天即实现赢利，当月回款250多万；7月底全国市场迅速铺开，到12月20日，上市半年时间好记星突破销量30万台，实现销售2亿元。

正如原恒基伟业的营销老总孙陶然在“乾坤发音王”经销商大会上说，真没想到，这好记星没按业界的规则，以令人意外的谋略和手段，成为市场上的黑马。

我成功地运用了上述四大策略进行了资源整合、品牌塑造、市场推广、整合传播。上市半年销量突破30万台，创销售额2亿元。成为了电子词典行业里的一匹黑马。

我通过“好记星”产品的开发和市场运作，总结出了一套行之有效的方法。

1. 超限思维，提炼概念。就是在产品命名时经过对竞争品牌的分析，同时针对诉求，定下宏伟志向，提升产品的高度。在这方面，脑白金就是很好的例子。我在“好记星”产品的命名上，分别取自于业内众所周知的三大巨头同类产品：“好译通”、“记易宝”、“文曲星”的一个字。好记星要取各家之长，集中优势把市场总量放大，然后从原有的品牌中分掉一些市场，最后颠覆整个市场格局。通过这一方法，使产品占据电子词典市场较大份额的目标得以顺利实现。

2. 超限营销，整版模式。这是指以不同的载体，发布整版的信息。中国医药保健品行业经历了三波媒体使用的创新，每一波都造就了一批企业和个人，最早是广播广告的使用，如周林频谱仪、祝强降压仪、哈慈杯等都通过使用广播广告取得重大成功；第二波是电视广告“垃圾时段”的运用，以哈慈五行针为首创的“垃圾时段”造就了哈慈的辉煌，也造就了背背佳、商务通、哈药、汇仁等企业的崛起；第三波，也就是现在保健品行业中流行的地方报纸整版广告使用的模式，我首次将此法应用于非保健品——“好记星”产品推广实践当中，运用此法，市场反应非常好，效果得到了验证。

3. 超限文案，“上软下硬”攻心策略。是指通过报纸等媒体以大篇幅模式发出广告软文，取得了超强的销售力。在“好记星”市场推广中我根据市场不同的阶段和季节的变化，源源不断地组织了15篇以上的“上软下硬”式整版广告，其中《一台好记星，万千父母情》通行全国，所向无不披靡。

4. 超限述求，指名道姓的情感诉求。任何一类功能性产品，都有一次通过情感诉求成功的机会。通过指名道姓的情感诉求，可以使产品有更明确的销售对象，使每一个消费者都不自觉地被感染，有助于实现产品销售的目的。

我通过这种方法，使“好记星”产品获得了消费者的认同，并促成了产品的交易，使产品在短期内创造了良好的销售业绩。

[链接]

好记星8209万元央视竞标的背后

——招标现场：好记星成了黑马

2004年11月18日8:18，在中央电视台梅地亚中心二楼，随着央视广告部主任郭玺一声枪响，万众瞩目的2005年度央视广告竞标会开始了。

娃哈哈的宗庆后，健特的史玉柱，步步高的段永平……中国企业界的一个个风云人物就坐在熙熙攘攘的大厅里，毫不显眼。

第四单元A特段（2005年7~8月份天气预报后黄金段）竞标开始了。好记星以1979万暗标入围前17名，中得竞标资格，正式报价开始了。坐在我们前排正前方的娃娃哈老总宗庆后对这一位置志在必得。2000万、2100万、2200万，娃哈哈以2200万元竞得第四单元正一位置。好记星以2000万元竞得正二位置；随后，好记星公司总经理杜国楹频频举起838号竞标牌，一鼓作气，以2109万的价格拿下第五单元（9~10月份）A特段正位置。这样，好记星以4109万的竞标价，加上已与央视六大代理商——合众光华广告已签订的央视精品套播及《同一首歌》、《幸运52》、《非常6+1》、《开心辞典》、《艺术人生》五大栏目套播（总合同价值4100万），好记星以8209万年度央视电子类产品成为无可置疑的标王。刹那间，数十名记者的摄像头、镜头纷纷对准了这匹黑马，不停地向“您们是哪个行业的?”“电教行。”“什么品牌?”“好记星!”“哦，好记星，大山做广告的那个产品啊！各大卫视正天天在播。”“好记星？报纸上每天都有一个整版!”……

8209万：理性的市场行为

8209万，再加上每年卫视联播投入的1个亿，各地报纸至少1亿的投入，一年达3个亿的广告预算，难道好记星吃了“壮阳药”？会不会又是一个“爱多”?！在一片的赞扬声中也有些质疑的声音，但在好记星公司决策层心中，很清醒地认识到这是一个虽算大胆却极为理性的市场行为：一是ELP（电教）行业会随着2008年奥运会的临近而引发的英语热潮而迅速成长，至少有上百亿的成长空间；二是好记星已经进入行业三甲，现有渠道的深度、广度、终端的规模与数量已具备承接大规模投放央视广告的能力。从2004年10月，好记星在CCTV-1套A段（焦点访谈后）投放的“大山快板”篇15秒广告以来，全国各市场均明显感受到央视黄金段广告对终端的拉动。在2004年11月，这个电教产品公认的淡季，好记星月销售额仍保持在5500万元以上，而寒假与暑假两个旺季，预计会增长3~4倍。2005年好记星全年销售总额达到15亿~18亿元，应该说是一个现实目标，而大规模央视投入正是完成这一销售目标的关键举措。

好记星本次央视竞标最高预算是8600万，由于竞标策略合理，仅以8209万就拿下了我们所有想要的时段，相当于节省了近400万元。

从2003年5月至今，好记星的整版文案在全国34个省、市、自治区已超过1万个整版，近2亿元的广告投入，好记星以《孩子英语成绩差，家长怎么办?》、《开学了，送孩子一把学英语的金匙钥》、《一台好记星，万千父母情》等10个极具杀伤力的整版文案火爆全国，仅仅7个月内就创下2亿元的销售业绩。打破了医药保健品的整版文案投放时间很难超过6个月的所谓“定律”，做营销的人都认可“没有报纸不快，没有电视不大”的传播规律，而如今，好记星央视卫视在全国联播，省级报纸在地方呼应的传播模式让好记星做到既“快”又“大”还“长”，体现了好记星决策层及蜥蜴团队的集体智慧。

当我们走出梅地亚中心大厅的时候，大家对视了片刻，彼此的目光坚定而自信，我们知道，2005 年，好记星的征途开始了……

二、××市场××漆营销推广方案

（注：此方案为某品牌油漆在西部某大城市的营销推广方案，原文收录仅供参考，城市名称略去。）

一、市场分析

1. 市场状况

××市 2001 年涂料市场容量为 9 亿～10 亿元，其中民用涂料 6 亿～6.5 亿元（建筑涂料约 4 亿元，木器漆 2.5 亿元）。

全市经营涂料的商家网点数量市区约为 800 多家，主要在九里堤附近（占涂料市场商家的近 60%，共有 400 多家），其余分布在太升北路、红牌楼、营门口、八一建材市场、富森市场、金府市场等建材市场或建材集散地；其中红牌楼市场因市政规划的需要，可能会在一年内要求搬迁。郊县 300 多家，主要集中在郊县的市区，较为分散。××市目前有建材超市两家（东方家园、好来屋建材超市），全市涂料经销商中，专卖店数量占 15%，主要为一些厂家或代理商自行开设的和一些主要品牌的特许加盟店。除九里堤、府河市场附近的经销商主要经营涂料外，其他地方的商家大都不是以涂料为主，数量在 20% 左右。

××市近期已明文规定新建工程外墙禁止使用瓷砖、马赛克，需使用涂料，并且近期全市有大量的旧楼需外墙翻新，对涂料的推广有一定市场机会。

2. 主要品牌情况

华润：主要以木器漆为主，乳胶漆为辅，采用办事处直接开设专卖店以及发展特许加盟店的方式经营，按每个建材市场和建材集散地为单位发展专卖店。目前，××市共有专卖店 23 家，建材超市进入一家。统一的零售价格，经销商享受零售价格 15% 的利润下浮点。促销手段采用较为传统的促销方式，免费喷涂及户外广告，掺杂少量的报纸广告宣传以及电视广告，对油漆工的返利是其最具有特色的促销手段，并取得了较好的效果，一般对油漆工的返利幅度在 12% 左右，由华润办事处直接返利。

立邦：主要以乳胶漆为主，采用分品牌代理及特殊消费群体代理，辅以调色中心及大量的经销商等经营模式，目前有品牌代理7家，装饰公司代理1家，工程代理1家，共开设调色中心32家，经销商80多家。每月销售额在600万元左右，年销售额为5000万元左右。促销手段从大众媒体广告宣传到规模促销活动，均声势不小，乳胶漆的市场份额很大，现正在木器漆方面进行大量推广，其2002年度整体推广投入在350万元左右。

ICI（多乐士）：主要是乳胶漆，采取加盟专卖店的经营方式，但有很多均未按要求开设专卖，目前××市共有经销商网点46家，其中专卖店18家，平均每月销售额在150万元左右，广告主要采用户外路牌广告为主，少量的报纸广告为辅。

其他主要品牌如嘉宝莉、美涂士等均以木器漆为主，主要以开设加盟专卖店的手段进行销售，网点数量均不多。

3. ××漆现况

目前××市场××漆走势较好，市场开拓较为迅速，建材市场向专业化、规模化、超市化方向发展。

××漆乳胶漆价格相对较为合理，出货较快，但主要为低价位的J80和J60、J51；聚酯漆销售不快，价格偏高。

××漆总代理龙雨装饰公司目前有业务员5名，销售经理2名，营业员1名，业务员目前主要是进行分销网点的开拓。

目前××漆分销网点共18家，门招制作共28家，在案油漆工30多名，合作的家装公司4~5家。目前市场处于开拓期，正处于商家和消费者逐步认识了解的过程，知名度不高，而价位与知名品牌不相上下，所以，网点走货量很慢。目前的工作重点除继续开发通路以外，还必须想方设法力促终端的销售，提升品牌的知名度，这是当务之急。

目前行业内产品同质化严重，差异化在终端也体现不够，无论是服务、陈列，以及基本的VI元素，都明显缺乏差异化，华润、立邦相对做得较好。

二、通路开拓

从目前的网点看，分销商质量不高，大都为非专业经营涂料的沿街路边店，所以缺乏涂料产品的基本知识和相应的经营能力。因此，必须努力培养专业化的经销商，为网络树立标榜。

在府河市场、东泰建材市场内分别培养一到两家忠诚度高、销量好、专业化程度高的经销商，另外，应想尽办法进入东方家园以及好来屋超市（目的是树立品牌的网络形象，并不强求能有较大的销售额），总体上为分销网络增加强劲的生命力，从而在一定程度上能稳定网络。

在人员上需增加3名业务人员，进行必要的工程开拓，甚至可以考虑重点开拓样板工程，并进行一定的资源投入。

继续抓好油工网络的培育，通过多种多样的方式，加强其对××漆的品牌和产品的认识。

继续做好门招的推广，促进××漆对商家的诱导。

三、传播策略

1. 专业市场户外广告：略。

2. 电视标版广告：略。

3. 门招制作：略。

4. 横幅冲击：略。

5. 终端展示：略。

6. 小区推广：略。

7. 环保公益事业赞助：略。

四、具体实施

1. 专业市场户外广告

目的：①提升品牌知名度以及增强经销商对品牌的认知和信心；②拉动专业市场内分销网点的销售；③吸引更专业更有实力的商家加盟××漆的销售队伍。

具体运作：①府河市场投放一块户外广告（$140m^2$）；②红牌楼（东泰市场）投放一块（$120m^2$）；③八一市场投放一块（$70m^2$）。

2. 电视标版广告

目的：①通过在专业性的版块节目里插播广告，提升品牌在目标消费群体之间以及行业内的认知度；②增强经销商对××漆推荐的信心。

具体运作：①制作5秒标版广告，具体选择省电视台《天天房产精品版》

以及市电视台经济资讯服务频道作为广告依托载体。②其中，《天天房产精品版》每天播放12次，此节目均在《中国体育报道》或《新闻现场》之后，计划连续播放两个月。市电视台2套播放时间为20:00~20:30；20:30~23:00电视剧特约广告时段，计划播放30天。

3. 门招制作

目的：①提升品牌的知名度以及增强经销商的信心和忠诚度；②拉动终端销量，提升终端包装的形象；③诱导未经销××漆的商家销售××漆。

具体运作：①在专业市场内和建材集散地的门店范围内物色地理位置较好的门店进行门招申请制作；②凡是经销××漆的商家都需制作门招，报市场部设计，由当地广告公司制作安装；③鼓励未经销××漆的商家制作××漆门招。

4. 横幅冲击

目的：①提升品牌知名度和美誉度，增强品牌的口碑传播；②提升终端的销售氛围，增强消费者和商家对我公司以及产品的认知；③提升品牌的亲和力以及烘托产品上市的促进力度。

具体运作：①制作3m、5m、10m等规格的横幅，发布内容可形式多样，做到既不枯燥乏味又不繁杂冗长，数量在150条左右；②在主要的专业市场内以及小区内悬挂或者跨街悬挂；③在销售终端门头或店内空当地方悬挂××漆条幅。

另外根据××市场特点，计划制作500件马甲用于专业市场的运输工人和营业人员着装。

5. 终端展示

目的：①提升品牌形象，增加产品在终端的冲击力；②烘托终端销售氛围，拉动终端的销售力。

具体运作：①充分利用公司现有资源，进行立体式的终端组合包装；②对货架、灯箱、资料架、样板、样板架、样板册、样品罐、海报、一次性的单页、横幅、说明书、POP等进行有针对性的整合包装；③力求在市场内做到终端的差异化包装。

6. 小区推广

目的：①提高品牌知名度和亲和力，增强我司对终端用户的服务意识和能力；②促进销售量；③拓展和培养油工网络。

具体运作：①选择中高档住宅小区进行重点推广；②充分组合海报、单页、DM、横幅、样板架、样板册、太阳伞、小气球，甚至拱门以及广告碟，达到整体的宣传效果；③一般采用导购员进行现场讲解和现场销售为主要方式；④每次推广活动均要求一个较为突出的宣传主题（如服务、促销手段、产品质量、价格等诸多方面的诉求特点）；⑤与本市分公司人员共同参与，并考虑××漆与××管捆绑推广。

本项活动因为要求较高，可以考虑在以后成熟阶段进行，但因效果较好，目前已成为建材产品和装饰公司最惯用的手段之一。

7. 环保公益事业赞助

目的：①提升品牌的美誉度和知名度；②巧妙地结合品牌的延伸内涵，达到品牌内涵的传播和升华。

具体运作：选择较有影响力的环保事业项目进行赞助投入，并且与传媒保持良好合作关系，努力进行品牌的美誉传播。

此项活动需要结合社会热点以及大众关注的事业来进行，所以不宜操之过急，有待抓住机会而深入。

五、费用预算

1. 户外广告：府河市场（按一年计算）37000 元/块；红牌楼市场 40000 元/块；八一市场 8400 元/块；累计：85400 元。

2. 电视标版广告：制作费 800 元；《天天房产精品版》发布费 1500 元/12 次/天；折扣：5.5 折；发布时长 60 天；小计：49500 元。

市电视台 2 套每天两次，每次价格为 900 元（八折）；时长 30 天；小计：43200 元；电视广告累计：92700 元。

3. 门招制作：按制作 40 块计，每块平均面积约为 7 平方米，每平方米制作安装费按 55 元计算，累计费用为：15400 元。

4. 横幅冲击：按每米 6 元计，3 米发布 60 条；5 米发布 70 条；10 米发布 20 条；发布费用按 15% 计算，累计费用为：5000 元。

5. 马甲制作：25 元/件 ×500 件 =7500 元。

6. 终端展示资源费用：40000 元。

7. 费用总计：246000 元。

六、效果预测

1. 在较短时间内，在××市场能提高品牌知名度和认知度，以及能在一定程度上对周边地级城市有一定的辐射，从而为公司在西南地区形成全国市场的局部优势而打下坚实的基础。

2. 在两到三个月内，能对销售终端起到较大的促进拉动作用，并形成××漆在××市场的具有较强劲生命力的网络维形，基本实现分销网点数量在 30 家左右，门招制作 40 块左右。

3. 以上强势推广，能很好地增强代理商和经销商以及业务人员对××漆的认识和信心，增强终端甚至整体市场的销售活力，促进××漆在××市场销售量的提高。

4. 在××市场明年有望突破 400 万元的整体销售量。通过扶持××市场作为公司的样板市场，来提高公司品牌与市场的磨合程度，提高公司运作涂料项目的经验，为 2003 年度全国市场的整体成功运作推广提供样板参考！

第三节　广告策划案

广告策划案是营销整合策划中市场传播的策略、创意和发布、监控的可行性论述和行动方案，所以必须精彩、准确、完整地表现广告策划的内容，能够充分、有效地说服决策者。

需要注意的是，广告策划案和广告文案是不同的：前者是面向广告目标的决策者，是整个广告活动的思维依据和执行计划，后者是面向广告目标的受众群，是广告的形象表现和攻心武器；在结构篇幅上，前者包含后者；在策划业务上，后者决定前者。

广告策划案的写作要着重于对新信息的侧重表现。也可以概括为三性二力：新奇性、可信性、可操作性和震撼力、说服力。努力寻找一定的理论依据，适当列举正反事例，利用数字说明问题，利用图表帮助理解，合理设计版面，注意细节，消灭差错。

【广告策划案的样板】

"电话听网"广告策划案

（注：此方案为某省电信公司所推出的新业务产品在华北某省的广告策划方案，原文收录仅供参考，省市名称略去。）

一、综述

随着中国加入WTO，电信市场的竞争日益激烈，××省电信公司为适应市场的变化与需求，将于2002年推出16项新业务，听网就属于这些新业务之一。

之所以采用"听网"这一概念，也正是考虑到2002年省电信推出的其他新业务，如：电话博彩、电话聊天、固定电话短信息等业务，相对于这些新业务而言，"听网"这一概念具有高度的涵盖性，即明年的一些电信新业务（包括本业务）均包含在内。我们可以就推出此业务之机，提升这一理念，为以后新业务的推广奠定良好的基础；另外，"听网"这一概念可以传达给消费者一个全新的理念，即以"听"的方式来使用"听网"，而不是"听"互联网，这就很好地将此项业务与互联网区分开来；就"听网"这个词本身而言，它既是一个名词，即一个"网"的名字，叫做"听网"，同时，这个词也是一个动词，即表达一种听的行为，以"听"的方式来使用互联网。

本策划案正是针对"听网"这一业务的推广制定的宣传策略。包括业务分析、目标消费者分析、市场分析、媒体计划及广告表现等内容。

二、业务分析

1. 业务优势

● 语音控制

可以通过电话用语音控制，直接进入想要收听的内容，而不必像电脑上网，必须返回一级菜单，再进入另一个一级菜单，再进入下一个一级菜单。

也不像信息台那样必须记住很多的接入号码，才可收听想听的内容。操作简单，极具人性化。

● 内容实用、娱乐兼顾

本业务的内容大致可以分为两种：

A. 实用性内容——以各种时事要闻、股市行情、车船或航班信息或各地餐饮就住信息等为主。

B. 娱乐性内容——以各种花边新闻、歌曲小品点播或情感故事为主。

● 操控形式新颖

通过用语音控制，不需要接二连三地按键，这是本业务形式新颖的具体表现。新颖的操控形式，将对消费者形成极强的吸引力。

● 不收信息费

本业务在本质上应该是属于电话信息服务。受以前168信息电话的影响，必须告知消费者，本业务不收信息费。

2. 业务劣势

● 电脑朗读

本业务中需要及时更新的内容均采用电脑朗读，电脑朗读的最大缺点就是没有语气和语调，不会像人声朗读那样有通过语音的高低起伏、抑扬顿挫而产生出应有的氛围。

● 表现形式单一

只提供一种表现形式——声音，单一的表现形式决定了本业务在娱乐功能的提供上不会有更深更广的发展。

● 推广障碍

本业务采用语音控制的形式，对一些中、老年用户来说会产生一定的心理障碍。另外，这种新的方式也不大容易在一上市就被中、老年所接受。

三、消费分析

1. 使用本业务的多为信息查询，且查询目的是为了下一步行为的发生。如：股市行情等。

2. 由于费用因素，“娱乐广场”、“歌曲点播”等娱乐节目会有相当一部分人使用。

3. 在缺乏其他方式的情况下，会有部分人群使用本业务了解时事要闻。

4. 信息查询者在需求上具有迫切性。

四、市场分析

1．市场定位

依据本业务的内容，其市场应定位于实用信息及被动娱乐市场。业务的概括性描述为：信息娱乐平台。其功能描述为：及时提供实用信息，为使用者下一步行为的决策提供参考和依据，同时满足部分人群的娱乐需求。

2．同类业务（产品）比较：略。

五、目标消费群定位

根据业务性质及特点，确定业务目标消费群即我们的广告目标受众为：

- 喜欢尝试新事物的时尚一族

本业务在操作上采用语音控制，在操作形式上是一次变革，形式的新颖必然会对喜欢新事物的时尚一族形成强力吸引。因此将他们作为我们的目标受众的一部分。尤以先期为主。

- 信息需求者

满足如下特点的人群可成为本业务信息功能的使用者：

A. 有信息需求；

B. 所要了解的信息与自身下一步行为有关；

C. 通过本业务了解比其他了解方式更快捷；

D. 身边没有其他了解方式。

- 原信息台的用户

由于本业务不收信息费，所以会有相当一部分的原有信息台的用户转向本业务。此类用户不包括聊天类信息台和其他一些小型私人信息台。

六、广告表现

- 报纸广告文案

1．标题：118163“电话听网”——自然的网

文案：自然，就是依照自己的意愿行事。

××电信倾力打造118163“电话听网”。118163“电话听网”，全自动语音控制，您想听什么就说什么，直接进入，无须查找，拨打118163即可。

2．标题：118163“电话听网”——自然的网

文案：自然，就是绿色、没有伤害。

××电信倾力打造118163“电话听网”。118163“电话听网”，纯绿色的网，不伤眼睛，又没有辐射，想怎么听就怎么听！拨打118163即可。

3. 标题：118163“电话听网”——自然的网

文案：自然，就是无处不在。

××电信倾力打造118163“电话听网”。118163“电话听网”，以电话作为使用终端，只要有电话，就可以听网，网是人人都可以听的！拨打118163即可。

4. 标题：118163“电话听网”——自然的网

文案：自然，就是合理。

××电信倾力打造118163“电话听网”。118163“电话听网”，收费合理，给您信息，不收信息费，有电话就能听，打得起就听得起！拨打118163即可。

- 折页文案

封面：118163“电话听网”——自然的网

内容：只要您拨通118163，直接说出你所需信息的菜单目录，通过语音点击，即可直接进入下级菜单，再进入你所查询的内容。例如：你要查询保定的天气预报，接通118163，说保定，然后再说天气预报，即可查询到你所需的内容。以此类推。

118163“电话听网”的栏目菜单：

1.1 重要新闻：1.11 国际新闻；1.12 国内新闻；1.13 焦点新闻。

1.2 生活公告：1.21 天气预报（按城市查询）；1.22 航班查询；1.23 火车查询；1.24 影视预告；1.25 吃住通知（按地名查找，顺序播放）。

1.3 体育专栏：1.31 体坛赛事；1.32 体育动态（按项目查询）。

1.4 娱乐广场：1.41 明星闪烁（影视动态、最近十条）；1.42 音乐驿站（歌曲名、歌手，选择1、2、3）；1.43 开心时刻（小品、相声、笑话，逐条播放）；1.44 听戏点歌（按戏曲种类，可以直接说歌名，如果不存在，可以随机播放）。

1.5 财经参考：1.51 股票行情（按股票名称和代码查询）；1.52 外汇牌价（播放外汇名称，提示用户选择）；1.53 上市公告（当天新闻、摘要、内容）；

1.54 热买热卖（打折信息、财经咨讯，按城市）。

1.6 庄户人家：1.61 致富指南（录新闻）；1.62 农业供求；1.63 养殖技巧；1.64 种植方法。

1.7 教育频道：1.71 帮你考试（按考试类别）；1.72 自我教育（培训和招生信息，按专业分类，计算机、英语等，按技能、等级查询）。

1.8 ××乡音：直接说地名，查询该地的信息。

1.9 法律顾问：1.91 法律动态家；1.92 法律法规；1.93 案例分析。

1.10 客户咨询：本业务使用方法、功能、资费和内容。

封底：118163“电话听网”——自然的网

语音控制　绿色无辐射　人人都会用　不收信息费

××省电信公司

● 电视广告脚本

1. 脚本一（30 秒）

镜头一：一位年轻靓丽的纯情少女，坐在广阔的大海边，双手抱膝，闭着眼睛一副悠闲而又快活的表情。

背景声音：海浪的声音。

文案：听海的声音，放飞你的心情（声音甜美的女声）。

镜头二：一位年轻而又潇洒的青年，专注地站在繁茂的树林当中，轻轻地抬头仰望，神情自然而又认真。

背景声音：清脆的鸟叫声。

文案：听鸟儿歌唱，寻找自然的我（声音低沉的男声）。

镜头三：一位 30 岁左右的男性，坐在家中的电话旁，手拿电话筒，紧接着是一个手拨电话的特写镜头，显示“电话听网”的接入码 118163。

文案：听“电话听网”，做充实的自己

镜头四：显示汉字——“电话听网”118163（旁边显示“听网”的标志）。

××省电信公司

2. 脚本二（30 秒）

镜头一：一位穿着休闲的青年男子，回家拿出网兜举到耳边在认真听

（镜头为快进式播放并配有滑稽的音乐）。

镜头二：一位靓丽的年轻女子款款走来，询问此男子：“嗨，干吗呢？”

镜头三：男子摸着后脑勺好奇地说：“我在听网啊，不是说网能听吗？”

女子纯真地笑道：“你真幽默！人家是‘电话听网’，它是语音控制，不用眼睛看，只用耳朵听，内容丰富多彩并且不收信息费，只要用电话拨打118163就可进入！”

镜头四：显示汉字——“电话听网”118163（旁边显示“听网”的标志）。

××省电信公司

注：脚本一为业务形象广告，有助于提升业务形象，为以后其他相关业务的宣传奠定基础。脚本二为业务介绍广告，采用幽默的广告表现形式以便于受众记忆。

• 广播广告文案

1. 对话版（20秒）

男：（嘀嘀的拨电话声后）“国内新闻”、（间隔2秒后）“列车时刻表”、（间隔2秒后）“天气预报”……

女：哎，你给谁打电话呢？怎么就说几个字呢？

男：嗨，我在听“电话听网”呢，它是语音控制，不用眼睛看，只用耳朵听，内容丰富多彩并且不收信息费，只要用电话拨打118163就可进入！

话外音：“电话听网”118163，××省电信公司。

2. 说明版（10秒）

（语音舒缓的女声）：××省电信公司倾力打造“电话听网”，它是语音控制，不用眼睛看，只用耳朵听，内容丰富多彩并且不收信息费，只要用电话拨打118163就可进入！“电话听网”118163，××省电信公司。

七、媒体计划

说明：由于本业务将在1月15日首先在A市和B市试用推广，于同月25日进行全省推广，所以，本策划案针对×××和×××地区只作1月15日至1月24日这一时间段的报纸投放计划，而全省其他地区的推广只作1月25日至2月5日（即春节前）这一段时间的媒体计划，其他时间的媒体安排依据具体情况再行制定。

1. 报纸广告投放计划

• A 市媒体投放计划

媒体	投放内容	投放日期	单价	版面/时段	总计（万元）
生活早报	文案一	1.15	37500	头版彩色 1/4	35.4
		1.22	34000	常规版黑白 1/2	
		1.24	17000	常规版黑白 1/4	
	文案二	1.16	37500	头版彩色 1/4	
		1.22	34000	常规版黑白 1/2	
		1.24	17000	常规版黑白 1/4	
	文案三	1.17	37500	头版彩色 1/4	
		1.23	34000	常规版黑白 1/2	
		1.24	17000	常规版黑白 1/4	
	文案四	1.18	37500	头版彩色 1/4	
		1.23	34000	常规版黑白 1/2	
		1.24	17000	常规版黑白 1/4	
×××晚报	文案一	1.15	46000	头版彩色 1/4	38.8

总计 74.2 万元。

• B 市媒体投放计划

媒体	投放内容	投放日期	单价	版面/时段	总计（万元）

以下略，总计 40.2 万元。

• 全省媒体投放计划

媒体	投放内容	投放日期	单价	版面/时段	总计（万元）

××日报，64.2 万元。

以下略。

××都市报，43.4 万元。

以下略。

××广播电视报，22.4 万元。

以下略。

总计：130 万元。

注：各地市媒体计划安排依据××省整体推广策略及各地市具体情况自行安排；其中媒体费用为各媒体公开报价，具体实施时费用依当时具体情况而定。

2. 电视广告投放计划

说明：电视广告自1月25日~2月5日以全省投放为主，安排如下：

媒体　内　容　时段　日期　单价　合计（万元）

X1套　形象广告　中央新闻联播后　1月25日~1月28日，1月31日~2月3日　10000　17.6

业务告知　二档剧一集主题曲后　1月25日~1月28日，1月31日~2月3日　12000

X2套　形象广告　本省天气预报后　1月25日~1月28日，1月30日~2月3日，2月5日　13000　26

以下略。

总计：48 万元。

注：各地市电视广告投放依据各自具体情况自行安排。上面所列媒体费用为各媒体公开报价，具体实施时费用依当时具体情况而定。

3. 广播广告投放计划

广播广告选择××交通音乐台，1月26日到2月5日全天滚动播出。预计费用为：3.6 万元。

总计：全省广告投放总媒体预算为：130 +48 +3.6 =181.6 万元。

八、广告效果预测

略。

第四节　大型公关活动策划案

活动策划方案是企业或组织在短期内提高知名度、美誉度、影响力、市场占有率而采取的一项积极有效的行为。活动策划既可以是企业的促销活动策划，也可以是大型社会活动策划，其共同点就是功利性和社会性。

企业的促销活动策划案是相对于市场策划案而言的，严格地说它是从属于市场策划案的，它们是互相联系、相辅相成的。活动策划案也只有遵从整体市场策划案的思路，才能够使企业保持稳定的市场销售额和增长额。

而大型活动的策划案，除了活动主题的响亮（借助客观势能）、活动形式的新颖这两个重要卖点，最考验策划人的是可执行性。

活动策划案的写作主题要单一，在进行 SWOT 分析之后，扬长避短地提取当前最重要的，也是当前最值得推广的一个主题，而且也只能是一个主题。在一次活动中，不能做所有的事情，只有把一个最重要的信息传达给目标消费群体，才能引起受众群关注和参与。

直接地说明利益点，才能使目标群体在接触了直接的利益信息之后引起参与冲动，从而形成影响力。

活动要围绕主题进行并尽量精简，过于丰富多彩的活动容易造成主次不分，不但会提高活动成本，而且会影响执行。

【活动策划案的样板】

“南京云锦与国同庆新春佳节”策划建议书

“南京云锦”是我国优秀传统文化的杰出代表，是中国传统工艺美术的瑰宝，因其绚丽多姿，美如天上云霞而得名。

云锦的历史源远流长。早在三国时期的东吴就从各地征调手工业者到建邺（南京）充实官营的手工业作坊。孙权的赵夫人能亲手用彩线织成龙凤的织锦，宫中还有上千名专门从事丝织的宫女。这是有记载的南京地区丝织业的最早开端。南朝刘宋，开始在建康（南京）设立锦属，管理丝织生产。此后，南朝各代政权均相沿袭，成为常设机构，为此后南京丝织业的发展打下了基础。自宋代以来，我国丝织产区重点转移到江南。南京、苏州、杭州三地一直是特种锦缎的重要产地。到了元明清三代，南京制造单位承办了御用织物，成为“南京云锦”的起始年代，至今已有700 多年的发展历史。由过去讲究配色为主的织锦工艺，转向崇尚用金作主体表现，对明清两代御用高级锦缎的设计生产产生了重大的影响。明代的云锦除织金品种外，南京丝织艺人又独创了通经断纬、加金妆彩的“妆花”锦缎，成为艺术成就极高而又极富地方特色的提花丝织珍品。由于特殊要求，不惜工本，精益求精地设计制造，使得云锦在此期间成熟定型。据史书记载“康熙到嘉庆的160多年间，南京民间丝织业发展到拥有3万多台织机，直接、间接赖以为生的达20万人之多”。御用贡品用料考究、织造工精、花纹色彩典雅精美胜过天上云霞，因而南京生产的各种提花丝织锦缎在晚清之后被统称为“云锦”。

云锦主要可分为“库缎”、“织金”、“织锦”、“妆花”几类，其中成就最高的是“织金”和“妆花”。“织金”就是织料上的花纹全部用金线织出，织出的织物能历经数百年仍然金光灿烂，光彩夺目。“妆花”是云锦中织造工艺最复杂的品种，特点是用色多，色彩变化丰富，一件织物花纹配色可多达十几种甚至二三十种，但均能处理得繁而不乱，统一和谐，获得生动优美的艺术效果。它是用5.6米长、4米高、1.4米宽的大花楼木质提花机，由上下两人配合操作生产出来的，全手工制作的每一件服饰都是独一无二的，最少也要花费几个月的时间。妆花中的极品当数孔雀羽织金妆花纱龙袍，是帝王皇家气派的代表物。我们曾在20世纪80年代复制了第一件龙袍，全过程历时5年多，从而使失传300多年的纱地妆花工艺得以恢复。由此可见我国古代丝织工艺的高度成就。

“南京云锦”是中华民族传统文化的精华，是受省市政府以法律形式保护的珍贵艺术，目前国家文化部已经向联合国教科文组织申报世界非物质类文化遗产代表作。

中央电视台的春节联欢晚会是在中国最重要的传统节日春节举办的活动，是举国欢庆的大喜时刻，也是弘扬中华民族优秀传统文化的最佳时机。最民族的才是最国际化的，作为中国传统工艺美术的瑰宝，具有任何国内外名牌服装所不可比拟的品位优势，南京云锦无与伦比的美丽和珍贵必定能使晚会、使主持人平添亮色，艳惊四海，展现国家台的品位气度，为民族的喜庆盛会增添异彩！

2003年是中国传统的羊年，三羊开泰，象征着吉祥发达。在传统云锦的吉祥纹样中就有“大吉羊”的图案，如果在这样的场合，主持人穿上代表中国传统服饰最高成就的云锦服装，向全国人民、全球华人问候新年，那将是多么美好和谐，多么激动人心、寓意深远的创新！

所以我们郑重向中央电视台提出赠送云锦特制的春节联欢晚会主持人服装。我们将以最高级、最经典的传统工艺，最强的艺工阵容，精心制作，作为向祖国传统佳节的献礼和祝福，也以此表达我们南京人民对中央电视台传播传统民族文化，丰富人民精神生活的感谢和敬意。

首届［南京云锦国际论坛］策划大纲

一、序言

“南京云锦”是我国优秀传统文化的杰出代表，是中国传统工艺美术的瑰宝，因其绚丽多姿，美如天上云霞而得名。云锦的历史源远流长。南京生产的各种提花丝织锦缎在晚清之后被统称为云锦。“南京云锦”是中华民族传统文化的精华，是受省市政府以法律形式保护的珍贵艺术，目前国家文化部已经向联合国教科文组织申报世界非物质类文化遗产代表作。

相比起雨花石、咸水鸭等“老南京”，无论从历史文化的精彩久远，从产品的超群魅力、视觉震撼力，还是从赢利能力、市场前景的角度，云锦都是真正值得南京骄傲的地方特色物产。

所以，推广云锦，是当代南京人责无旁贷的神圣使命。南京云锦震撼2003 CCTV春节联欢晚会，耀眼夺目，已经造就良好的开端，乘胜向前，理所当然。

二、活动的目的、主题、理念、卖点

1. 目的

追求“让云锦倾倒国人，让云锦征服世界”的市场目的，满足当前目标的需要，即成功获选“世界非物质类文化遗产代表作”，借助中央电视台万众瞩目的春节联欢晚会之势，以论坛高规格的表现形式，邀请联合国教科文组织（UNESCO）的有关官员，以及中外名人，实地领略南京云锦的久远文化、无上品位和迷人魅力。

并借此深刻感受南京这一会聚传统菁华与现代时尚的城市印象，营造最广泛的对南京云锦的心理需求和消费需求！

2. 主题：首届南京云锦国际论坛

“南京云锦国际论坛”要比“中国云锦论坛”更为突出地方特色和产地保护原则。

3. 宗旨

让云锦倾倒国人，让云锦征服世界。

4. 卖点

借助中央电视台万众瞩目的春节联欢晚会之势，由10多位中国当红主持人所展示的空前的精美绚丽，已经深刻在国人心中，同时也埋下了进一步了解、认知、欣赏云锦的伏笔。

借助《红楼梦》之势，《红楼梦》是中国古典小说艺术的丰碑，南京云锦则是中国古典丝织艺术的丰碑，今年是曹雪芹240周年诞辰，势必会有大规模高规格文化纪念活动，事半功倍。

三、活动环境选择

南京市，南京云锦的唯一产地。拥有悠久绚烂的历史文化，更是现代化的中国科技、教育中心城市。结合云锦的独特内涵和背景，力求活动的环境体现地方和传统特色。

组织论坛代表、嘉宾参观富于南京悠久文化积淀的精华亮点，将参观考察游览活动和八卦洲农家风情、东郊风景区（包括红楼艺文苑）、阳山碑材等相结合，力求与云锦文化的历史背景相协调。

四、活动时间安排

2003年4月底至5月初。

气候宜人，适宜开展与服饰文化相关的展示、演艺活动；

距“世界非物质类文化遗产代表作”考察评审时间接近，可使得有关人士印象深刻，效果性强；

期间没有其他大型活动，避免影响活动的效果。

五、活动的参加对象

1. 国家领导人，分管文化或经济工作的国家领导人。

2. 联合国教科文组织官员。

3. 外国驻华使馆官员。

4. 具有较高国际影响的社会名流。

（根据对国际文化领域及上流社会影响力的标准，并结合本人对南京的友好程度，建议邀请巩俐、吴小莉两位女性出任论坛特邀嘉宾。）

5. 国内外著名的服装设计师，云锦研究专家，红学家。

6. 著名服装品牌企业的CEO、品牌总监。

7. 包括香港在内的全国性重点传媒，日本、欧洲、美国主要传媒机构的文化和商业记者。

六、筹备工作及活动安排

1. 筹备工作

提交、论证、完善，批准项目策划案，政府立项、形成文件。

成立由分管副市长挂帅的活动领导小组，制定活动的方针、原则；组建由文化、外事、经济、旅游、公安等主管部门的领导、专家学者、企业家和策划师等构成的活动筹备委员会，具体负责活动的具体筹备、组织和协调工作。

落实活动预算，细化活动方案，筹集活动经费，联合相关的纺织、服装、文化、旅游等行业的著名企业和品牌，多途径融资策划，延伸活动效益，增加参与性、互动性，提高影响力和效益性。

及时检查督促活动各项筹备、环境、设施、材料等工作的落实情况，确保质量、时间和效率。

2. 邀请工作

尽快落实与会宾客名单，邀请与会贵宾、嘉宾，其中前四类人士是整个活动的人气亮点和价值要素，关系重大，必须一一对应，准确保证。

3. 宣传工作

作为树立南京城市形象、体现弘扬传统文化精华和创新精神的政府性活动，南京地区的新闻媒体应主动地、积极地、全面地宣传报道。

作为前期铺垫，形成舆论基础和文化基础，在“南京云锦国际论坛”的新闻炒作启动之前，首先在江苏和南京范围内联合传媒开展《首届云锦知识竞赛》活动，采取包括报刊刊登试题，网上参赛，电视转播决赛等方式，吸引广大民众关注和参与，进一步深刻认知，形成舆论热点和社会氛围，为联合国教科文组织的“世界非物质类文化遗产代表作”评审工作来宁考察奠定社会基础，使他们切实感受到在南京“云锦确实是妇孺皆知的历史文化遗产”的社会信念。

4. 环境建设

除了整体环境气氛的渲染，在论坛及来宾代表参观、展示等活动的现场，其环境布置和装饰的风格等要统筹规划，协调一致，突出传统性、民族性、地方特色。

5. 主要活动（结合实际，选择运作）

a. 云锦知识竞赛——云锦申报“世界非物质类文化遗产代表作”全国万人签名活动；

b.“云锦皇后”评选活动；

c.《红楼梦》与云锦系列知识讲座；

d. 南京云锦国际论坛；

e.“2003 云锦沙龙”（或 2003 云锦 Show）酒会；

f.“云锦广场”揭幕典礼；

g. 南京云锦一日游——实地参观考察；

h. 首届云锦服饰时尚发布会；

i. 发行云锦论坛纪念封；

j. 成立“云锦族”高尚俱乐部；

k.“云锦之春”综艺晚会。

6. 活动策划及日程表：略。

七、工作要求

1. 领导高度重视，提高各阶层对云锦推广意义的共性认识。

2. 广泛发动群众，普及云锦知识，形成良好的社会舆论氛围，成为南京城市的新亮点、新卖点。

3. 发挥各自优势，文化、纺织、传媒、外事等部门各显神通，努力拓宽传播推广渠道，力求最佳影响，最大效益。

4. 加强分工协作，各部门分工明确，紧密合作，充分协调，强调南京市的整体利益。

八、活动的整体形象设计

包括“南京云锦”的商标注册；原产地保护；“南京云锦国际论坛”VIS系统；“南京云锦节”的VIS系统。

整体形象设计必须和传媒宣传、环境布置紧密衔接，相得益彰。

“云锦皇后”评选活动：仿效国际传统消费文化的典型“葡萄酒皇后”的运作模式，公开评选年度“云锦皇后”，以美丽、高贵、典雅的女性形象作为传播展示云锦文化和时尚的代表、推广大使。

九、环境渲染

着重表现云锦“天子服”的高雅尊贵特色，展现南京地方文化特色，突出传统手工艺术登峰造极的魅力，糅合《红楼梦》的传奇色彩，在主要活动的举办场所，古今相衬，营造出使人永久难以忘怀的环境氛围。

十、活动的主承办单位：略。

十一、活动管理机构

成立由分管副市长亲自挂帅的活动领导小组，以及由各相关部门领导、专家学者、企业家等共同组成的筹备委员会，对论坛及相关活动进行决策和管理。

筹委会下设五部一室：

办公室——综合负责活动的综合管理、财务、人员、协调联络等工作；

宣传部——负责活动的策划、宣传推广、电视转播等工作；

外联部——负责活动贵宾、嘉宾及其他代表的邀请、联系、接待等工作；

招商部——负责活动的市场招商、筹集经费等工作；

活动部——负责各项活动的组织、实施等工作；

保障部——负责活动的后勤保障以及安全保卫等工作。

十二、安全措施及意外事件的防范

1. VIP宾客安全保卫工作；

2. 主要活动现场安全、秩序控制；

3. 设备安全、交通及车辆管理；

4. 消防及交通安全；

5. 食品卫生、医疗保障；

6. 保险计划；

7. 天气气象预报及备份方案；

8. 应急方案及人员分工。

十三、融资及资金运作

本活动的意义深远，经济效益可以明显预见。尤其对于参与活动的相关纺织、服装、旅游、包装等行业企业具有更加直接的市场机会和效益前景，所以应充分发掘其中的商业价值，寻求合作，融入资源与资金，巧妙策划合作及回报计划，多途径多方式筹集活动经费，欢迎企业和民间资本参与。

活动筹委会需制定合理可行的赞助回报方案，并严格兑现承诺。

十四、活动预算及效益评价

1. 预算构成

包括宣传费用、会务费用、招待费用、交通费用、筹备费用、人员费用、后勤保障费用、不可预见费用等，预算约800万元。

2. 资金来源

财政拨款与市场化运作筹资相结合，但作为首期投资，政府应给予积极扶持。

3. 资金使用

严格活动经费的管理监督。活动筹委会设立专门账户，健全费用申请和报销审批制度，确保“来路清楚，使用合理，手续齐全”。

4. 效益评价

由于活动立足长远经济效益和社会效益，且是首届开发，缺乏运作经验和市场基础，所以不会产生直接的利润。

十五、预测活动效果评估及展望

1. 本次论坛及相关活动成功后，延伸其影响，必将形成波波相连的“云锦热”，从而进一步促进并形成南京、江苏乃至全国性的“云锦服饰”的高阶层消费时尚。

创造南京产品的新的增长点，真正实现“文化搭台、经济唱戏”的目的。

2. 设立“中华云锦节”，高品位，时尚感、消费性强。既弘扬真正的民族传统文化精华，又体现传统与时尚、古都与现代精彩融合的创新，更创造超越一般产品和一般“××节”的直接经济效益。

十六、附件

1. 本次活动的主要批文（文化部、科技部、南京市政府及相关政府部门会签文件）。

2. 活动出资单位的协议（含承办、联办、协办等企事业单位间的协议）。

3. 主要活动的平面图、进程表。

4. 各种文件文稿撰写审定（活动计划书、说明书、日程表、公告、邀请函、新闻通稿、发言稿等等的中英文本）。

5. 活动 VIS 系统。

6. 宣传广告的设计审定、印刷小样、样带、音带等等。

7. 论坛主题。

①传统云锦工艺的挖掘、保护、开发，云锦文化的溯源；

②《红楼梦》与南京云锦；

③现代科技与云锦传统工艺的结合，新技术新手段的运用；云锦服饰的时尚化；

④南京云锦作为高档服饰、包装材料应用领域的研究与开发；

⑤南京云锦的产业化进程，现代管理和营销理念的建立；

⑥南京云锦市场化、国际化的课题。

第五节 求职策划案

一、求职信就是营销自我的策划案

求职信最好写给能做录用筛选和决定的人，开头应能吸引读者的注意力，要侧重你对公司的价值而不是自己的需要，尽量应用对方的行业、公司常用的语言。在后半部分要明确要求面试，并保持追踪。

你的姓名、地址、联系方式

对方姓名、头衔、单位名称

尊敬的________：

第一部分：写明你要申请的职位和你是如何得知该职位的招聘信息的。

例如：★很高兴地得知贵公司目前在招聘______。一个贵公司的资深客户推荐我应聘此职位。我写此信应聘贵公司招聘的______职位。★我很高兴地在招聘网站得知你们的招聘广告，我学习______专业已______学期了，并一直期望能有机会加盟贵公司。

第二部分：说明并简明阐述你如何满足公司的要求。陈述你所特有的将据之以为公司作出贡献的教育、技能和个性特征。提供内附资料的证人但不要写详情。要有“请参阅简历”的字样，该求职信应促使对方想进一步阅读你的简历。

例如：★我在______公司任______职的______个月期间，曾几次因工作中的主动性与创造性而受到嘉奖。

第三部分：给出你电话预约面试的可能时间范围，或表明你希望迅速得到回音，并标明与你联系的最佳方式。

例如：★我希望能与贵方当面交谈并讨论我的技能在哪些方面能对贵方有利。我将再次在______时间内与贵方联系以便约定可能的会面时间。★我希望您能感到我是该职位的有力竞争者，并希望能尽快收到面试通知。

第四部分：感谢他们阅读并考虑你的应聘。

你真诚的朋友：（签名）电话号码：

二、个人简历

和求职信一起递交给应聘单位的，就是个人简历了。二者都是开启职业之门的钥匙。写作简历时，要强调工作目标和重点，语言简短，多用动词，并且避免会使你被淘汰的不相关的信息。人力资源管理者都很繁忙，在筛除不合适的应聘者前不会花费时间来浏览每一份简历。当你获准参加面试，简历就完成了使命。

简历写作应该真实全面而又重点突出，简练明晰；内容平实、沉稳、严肃，评价客观，诚恳谦虚、自信礼貌；版面美观，标志明显，段落不要过长，字体大小适中，排版端庄美观，疏密得当。通常建议使用电脑打印的文稿，如果你的字写得不错，不妨再附上一篇工整漂亮、简短的手书求职信，效果会更好。

满足这些原则后，还要注意以下四个要点：

1. 简历要尽可能简短。简历越长，反而无足轻重。

2. 让个人的简历集中于一个特定领域或行业，为的是针对性。如果你对好几类工作感兴趣，你也许需要写几份简历。

3. 尽量使用强势语言而非弱势语言：前者如计划、选择、监督、设计、预算、编辑、建立、领导；后者如参与了、协助了、……领导下工作、被赋予了……责任、由……领导。

4. 描述自己的工作成果：★数字——人员、销售额、业绩等的增加；★节约的时间、提升的效率——量化；★效果；★持久性：你的一个建议、方法、解决方案已多长时间被采用；★团队合作；★个人作品等。

【求职案的样板】

样板 1

尊敬的人力资源部经理：

有幸阅读星期四××报，获悉贵公司招聘人才。本人曾担任×公司销售部高级职员四年之久，自信有充分工作经验，可担任贵公司所招聘的销售经理职务。

本人自2001年开始，一直担任营销业务工作。在工作期间，除正式业务范围外，与各地区客户颇有来往，并利用公余时间，学会了很多有关商业问题的处理，并参加了多项专业培训。

在×公司任职前，我还曾在×××公司担任过文员工作。在任职期间，学会很多有关综合性事务管理程序。

本人现年××岁，未婚，××年毕业于××学校，我希望有机会充分利用自己的工作能力，从事更大范围工作之需要，这是我急于离开现职的主要原因。本人现任职的公司老板，对我的工作雄心颇为赞许，因此，愿协助我另谋他职。

如果方便的话，我愿亲赴贵公司办公室晋见阁下，以便详细说明。

×××启　　　电话：　　　邮箱：

样板2

亲爱的温先生：

承贵公司黄丽佳女士相告，贵部需要一名经理助理，我希望申请该职。我将于下月从商学院毕业，在学校突出的成绩及在商业上的某些经验，已使我准备好去干您所要求的工作。

我确有兴趣学习商业实务，我同时也是一个工作勤勉和学习敏捷的人。如果有机会，我相信在贵公司能展现出自己的价值。

周一到周六的上午，您都可以找我面谈。简历随信附上，希望早获回音。

您诚挚的×××

本章的内容是针对中、初级商务策划师的学习，以及就业后所面临工作任务的要求所设置的。对于刚刚涉足策划的新人，首先要求的是知道并能够做对，之后才是如何做好。

为此目的，我们列举了一些商务策划案文本的实战样板供学习参考，风格各不相同，学员可以通过其他书籍和网络浏览更多的实战文本，结合自己的喜好特点和所在行业进行分析比较，以获得最适合自我特点、最适应目标客户需求的策划案创作模式。

知识要点

策划案的5W3H；策划书的结构和内容；商务策划案的主要类型；商务策划书写作的基本要领；策划书的评价标准；营销策划案、广告策划案的“三性二力”。

思考与训练

1. 策划案的5W3H是何含义？

2. 讨论策划书的结构和内容，与一般公文相比有什么异同？如何掌握其要领？

3. 策划书的评价标准是什么？为什要做这样的要求？

4. 试举例说明营销策划案、广告策划案有什么相同和差异之处。

5. 假定一人要应聘3个行业不同的单位，请分别设计出3份求职策划书。

6. 选取一份公开、完整的策划书，试用本章内容和方法对其作出评价。

附　录

一、世界著名策划机构简介

1. 跨国智囊团——国际应用系统分析研究所

国际应用系统分析研究所（IIASA）1972 年 10 月在维也纳郊区成立，由美国总统约翰逊发起，目的是研究发达国家共同面临的环境、都市、能源、生态、人口等问题。美国、前苏联、日本、加拿大、捷克、法国等 17 个国家参加，总部设在哈布斯堡宫内，每个成员国都设有分部。

国际应用系统分析研究所（IIASA）的研究方式大体有以下 6 种：核心研究、客座研究、委托研究、合作研究、催化研究、交换情报。

该研究所同其他智囊团一样，注重系统分析。由于信誉很高，专家们的工作出色，该所咨询硕果累累，受到委托者的信任和赞扬。广泛的研究领域，科学的研究方法，卓越的研究成果，使国际应用系统分析研究所（IIASA）声誉遍及全球。其研究的主要课题与项目是：

能源系统：50 年内能源结构的转变，能源与环境的关系，奥地利太阳能计划等。

水源：水的开发，匈牙利蒂萨河开发等。

生态与环境：森林虫害控制，莱茵河污染，CO_2 污染对气候的影响，旅游业对奥地利高山区的冲击等。

食物与农业：太平洋鲑鱼资源，IIASA 食物和农业模型，农业环境问题等。

人口问题：人口统计学，移民问题，劳动力的人员统计学，教育人力计划等。

城市和地区系统：节约能源的城市设计，城市交通管理，城市地区经济发展规划等。

生物和医务系统：卫生保健系统，经济发展与健康的关系，癌症普查问题等。

大型组织问题：地区经济发展的组织问题，分级管理体制，集权管理体制等。

集约化工业系统：工业中集约化的以计算机为基础的管理系统，各国钢铁工业中计算机管理系统的对比等。

方法论：最优化技术，计量经济学方法，非平滑最优化，投入产出模型，控制论问题，稳定性问题，回弹性问题，数学模拟技术等。

计算机科学：IIASA 计算机中心及计算机网络的建立，17 个成员国的计算机联网等。

2. “世界脑库”的杰出代表——美国兰德公司

美国兰德公司（Rand）是世界上著名的智囊团。“兰德”是英文“研究与发展”（research and development）两个词的缩写。

第二次世界大战即将结束时，美国空军为提高 B－29 轰炸机的性能，请道格拉斯飞机公司 3 名技术人员进行联合研究和技术改进，并在轰炸日本时显示了威力。于是，1945 年 10 月，美空军总司令阿诺尔德将军建议制订兰德计划，旨在研究新武器，但后来与道格拉斯公司在执行上产生一些矛盾。1948 年5 月，由福特基金会资助了 1000 万美元，把执行兰德计划的部门独立出来，正式成立兰德公司。

兰德公司成立初期，主要为空军服务。到 20 世纪 60 年代，其服务的对象扩大到外交、城市管理、环境保护、能源、保健、教育等诸多领域。

兰德公司人才济济，其中包括数学家、计算机专家、经济学家、政治学专家、语言学家、物理学家等等。兰德公司是全能型的智囊团，它不但研究科学技术、社会学、经济方面的问题，还研究军事和现实政治问题。

50 多年来，兰德公司研究成果巨大，成为国际上公认的从事未来研究最先进的机构。1950 年，美国侵略朝鲜战争开始之际，兰德就预测到“中国军队将跨过鸭绿江”。

兰德公司研究的重点之一是预测研究，并创造了著名的预测方法——德尔菲法（Delphi）。它是世界上 200 多种预测方法中使用比例最高的方法之一，在

"生男生女预见选择"、"人体器官更新"、"月球观测站建立"、"长期提高智力的药物"等许多问题的预测上，其准确度令人咋舌。

3. 现代咨询业的巨人——麦肯锡管理顾问公司

麦肯锡管理顾问公司1923年成立于美国，历经80余载的发展，成为世界上首屈一指的策划机构。在41个国家拥有80余家分公司，近9000名员工。公司六成以上的业务在美国以外的国家和地区展开。

该公司的创始人麦肯锡，是美国芝加哥大学的会计学教授、企业科学管理的倡导者。他十分强调分析、预算和计划在企业管理中的作用，他的管理思想比管理实践者至少超前几十年。麦肯锡的管理理念与泰勒不同，前者强调如何管老板，后者强调如何管工人和生产流程。

麦肯锡公司专业为企业总裁、部长、高级主管、大公司的管理委员会、非营利性机构以及政府高层领导就其关注的管理议题提供咨询服务。麦肯锡公司咨询服务的最大价值在于从企业最高管理层的角度出发，将发展战略与实际情况有机结合，制定建议方案，协助客户实施，从而成功地提高经营绩效。

分布在世界各地的每家麦肯锡分公司都由资深的麦肯锡咨询董事 Partner 即合伙人和专业咨询顾问组成。他们在当地聘用、培养优秀的本地人才，使之能够逐步担当公司的业务重任。目前，这支全球合作与本地特色并举的麦肯锡团队拥有来自70多个国家的5200多名咨询顾问。他们均毕业于国际著名学府，绝大多数人同时拥有知名学院的工商管理硕士和博士学位。具有理工学和其他学科专长的人员比例亦正在增长。

麦肯锡公司属私人股份制的有限责任公司，全部股权归近600名现任董事所有。这种由公司内部咨询人员升任董事并持有股权的组织形式确保了公司的决策不受外来股东利益的影响，亦不受母公司的左右。

4. 现代咨询业的多面手——美国斯坦福国际咨询研究所

美国斯坦福国际咨询研究所（Stanford Research Institute Intemational，缩写为 SRI），成立于1946年，当时是斯坦福大学的一部分，1970年独立，是世界上享有盛誉的综合研究所。

该所既研究自然科学和工程技术，又研究经济学、社会科学，同时还承担咨询工作。目前拥有数千名专职研究人员，研究范围极其广泛，其中24%为研究新产品、新工艺服务，23%为评价投资计划服务，20%为改善管理工作服务。

该所研究的课题大、中、小都有，大的如某个国家、某个跨国公司的长期发展规划研究；中的如某种新式激光武器的设计研究，某一工业部门的投资计划，某项新能源的开发研究等；小的如接受某个百万富翁或电影明星委托的项目，甚至为培训一些管理人员编制计划等。

与众不同的是，该所15名董事、50名理事都是由美国教育界、科技界、经济界或其他各界著名学者担任，全都不拿工资。他们采用现场调查、直接对策等方法，运用第一手资料进行经济预测和经济决策，咨询工作十分扎实。

5. 追赶兰德的“脑库”——日本野村综合研究所

日本野村综合研究所（NRI）正式成立于1965年4月1日，其前身是野村证券公司的调查部。

1906年，其创始人野村德七开始苦心经营。随着日本经济和科技的发展，野村证券公司于1946年创业40周年之际，建立了一个包括经济和科技两个领域的新型研究机构。20世纪60年代初，为了解决受委托的研究课题，野村借鉴外国“脑库”的经验，采用自然科学与社会科学相结合的方法进行综合性调查研究，逐步使野村证券公司调查部发展成为享有盛誉的综合性研究所。

野村所的研究领域十分广泛，大到目标战略、能源对策，小到超级市场、出租汽车、业余时间支配等。

野村的成功来自于对优秀的、高水平研究人员的选拔和培训机制，一般是大学毕业后在所内边进修、边工作或派往国外深造，保证研究人员具备“五大能力”：（1）有调查研究的能力；（2）有发现问题的能力；（3）有善于同委托者交涉的服务能力；（4）有与同人共事的合作能力；（5）有适应课题转变或专业转变的能力。

6. 战略问题的高手——德国罗兰贝格公司

罗兰贝格公司于1967年在德国建立，目前在全球23个国家设有33个办事处，已经发展成为全球最大的源于欧洲的战略咨询公司。

创始人罗兰·贝格博士，当过科尔、施罗德等多位德国总理的经济顾问，帮助过德国电信等巨无霸起死回生，个人声望遍及朝野。1967 年，罗兰·贝格在慕尼黑一手创办、并以他名字命名的咨询公司，现已成为闻名德国乃至全球咨询业的“金字招牌”。而罗兰·贝格本人始终是公司的首席推销员。

与中国本土咨询公司的起步相似的是，罗兰·贝格在公司刚开始的时候，也是大事小事都要他一个人，到 20 世纪 70 年代末他开始大量招募新的咨询师。80 年代罗兰贝格开始向国际化方向发展，在米兰、巴黎和纽约开设办公室。1987 年，德意志银行收购了罗兰贝格 75.1% 的股份。这个时候，资本的出现是及时的，无疑为罗兰贝格大规模的发展插上翅膀。同年，罗兰·贝格就在德国以外的 6 个国家开设了办公室。

1997 年，罗兰·贝格已经在全球 25 个国家拥有 110 个雇员，年收入 5 亿德国马克，这使得它可以与麦肯锡公司比肩。1998 年，罗兰·贝格意识到自己的实力已经可以使他比较容易地摆脱德意志银行，此后通过巧妙的管理层收购，公司又回到了罗兰·贝格和他的合伙人手中。

1985 年罗兰贝格公司主持了世界银行对上海机床厂贷款改造项目的可行性咨询工作，首次进入中国市场。1994 年在北京、上海、香港设立代表处。1997 年其上海公司成立，迅速成为活跃的服务机构。从 1967 年创业至今，罗兰·贝格的公司在财务记录上从未发生过亏损。在前东德国有企业私有化及托管局的工作中，罗兰·贝格担当重要角色。罗兰·贝格在 1978～1980 年间任德国咨询协会主席，并在全欧咨询协会担任多年的主席。自 1992 年以来，罗兰·贝格一直是国际管理咨询协会副会长。

二、《商务策划师资质评价标准》(2005 版)

本标准结合我国商务环境和企业经营创新的实际需要研究制定，是一部旨在规范和引导国内商务创新人才成长和发展的评价标准。

1. 职业体系

1.1 职业定义

1.1.1 商务策划：更加获益的经营创新决策方式，是整合企业有效资源，实现最小投入最大产出，把虚构变成现实的商务过程。

1.1.2 商务策划师：具有良好的职业道德，能够熟练运用经济管理、商务策划理论和各种实战方法为经济组织提供创新服务并取得明显绩效的专业化人员。

1.2 职业等级

按照在企业创新组织中制定或实施商务策划案中所起的作用和担负的责任，商务策划师分为三个等级，即：高级商务策划师、中级商务策划师、初级商务策划师。

1.3 职业要求

1.3.1 高级商务策划师：能够独立完成商务策划案的制定或实施，解决企业某一重要经营领域（战略、生态、融资、管理、营销等）的创新问题。

1.3.2 中级商务策划师：能够深度参与商务策划案的制定或实施，解决企业某一经营领域中（战略、生态、融资、管理、营销等）某些环节或某个经营项目的创新问题。

1.3.3 初级商务策划师：能够局部参与商务策划案的制定或实施，完成企业创新经营的某些基础性或技术性工作。

2. 申报条件

2.1 高级商务策划师：商务策划师资质评价的高等级别。

（1）具有大专及以上学历，从事商务工作（企业管理、营销、咨询、企划、公关、广告等）满 5 年；有相当商务工作经历，主持 1 个以上商务策划案，并有策划业绩者，可不参加培训直接申报 1 个成功实施的策划案例，参加全国统考通过者。

（2）取得中级商务策划师资质满 2 年，至少参与 2 个以上策划案的策划和实施工作者，可不参加培训直接申报 1 个参与策划和实施的策划案例，参加全国统考通过者。

（3）具有大专及以上学历，从事商务工作 5 年以上，经培训参加全国统考并经过专家组综合考评通过者。

2.2 中级商务策划师：商务策划师资质评价的中等级别。

（1）具有大专及以上学历，从事商务工作（企业管理、营销、咨询、企划、公关、广告等）满 3 年；有相当商务工作经历和策划业绩者，可不参加培训直接参加全国统考通过者。

（2）取得初级商务策划师资质满 2 年，至少参与 1 个以上策划案的策划工作，可不参加培训直接参加全国统考通过者。

（3）具有大专学历满 2 年、本科学历满 1 年，从事商务工作（企业管理、营销、咨询、企划、公关、广告等），经培训参加全国统考通过者。

2.3 初级商务策划师：商务策划师资质评价的初等级别。

具有大专及以上学历，从事商务工作 1 年以上或大学本科在读的商科类学生，经培训并参加全国统考通过者。

2.4 策划业绩

（1）策划业绩作为申报高级商务策划师的必备条件、申报中级商务策划师不参加培训直接参加全国统考的附加条件；申报初级商务策划师无策划业绩要求。

（2）申报高级商务策划师，要求申报人提交 5 年内已经实施的商务策划案，且该策划案取得显著的创新成效；申报中级商务策划师，要求申报人提交 3 年内已经实施的为解决企业某一经营环节或某个经营项目的商务策划案，且该策划案取得良好的业绩效果。

3. 基本素质

3.1 职业道德

（1）遵守国家法律、法规和各项政策，不违法违规从事。

（2）始终把客户利益放在第一位，不借策划之便谋求个人私利。

（3）实事求是，量力而行，不接受力不能及的委托项目。

（4）为客户保守商业秘密，未经许可，不得泄露客户信息。

（5）严格按照和约、规定收取费用，不得索取约定之外的其他报酬。

（6）团结业内人士，不诋毁同行。

3.2 基本知识

3.2.1 信息整理类

（高级、中级、初级商务策划师具备）

（1）信息工具应用。了解国家经济社会信息统计政策；了解获取有关信息的渠道；了解和掌握互联网查询方法；了解电话等信息工具的使用方法；了解全国各种主要媒体的内容特点。

（2）市场（商情）调查。能够设计市场调查用表；了解市场调查机构的运行特点，掌握与市场调查机构合作的要领；学会临时组建信息调查小组；掌握各种获取调查数据的方式方法。

（3）信息数据分析。掌握基本的统计学知识，对获取的信息数据能够做出各种指标分析。

（4）文案格式。熟悉主要的商务文本、文件格式，熟练掌握可行性分析报告、项目建议书、市场分析报告、上报策划方案等典型或常用的与策划工作相关的文本和文件格式。

3.2.2 分析判断类

（高级、中级商务策划师具备，初级策划师一般了解）

（1）财务管理。熟悉资产负债表和损益表上各个要素的含义，掌握主要的财务分析指标。

（2）企业诊断。能够通过财务等案头数据初步估测企业的现状和未来走势；能够根据企业的现状和发展趋势判断其管理难点、发展的瓶颈，能够对企业的矛盾进行主次排序。

（3）技术经济学。基本掌握项目分析的基本思想，熟悉项目可行性分析中各主要指标的含义，可以凭借有关书籍计算实际项目的有关指标，掌握项目可行性分析报告的格式。

（4）经济学。学会分析主要经济现象和市场动态的背后本质，能够掌握主要经济与市场中的因果关系，形成理性预测经济与市场走势的思维和方法。

（5）管理学。了解和掌握企业管理主要概念、主要技术和方法、流行的管理理念等。

（6）公共关系学。掌握公共关系资源的评价、沟通、开发、管理、利用等方面的基本原理，了解社会主要公共关系资源的基本形态。

（7）市场营销学。了解和掌握市场营销的基本概念、基本方法、基本原理、基本模式、最新理念等。

（8）政策法规。了解国家产业政策、经济法规，特别是熟悉和运用《公司法》和现代企业制度。

3.2.3 策划创新类

（高级商务策划师具备，中级商务策划师一般了解，初级商务策划师有所了解）

（1）哲学。学习马克思主义哲学思想和中外其他哲学家思想，提高总体把握事物的能力，提高对社会各种现象的洞察力，依照一般规律增强想象力。

（2）心理学。了解人（特别是消费者）的心理活动规律，利用这些规律，设计对外商务活动方案。

（3）商务策划理论。掌握现代商务策划基本知识框架，努力跟踪最新经济理论和策划理论的发展，不断丰富自己的商务知识。

（4）经典智慧著作。学习中外智慧名著，了解主要篇章，研究主要观点，结合经营实际，不断加深对自己所从事的策划领域的认识。

3.3 基本能力

3.3.1 高级商务策划师

（1）具有全面的信息收集能力

具有良好的广泛收集信息的习惯，收集信息达到全面、准确、及时。

（2）具有敏锐的分析判断能力

能够敏锐、快捷地分析和辨别各种商务问题的本质属性和相互之间的内在联系。

（3）具有较强的创新能力

具有较高的商务设想能力，创造性地提出新办法，善于把握机会，敢于寻求实施途径，并能刷新经营业绩。

（4）具有出色的组织能力

具有领导素质和指挥艺术，在商务策划工作中，能够合理配置人、财、物和各种情报资料。

（5）具有较高的应变能力

具有锐利的职业敏感性，能够随机应变，灵活处理各种矛盾，减少商务策划的不确定性和风险。

（6）具有准确的口头表达能力

善于用不同的语言风格、形式表达自己的观点。发散思维能力强，表达简明扼要，主题鲜明。

（7）具有较高的文字写作能力

对于不同类别的商务文本都有自己所熟练掌握的格式，能够做到快速进入写作状态。

（8）具有较强的心理承受能力

情绪稳定，不为外部环境的变化而动摇；工作进展顺利时，不过分乐观、冒进，工作进展不顺利或被动时，不埋怨、不气馁。

3.3.2 中级商务策划师

（1）具有较全面的信息收集能力

具有良好的广泛收集信息的习惯，收集信息达到全面、准确。

（2）具有较强的分析判断能力

能够分析和辨别各种商务问题的本质属性和相互之间的内在联系。

（3）具有较强的创新能力

具有较高的商务设想能力，创造性地提出新办法，善于把握机会。

（4）具有一定的组织能力

具有基本的领导素质和指挥艺术，在商务策划工作中，能够合理配置人、财、物和各种情报资料。

（5）具有良好的口头表达能力

善于用不同的语言风格、形式表达自己的观点。发散思维能力较强，表达简明扼要，主题鲜明。

（6）具有较强的文字写作能力

对于不同类别的商务文本都有自己所熟练掌握的一般性格式，能够做到快速进入写作状态。

3.3.3 初级商务策划师

（1）具有一定的信息收集能力

具有良好的收集信息的习惯，收集信息达到较为准确。

（2）具有初步的分析判断能力

能够分析和辨别一般商务问题相互之间内在的联系。

（3）具有良好的口头表达能力

能够用较为准确的语言和恰当的方式表达自己的观点。

（4）具有基本的文字写作能力

掌握商务文本的基本写作格式，能够做到较快地进入写作状态。

（起草人：周培玉）

2004年10月26日通过专家论证

2005年12月30日第一次修订

（注：《商务策划师资质评价标准》由原国家人事部全国人才流动中心发布、实施，自2001年7月至2008年6月，全国共有3万余人获得认证。）

三、初级商务策划师全国统一考试试题及答案

全国初级商务策划师统一考试试题（2008 年 5 月）

一、单选题（共 25 小题，每题 1 分，满分 25 分。请把正确的答案写在括弧内）

1. 热得发烫的国际油价，令中国国内的民营石油商们难以为继，但却给外国石油巨擘们带来一个绝佳的“收编”良机，跨国石油巨头壳牌集团决定将“不计形式”地收购中国民营加油站，加速在中国的加油站布局，壳牌的这种做法符合《三十六计》中的（　　）。

A. 上屋抽梯　　B. 釜底抽薪　　C. 反客为主　　D. 趁火打劫

2. 格兰仕的“中国红”系列微波炉，采用了高贵明艳的红色钢琴烤漆，将中华文化元素和工程设计结合，符合年轻人对时尚品位和个性化的追求，受到了消费者的青睐。这个创意符合创意理论的（　　）。

A. 魔岛理论　　B. 迁移理论

C. 变通理论　　D. 元素组合理论

3. 以下哪项不是《三十六计》中的计策（　　）。

A. 抛砖引玉　　B. 假痴不癫　　C. 中流击水　　D. 偷梁换柱

4. 2006 年 7 月，刘翔在瑞士洛桑田径超级大奖赛男子 110 米栏比赛中以 12 秒 88 的成绩打破世界纪录，在刘翔破纪录当天，刘翔代言的可口可乐、耐克、伊利等全部投放了网络广告，其中，耐克当天赶制出的电子广告，在上海外滩震旦大厦户外电视屏幕上播放。刘翔 13 日归国时，身穿耐克特意赶制的印有“12.88”的 T 恤，《北京晨报》和上海《东方体育日报》头版刊登了耐克的 12 秒 88 广告。当天下午，北京王府井大街和上海淮海路的耐克户外广告，都换成了 12 秒 88 的巨幅内容。可口可乐在刘翔破纪录之后，也迅速召开了会议，但相比耐克，可口可乐只推出网络广告等部分内容，这与耐克的“凶猛”营销无法比拟。这次事件营销的案例说明了策划应具有的基本特征之（　　）。

A. 一定的虚构性　　B. 相对的新颖性

C. 相对的超前性　　D. 可操作性

5. 20 世纪 50 年代，日本的汽车制造业实力并不强，因此美国的汽车制造商根本不把日本厂商放在眼里，对美国顾客爱好的变化和自己忽视小型汽车生产的弱点熟视无睹，日本人就正好抓住了美国汽车制造业偏重生产不灵便和油耗大的大型豪华轿车的弱点，研制出了为很多美国人喜爱的小巧灵便、油耗小、价格低、乘坐舒适的小汽车，以迅猛的速度占领了美国市场，美国汽车制造商因为无准备面对日本人的突然袭击，因此一败涂地。日本汽车制造商的做法属于商务策划竞争策略之（　　）。

A. 合纵连横　B. 先发制人　C. 出其不意　D. 非常手段

6.《田忌赛马》中田忌赢了和齐威王的赛马比赛，是策划基本原理之（　　）的成功应用。

A. 奇正原理　B. 系统原理　C. 博弈原理　D. 简易原理

7. 确定企业形象识别与传播的最佳方案是（　　）的范畴。

A. 企业形象策划　　B. 企业文化策划

C. 企业品牌策划　　D. 企业公关策划

8. “仁、义、理、智、信”是（　　）的策划思想。

A. 法家　B. 儒家　C. 纵横家　D. 道家

9. 概括从 20 世纪 80 年代改革开放之初开始至今的中国策划业，其发展大致可分为三个阶段，学科建设和职业化阶段是指：（　　）。

A. 20 世纪 80 年代中期至 90 年代初期

B. 20 世纪 90 年代初期至 90 年代中后期

C. 20 世纪 90 年代中后期

D. 21 世纪以来

10. 在四维策划模型中，□表示的是：（　　）。

A. 策划的对象　　B. 策划的主体

C. 策划思维的框架　　D. 策划的客体

11. “商务策划是更加获益的经营创新决策方式，是整合企业有效资源、实现最小投入最大产出，把虚构变成现实的商务过程”，这是（　　）对于商务策划的观点。

A. 事前设计说　　B. 思维活动说

C. 商务创新说　　D. 决策过程说

12. 荀子在《劝学》中说："登高而招，臂非加长也，而见者远；顺风而呼，声非加疾也，而闻者彰。假舆马者，非利足也，而至千里；假舟楫者，非能水也，而绝江河。君子生非异也，善假于物也。"此段话的理念和商务策划获利策略的（　　）的观点是相同的。

A. 合纵连横　　B. 借势造势　　C. 名人效用　　D. 非常手段

13. 创新技法中的观察法、实验法、模拟法、假说法、归纳法和演绎法等，都是类属于（　　）的具体方法。

A. 组合类创新技法　　B. 激励类创新技法

C. 研究类创新技法　　D. 类比类创新技法

14. 竞争产生策划，策划赢得竞争。策划可以帮助策划主体谋划、探索、设计多种备选方案，这反映了策划的（　　）功能。

A. 决策功能　　B. 放大功能　　C. 创新功能　　D. 竞争功能

15."凡战者，以正合，以奇胜。"在"正合"的主要因素中，除了有形资源、无形资源、显在优势之外，还有（　　）。

A. 环境资源　　B. 潜在优势　　C. 潜在威胁　　D. 政治资源

16. 美国著名的营销权威舒尔茨（Don E. Schultz）提出了4R营销理论，阐述了一个全新的营销四要素组合。其中，提高市场反应速度是4R营销理论中的（　　）要素。

A. 沟通　　B. 节省　　C. 顾客　　D. 关系

17. 以广告促销为中心，通过创意新、高投入、大规模的广告轰炸，直接诱发消费者的购买欲望，由消费者向零售商、零售商向批发商、批发商向制造商求购，由下至上，层层拉动购买，这种促销策略是：（　　）。

A. 宣传式说服　　B. 交涉式说服　　C. 推式策略　　D. 拉式策略

18. 消费者如何选择所需的产品，主要是根据对满足其需要的每种产品的（　　）进行估价而决定的。

A. 效用　　B. 需要　　C. 满足　　D. 价值

19. 在策划的运作程序中的设计策划方案阶段，要考虑的因素很多，主要应考虑的内容不包括：（　　）。

A. 从现有条件和能力出发　　B. 量化策划目标

C. 方案要齐全、各具特色　　D. 精心编写策划书

20. 在产品营销策略中，高价低强度促销的方式是：（　　）。

A. 快速渗透策略　　B. 缓慢撇取策略

C. 缓慢渗透策略　　D. 快速撇取策略

21. 以下关于产品的描述，不正确的是：（　　）。

A.“核心产品”，即产品给予客户提供的最基本的效用和利益

B. “附加产品”，是在客户购买时所同时获得的全部附加服务和利益的总和

C. 核心产品所体现的是产品的物质性

D. 附加产品所体现的是产品的延伸性

22. Bp 石油公司的系列电视广告包括“重量篇”、“温室效应篇”、“天然气篇”、“绿色教育篇”、“新白云机场篇”和“太阳能篇”等，这些广告都始终诠释“Bp，不仅贡献石油”这一品牌理念，这是广告创意（　　）的体现。

A. AIDMA 法则　B. BI 理论　C.“互动说”　D. “锐利广告”

23. 目前介入婚宴酒市场的品牌并不多，由于难以找到专门的婚宴用酒，许多人不得不把金六福、今世缘等比较吉祥的品牌当成婚宴用酒，为此，五粮液集团专门为新婚喜宴量身定做了婚宴酒，其市场定位的原则是：（　　）。

A. 根据具体的产品特点定位　　B. 根据特定的使用场合及用途定位

C. 根据顾客得到的利益定位　　D. 根据使用者类型定位

24. 明确广告目标后，选定广告媒体，再计算出为实现这一广告目标应支出的广告费用，这种广告费用预算方法是：（　　）。

A. 销售百分比法　　B. 目标任务法

C. 竞争对抗法　　D. 倾力投掷法

25. 大学生通常都面临就业，要想获得良好的职场人缘儿，以下哪种做法是不适宜的：（　　）

A. 要注意尊敬不喜欢你的人

B. 要把过去的事情全让人知道

C. 要明知故问：你的钻戒很贵吧

D. 不要期望所有的人都喜欢你，那是不可能的，让大多数人喜欢你就是成功的表现

二、多选题（共25小题，每题1分，满分25分，多选少选都不得分。请把正确的选项写在括弧内）

1.《孙子兵法》由2500年前的大军事家、谋略家孙武所著，以下哪项是其中内容：（　　）。

A. “知常知变”

B. “奇正相生”

C. “欲擒故纵，欲进故退”

D. “夫兵形象水，水之形避高而趋下，兵之形避实而击虚，水因地而制流，兵因敌而制胜”

2. 现代商务策划的五大领域包括：（　　）。

A. 战略策划　　B. 营销策划　　C. 融资策划　　D. 广告策划

E. 生态策划　　F. 管理策划

3. 商务策划的基本特征有以下几点：（　　）。

A. 一定的虚构性　　B. 可操作性

C. 相对的新颖性　　D. 相对的超前性

4. 策划基本方法的人文法包括了（　　）等几种方法。

A. 预测法　　B. 集思广益法　　C. 经验法　　D. 调查法

5. 对策划方法的不定，我们应作如下正确的理解：（　　）。

A. 策划方法自身在不断变化，再成熟的策划方法也不可能一成不变，它会因方法应用者的删减、添加、改造而有所不同

B. 策划方法应用在不同领域会有不同的效果

C. 策划方法很多，策划者可以灵活应用，随时改变方法，活用已有的方法

D. 策划就是创新，策划方法随着策划人的智力创造而不断涌现

6. 历史上中国策划共有三次大的辉煌，其中两次是在政治、军事领域

（　　），一次是在经济建设领域（改革开放至今）。

A. 春秋战国时期　　B. 三国时期

C. 新民主主义革命时期　　D. 两汉时期

7. 综合分析中外专家关于策划的描述，可以将策划的基本要素归纳为以下几点：（　　）。

A. 策划的主体　　B. 策划的客体

C. 策划的外部环境　　D. 策划的资源和条件

E. 策划的思维方法　　F. 策划的对象和目标

8. 策划的商务作用在微观方面体现在：（　　）。

A. 提高岗位职能　　B. 提高人才的职场竞争力

C. 提高决策速度　　D. 提高决策质量

9. 在知识经济时代，有三个最基本的特征：（　　）。

A. 现代化　　B. 全球化　　C. 信息化　　D. 知识化

10. 以创新为目的的策划思维显著的特点是：（　　）。

A. 发散性　　B. 可行性　　C. 联想性　　D. 新锐性

E. 逆向性　　F. 超前性

11. 策划思维的过程包括：（　　）。

A. 整理　　B. 判断　　C. 搜集　　D. 创新

12. "思维策划模型"的构成要素包括：（　　）。

A. 知己　　B. 正合　　C. 知彼　　D. 奇胜

13. 在英语中，包含有策划意思的词语有：（　　）。

A. plot　　B. scheme　　C. plan　　D. programme

E. strategy　　F. engineer

14. 创意的规律主要体现在以下几个方面：（　　）。

A. 择优律　　B. 相似律　　C. 对应律　　D. 综合律

15. 在日常策划中，还可以从以下几个方面寻找策划的切入口：（　　）。

A. 从顾客的希望切入　　B. 从顾客的抱怨切入

C. 从畅销产品切入　　D. 从顾客的特殊需要切入

E. 从购买者不经意的谈话切入

16. 在策划的运作程序中策划方案的选择主要应把握以下几方面原则：(　　)。

A. 目标原则　　B. 可行性原则　　C. 创新原则　　D. 价值原则

E. 择优原则　　F. 利益原则

17. 产品的生命周期是指产品从投入市场到最终退出市场的全过程，一般经历如下几个阶段：(　　)。

A. 导入期　　B. 成熟期　　C. 衰退期　　D. 成长期

18. 按照商务策划的对象划分，可以分为以下几种：(　　)。

A. 战略策划　　B. 战术策划　　C. 领域策划　　D. 实施策划

19. 典型的品牌策略包括：(　　)。

A. 产品线扩展　　B. 新品牌　　C. 多品牌　　D. 品牌扩展

20. 根据研究的问题、目的、性质和形式的不同，市场调研一般分为如下几种形式：(　　)。

A. 探测性调研　　B. 描述性调研

C. 预测性调研　　D. 因果关系调研

21. 筹集足够的资金对于创业者来说是至关重要的，对于大学生来讲，资金问题尤为突出，更需要精心策划。巧妙进入，以小博大，见效较快的途径包括(　　)。

A. 寻找加盟机会　　B. 接手亏损企业

C. 与人合作　　D. 争取小额创业贷款

22. 有时需要用策划来真心诚意地帮助别人，但帮助不当会适得其反，为知己而策划追求时，应当参考如下提示：(　　)。

A. 追求空前绝后　　B. 要把费用变成投资

C. "劳改"心态　　D. 技术交底

E. 留有余地　　F. 甘心在侧

23. 创新人才应具备的基本能力有：(　　)。

A. 观察能力　　B. 学习能力　　C. 沟通能力　　D. 表达能力

24. 优秀策划书的写作应具备"四个必须"：(　　)。

A. 必须提出具有相对新颖的观点、论点、决策点

B. 必须提供具有说服力的论据

C. 必须客观可行

D. 必须有完整且可以被决策管理层理解的论证过程

E. 必须包括备选方案

F. 必须有清晰严密的工作分解分工的执行计划

25. 策划人才的三种类型包括：(　　)。

A. 职务策划　　B. 职业策划　　C. 专业策划　　D. 自由策划

三、判断题（共 25 小题，每题 1 分，满分 25 分。正确的请在括弧内写“T”，错误的请在括弧内写“F”）

1. 商务即指一切以利益为表现、以交换为目的、以货币为手段的个人或组织活动。　(　　)

2. 融资策划：顾名思义，融资就是融入资金，融资策划就是制定企业获取或借助资金的新方案。　(　　)

3. 管理策划就是为了实现管理创新而制定的人力资源与非人力资源相配合的新方案。　(　　)

4. 策划是创新型的思维，需要有一定的超前性，必须满足：相对于其他策划者思维形成所需的时间超前；相对于市场形成或成熟的时间超前。　(　　)

5. 策划起源于中国，春秋战国时期已十分兴盛，迄今已有几千年的历史。　(　　)

6. 企业常见专题策划的广告策划即确定促成客户购买行为和效果的最佳方案。　(　　)

7. 商务策划的系统原理要求策划人能够高瞻远瞩、深谋远虑，能够从整体上把握、控制和驾驭全局。　(　　)

8. 现代商务策划≈西方战略计划 + 日本企划应用 + 中国谋略智慧。　(　　)

9. 策划与咨询可以形象地比喻为“复印原件”和“复印机”的关系。即：咨询——做“复印机”（咨询公司）和开发复印纸（用户），策划——制造“复印原件”（创造知识）。　(　　)

10. 策划的思维结构是：状态、角度、方法、程序等四个要素的组合。 ( )

11. 所谓重点强化法，就是解决问题要抓住事物的特点或重点，善于从策划对象的一点强化突破。 ( )

12. 从顺应需求，到发现需求，到创造需求，是策划思维的新锐性形成的三个过程。 ( )

13. 组合类创新技法：侧重于根据目标原则，将两个或以上的因素巧妙组合，从而获得具有整体功能的新成果。 ( )

14. 营销组合的4R是指：关联（Relevancy）、节省（Retrenchment）、关系（Relationship）和回报（Rewards）。 ( )

15. 按照美国市场营销协会1985年的定义，市场营销是对思想、产品及劳务进行设计、定价、促销及分销的计划和实施的过程，从而产生满足个人和组织目标的交换。 ( )

16. 品牌的含义可分成六个层次：第一，属性。第二，利益。第三，价值。第四，文化。第五，个性。第六，用户。 ( )

17. 整合营销的核心思想是将与企业进行市场营销所有关的一切传播活动一元化。 ( )

18. 营销组合的"4C"是站在企业的角度看市场，立场在企业在产品的制造者。 ( )

19. 产品组合的宽度是指产品线中每一产品有多少品种。 ( )

20. 品牌扩展是指将现有品牌名称扩展到新的产品类别中。 ( )

21. 广告策划的"锐利广告"是针对UPS理论的单向线性传达方式将消费者置于被动接受地位的不足，在消费者主体意识觉醒的时代所倡导的双向互动式广告传播形式。 ( )

22. 促销的主要要素包括：广告促销、人员促销和销售促进，以及公共关系。 ( )

23. 一个成功的创业者必须具备以下条件：树立必胜信心、不怕吃苦受难、善于创造机遇、明确创业目标、学会合作用人。 ( )

24. 策划人的基本立场的决策者至尊是说决策者没有降解与分解复杂思维

的义务，是策划目的的最终实现者，决策者是利益中人，一般有以常人意识为主习惯行事的特点。（ ）

25. 专业策划是指以各种策划成果为生，特点是思维影响决策，但一般与实施无关，策划是自己的事业，甚至是自己的全部。（ ）

四、背景选择题（共 4 篇背景资料，25 小题，每题 1 分，满分 25 分。选项均为单选，请把正确的选项写在括弧内）

（一）背景资料——《巧借东风：久久丫的成功谋略》

世界杯四年一届，每次都是有人欢喜有人愁——被世界杯紧紧牵动神经的，不仅仅是球员和球迷，还有那些对世界杯抱有高期望的商家们。这届德国世界杯已经落幕，赞助球员表现失常、广告牵强附会、整合推广不到位……让不少大牌企业失意而归，而一家卖鸭脖子的小企业——久久丫却借势一飞冲天，成为球迷和媒体津津乐道的焦点。这家成立不过 4 年、世界杯前尚名不见经传的熟食企业，是如何玩转世界杯的呢？

在久久丫决定大打世界杯牌之前，它遇到了一个市场难题——尽管久久丫从 50 万元起家，3 年里便发展到 5000 万，但在广州等南方市场，它一直无法打开局面。在外脑的建议下，久久丫决定抓住世界杯这个四年一遇的机会，从球迷身上找到突破口。船小好决策，很快关于世界杯营销的工作就进入筹备阶段。

久久丫是个小企业，这一点它有自知之明，所以它不可能像那些大牌企业动辄数百万上千万到央视“烧银子”；而且在众企业争抢央视资源的情势下，即使久久丫有豁出去的勇气，它的声音也很可能被其他广告所淹没。此路不通，总还有其他的办法。久久丫想到了“借东风”——借青岛啤酒这个大腕的势，大搞联合营销。

鸭脖子与啤酒是一种绝妙的搭配。一直以来，喝啤酒看足球是众多球迷的消费习惯，如果再加上鸭脖子，该是件多么过瘾的事情！以前没有企业关注这么细微的层面，久久丫完全可以抓住这个机遇来迎合消费需求。而且众所周知，青啤是国内大名鼎鼎的品牌企业、2008 年奥运会的赞助商，这次又投入几千万冠名了央视的世界杯栏目。若能与这样的企业联手，对久久丫来说无论是品牌形象，还是市场推广都是莫大的促进，而且不需要付出额外的费用。

于是久久丫主动找到青啤，提出联合营销，并为青啤开出免费陈列的优惠条件。数百家分店的网络对青啤是个不小的诱惑，基于市场双赢的考虑，青啤欣然接受了久久丫抛来的橄榄枝。从6月5日起的一周内，青啤、久久丫合作的新闻发布会上海、北京、广州、深圳4地轮番召开，正式展开世界杯营销攻势。6月9日，世界杯第一天，“24小时电话、网上购买久久丫鸭脖子，送青岛啤酒助威世界杯组合套餐”活动开始推出，双方联合打出的口号是“看世界杯，喝青岛啤酒，啃久久丫”。

由于摸准了消费者的脉，久久丫推出的世界杯球迷套餐大受欢迎。每听青岛啤酒售价3.5元，虽然与零售价格差不多，但久久丫提供的是冰镇啤酒，再加上鸭脖子与啤酒搭配的绝佳口感，让球迷们大饱眼福的同时也大饱口福。“鸭脖子让世界杯更有嚼头。”一位球迷这样调侃道。

久久丫的世界杯攻势在全国范围内刮起了鸭脖子销售风暴。世界杯开赛当天，久久丫全国销量比平时一下子增长了70%~80%，几乎都卖空了。在上海久久丫连锁店，世界杯首日正值德国队对阵哥斯达黎加队的焦点战，众多观战球迷的订单数量，使久久丫鸭脖子销量急速上升，甚至导致部分连锁店脱销。有的连锁店因为订单太多，不得不忍痛放弃一些；有的连锁店只能通过其他店调剂以解“燃眉之急”。

接下来的一个月里，久久丫各连锁店一直供不应求。鸭脖子销量甚至成了球赛精彩程度的晴雨表，阿根廷、荷兰的两场比赛，久久丫的鸭脖子又多卖出不少。借世界杯之势，久久丫在此期间顺利打破广州固有的饮食文化壁垒，其美味引得许多原先不吃辣的人也忍不住挺身一试。

轮胎快要爆掉，职员快要罢工，身体快要垮掉——连锁店24小时送货、运输车连轴转、管理层全部上到一线……世界杯营销最后的战果是久久丫始料未及的。一个月下来，久久丫卖掉了200多万只鸭子，全国营业额达到1800万，按照其中六成为鸭脖子的比例来算，单一产品的销量额就达到千万元，比去年同期增长100%——而为了世界杯营销，久久丫不过投入150万元左右的资金。1:12，久久丫的这笔生意可谓赚大了。

几乎没有人相信卖鸭脖子能卖出名堂来，久久丫却借世界杯的契机，用“啤酒加鸭脖”的方式一战成名，市场销量上也获得了丰厚的回报。按照久久丫的计划，今后它将在发展过程中不断探索如何与体育赛事挂钩，欧洲杯、奥运会等大型活动已在它的设想中。久久丫“小企业玩转世界杯”的实践告诉我们，体育营销不仅仅是“豪门盛宴”，中小企业结合自身产品特点，也完全可以闯出自己的一片天空来。

阅读以上素材，回答以下问题：

1. 久久丫巧借青啤“东风”开展世界杯营销，从商务策划的竞争策略来看，属于（　）。

A. 先发制人　B. 出其不意　C. 合纵连横　D. 形象塑造

2. 久久丫以世界杯为契机，与青啤联合在全国范围内刮起了一场“鸭脖子风暴”，从商务策划的获利策略来看，属于（　）。

A. 借势造势　B. 以情感人　C. 非常手段　D. 名人效用

3. “看世界杯，喝青岛啤酒，啃久久丫”，久久丫小小企业“玩转世界杯”，以商务策划的切入线索的角度，其属于（　）。

A. 政治线索　B. 经济线索　C. 科技线索　D. 文化线索

4. 久久丫抓住世界杯带来的营销机会，开展体育营销，获得了极大的成功，以商务策划的切入形式的角度，其属于（　）。

A. 物质性创新　B. 利益性创新

C. 信息性创新　D. 时间性创新

5. “一直以来，喝啤酒看足球是众多球迷的消费习惯，如果再加上鸭脖子，该是件多么过瘾的事情”，久久丫由于摸准了消费者的脉，找准了商务策划的切入口之（　）推出世界杯球迷套餐迎合消费者需求，从而大受欢迎。

A. 从顾客的抱怨切入　B. 从顾客的希望切入

C. 从顾客的特殊需要切入　D. 从畅销产品切入

6. “久久丫是个小企业，这一点它有自知之明，所以它不可能像那些大牌企业动辄数百万上千万到央视‘烧银子’；而且在众企业争抢央视资源的情势下，即使久久丫有豁出去的勇气，它的声音也很可能被其他广告所淹没”，因此，久久丫没有选择央视，此路不通，总还有其他的办法。这段话体现了商务策划创意方法之（ ）。

A. 组合求异法　　B. 罗列细分法

C. 人文法　　D. 逆向变通法

7. 久久丫在资源有限的条件下，世界杯一个月下来，久久丫卖掉了200多万只鸭子，全国营业额达到1800万，按照其中六成为鸭脖子的比例来算，单一产品的销量额就达到千万元，比去年同期增长100%——而为了世界杯营销，久久丫不过投入150万元左右的资金。1∶12，久久丫的这笔生意可谓赚大了。久久丫的成功案例是商务策划（ ）功能的生动体现。

A. 竞争　　B. 放大　　C. 决策　　D. 预测

8. 久久丫携手青岛啤酒，大搞联合营销，这种做法属于商务策划方法的（ ）。

A. 组合求异法　　B. 重点强化法

C. 体式法　　D. 连环伏笔法

9. "青啤是国内大名鼎鼎的品牌企业、2008年奥运会的赞助商，这次又投入几千万冠名了央视的世界杯栏目。若能与这样的企业联手，对久久丫来说无论是品牌形象，还是市场推广都是莫大的促进，而且不需要付出额外的费用。"这段话更能体现商务策划宏观作用之（ ）。

A. 促进和提高企业竞争能力　　B. 节约企业资源

C. 改变企业的发展方式　　D. 改变企业的发展目标

10. 久久丫借世界杯的契机，用"啤酒加鸭脖"的方式一战成名，按照久久丫的计划，今后它将在发展过程中不断探索如何与体育赛事挂钩，欧洲杯、奥运会等大型活动已在它的设想中。这体现了商务策划创意方法的（ ）。

A. 移植模仿法　　B. 逻辑分析法　　C. 组合求异法　　D. 连环伏笔法

（二）背景资料——《几则旅游营销案例》

1. 乔家大院和电视剧《乔家大院》

电视剧《乔家大院》作为2006年的开春大戏，它的热播引起了全国的"乔家大院热"，天南地北的游客纷纷慕名而来。

乔家大院是晋商乔家的院落，因房屋建筑雕刻精美而在晋中民居中具有突出的代表性，20世纪90年代初张艺谋著名电影《大红灯笼高高挂》在这里拍摄，很多人都是从这部电影中，知道了山西乔家大院，而电视剧《乔家大院》在央视的热播，更让这里的知名度大大增加，同时使这里的游客倍增。

影视是一段奇妙的心灵旅行，而情境游可以让人们产生一种身临其境的难忘体验，为风景注入了人文情感和难以忘怀的记忆，这种体验营销才能为景区带来差异化的长久生命力，从而才能解决掉“游客为什么要到景区来”这样一个旅游消费原点的问题。

宁夏镇北堡西部影视城，就是以贩卖荒凉而著称，在其拍摄过《红高粱》、《大话西游》、《红河谷》、《黄河绝恋》、《新龙门客栈》等片的拍摄现场，游客不仅可以参观，还可以穿上50多部影视剧曾经使用过的300多套服装，听从专业导演、摄像师的安排，亲自演一回影视剧的精彩片段，并剪辑录制成VCD盘，还能要求编辑把原版电影声音甚至镜头切入自己的录像中。通过影视现场的情景再现和亲自体验，完成游客的一种心灵旅游，带来了新的增值。

晋商文化这个丰富的人文宝藏，为乔家大院和山西景区旅游品牌的成长孕育了丰厚的底蕴和生命力。晋商文化才是山西人文类景区的发展灵魂，如何围绕晋商文化进行深度旅游营销，进一步提升人文景区的文化价值和商业价值，是摆在山西乃至中国诸多人文景区面前的一个营销大课题。

2. 2006年中国沈阳世界园艺博览会

2006年5月1日至10月31日，世界园艺博览会在沈阳成功召开。国内外媒体对世园会累计报道超过10万条，全球的点击超过了2亿人次，共接待游客1260.68万人次，刷新世界园艺博览会游客纪录。

沈阳市通过对沈阳经济区内旅游资源进行整合，以“世博园”景区为王牌，推出区域旅游精品线路，打造沈阳经济区最佳旅游资源品牌。

通过“世博园”龙头景区的带动，为沈阳城市未来发展带来了巨大的乘数效应，对全市旅游、信息、现代传媒和中介服务等第三产业的发展也起到了前所未有的拉动作用。以“世博园”产业集群为龙头，带动开发了园林相关的旅游产品、花卉产业集群链的再衔接，从而带动了区域经济的发展。

世园会的召开，标志着沈阳正由一座“傻大黑粗”的老工业城市，向绿色生态城市全面转型，世园会不仅仅是一次博览会，更成为沈阳向世界展示的一个光彩夺目的文化产业品牌。

3. 秦皇岛乐岛海洋公园

秦皇岛乐岛海洋公园，2004 年 7 月 22 日开业，营业额每年以 100% 的速度突飞猛进，从 2004 年的 1000 多万增长到 2006 年的 4000 多万，共接待游客 200 万人次，并创下秦皇岛景区日接待量突破 3.5 万人次的最高纪录，合作的核心旅行社由 200 多家增长到 800 多家，乐岛以挑战者的身份，用 3 年时间完成了行业一流景区需要数年时间才能达到的业绩，进入了秦皇岛品牌景区的第一阵营，“乐岛旅游营销的创新模式”开创了秦皇岛旅游的新格局，并为中国主题公园的整体突围创造了一个成功样板。

乐岛奇迹是如何创造的?

中国景区，特别是主题公园，娱乐产品线同质化，重复建设现象十分严重，大多数景区没有品牌运作思路，都还处在产品营销阶段，乐岛以海洋文化为核心，应该为乐岛塑造一个什么样个性的品牌形象?

乐岛，以海洋文化为灵魂，超越迪斯尼的卡通娱乐，超越环球影城的电影娱乐，超越环球嘉年华的机械娱乐，开创海洋娱乐新的领导者。

它的品牌定位就是：世界娱乐中心第四极——世界海洋娱乐荟萃。

为了方便跟消费者进行沟通，拉近乐岛和消费者之间的距离，启动角色营销，塑造了一个可爱活泼的卡通人物——淘淘。终端以淘淘为主形象包装出来的一系列海报、立牌、背景板、POP 等物料，各类媒体上的系列报道和各类软文炒作，都获得了极大的成功，让乐岛鲜明的时尚活力、亲和人性化的品牌形象，迅速传达到千家万户。

五大营销实战体系让乐岛突围。乐岛构建了以面向市场的六大中心为主导的营销管理模式，确保了乐岛的迅速反应、快速决策的优势，又促进了企业从“推销型企业结构”向“以顾客为导向”的营销型组织架构的转化。

乐岛在营销上，全面贯彻“走出去”的品牌思路，从品牌推介会的成功召开，到渠道价值链的深度激励体系的实施，再到乐岛“大海洋伙伴关系”经销商服务支持体系的成功执行，以渠道和市场需求为中心，通过主动营销的实施，构建了一个立体化的渠道体系，优化了景区和旅行社的合作关系，打破了传统景区以自我为中心的单一的价格返点政策。乐岛销售的精细化管理，做到针对根据不同的重点客户和市场，做不同的销售策划，不同的销售区域不同的促销政策，做到心中有数，有的放矢，以充分实现用最少的资源投入获得最大产出的营销结果。

乐岛在宣传上也是大张旗鼓，以“新财富，新海洋”为主题的乐岛品牌推介会在秦皇岛、北京、沈阳、郑州、济南、呼和浩特、大同、哈尔滨等地陆续成功召开，“欢乐海洋之旅全新启程”的整合传播又在北京、天津各地全面展开，“五一”海底婚礼主题活动、“海洋娱乐节”、“十一”乐岛狂欢周等活动备受媒体关注，并给消费者传达了乐岛“创新、活力”的形象，丰满了乐岛的品牌形象。

乐岛将成为融旅游—观光—休闲—度假—地产五个层次为一体的未来的第四代主题公园的发展方向。乐岛的成功，中国旅游实战营销体系的全程导入起到了巨大的作用，系统战营销思路已经成了中国景区品牌化营销运作的必由之路。

阅读以上素材，回答以下问题：

1. 电视剧《乔家大院》使乔家大院旅游由淡转旺，游客倍增，门票大涨，甚至迎来了该地历史上的旅游高峰，旅游业与影视文化业的完美联姻，体现了商务策划方法之（　）的成功应用。

A. 逆向变通法　　　　B. 连环伏笔法

C. 人文法　　　　D. 组合求异法

2. 文中宁夏镇北堡西部影视城的营销方法属于（　）。

A. 服务营销　B. 体验营销　C. 关系营销　D. 整合营销

3. 沈阳市以“世博园”产业集群为龙头，带动开发了相关旅游产品、花卉产业集群链的再衔接，从而带动了区域经济的发展，也使城市向绿色生态城市全面转型。这种做法属于商务策划方法中的（　）。

A. 重点强化法　　　　B. 逻辑分析法

C. 逆向变通法　　　　D. 组合求异法

4. 文中秦皇岛乐岛海洋公园的品牌宣传的营销方法属于（　）。

A. 服务营销　B. 体验营销　C. 关系营销　D. 整合营销

5. 乐岛海洋公园的“旅游营销的创新模式”开创了秦皇岛旅游的新格局，以挑战者的身份，用3年时间完成了行业一流景区需要数年时间才能达到的业绩，进入了秦皇岛品牌景区的第一阵营，此案例主要体现了策划（　　）的宏观作用。

A. 改变企业的发展方式　　B. 避免企业死于非命

C. 改变企业的发展目标　　D. 提高企业发展和市场推广速度

（三）背景资料——《特仑苏横空出世，蒙牛开创液态奶蓝海》

为了改变利润日趋微薄的窘境，同时满足部分高收入人群的需求，2005年蒙牛乳业推出了旗下高端品牌“特仑苏”，率先试水高端液态奶市场，就此拉开了国内液态奶产品升级的帷幕。典雅、高贵的包装外观、整箱不拆零的终端销售方式，都令人耳目一新，上市仅两个月销量就开始稳步上升。2006年3月底，特仑苏OMP奶高调上市，以增加品种的方式进一步巩固和细分市场。此后，特仑苏一路高歌猛进，势如破竹，媒体惊呼：蒙牛开创了液态奶的蓝海！

对于特仑苏的上市，蒙牛乳业显然经过精心准备，毕竟产品价格不菲，总得给消费者一个卖高价的理由吧。我们来分析一下蒙牛是如何打造特仑苏的价格支撑点的。

高端产品，品牌先行。要让消费者顺利地接受特仑苏的价格，必须将特仑苏品牌提升到一个高度，利用消费者先入为主的思维定势对品牌形成“高贵的”第一印象，自然能降低消费者对价格的敏感度。为了摆脱蒙牛身上浓重的“超女气息”，特仑苏必须着力淡化与蒙牛的联系，但又不能放弃蒙牛品牌背后所带来的影响力，因此特仑苏在广告片中绝口不提蒙牛，仅在片尾做了文字性提示，而且在产品包装盒的正面也看不出与蒙牛有任何瓜葛，仅在包装盒的侧面最下方留有蒙牛的标志。这种若即若离的度的把握确实可圈可点。

“不是所有牛奶都叫特仑苏”，这是特仑苏上市初期的广告语，既凸显了神秘、自信与高贵的气质，又与其他牛奶划清了界限，为特仑苏“贵族”路线的品牌定位作了铺垫。

当然，特仑苏要做奶中贵族，仅有高贵的气质还显得有些单薄。贵族需要历史渊源和传承，可不是自封的。蒙牛当然也注意到这个问题，并以非常艺术的方法解决了。“特仑苏在蒙古语中是金牌牛奶之意”这句品牌注解，首先让人联想到特仑苏在蒙古的历史源远流长，不仅由来已久，而且还是奶中极品。仅用十来个字就刻画出了特仑苏迷人的身世，让人不服不行。值得一提的是，完整的品牌注解应该是“特仑苏是英文 DELUXE 在蒙古语中的发音，DELUXE 有豪华、顶级之意，寓意特仑苏是金牌牛奶”。

通过蒙牛的精心包装，特仑苏品牌已初步具备成为贵族的条件，余下的就是如何来挖掘产品的物质利益点了，毕竟贵族要获得陌生人的尊重和认可最快最直接的办法就是炫耀自己的财富，谁叫我们都是俗人呢。

特仑苏是如何炫耀自己的财富的呢?

产品独特卖点：奶蛋白含量超过 3.3%，超出国家标准 13.8%。突出自己在营养成分上优于普通产品。蒙牛在特仑苏纯牛奶包装盒上将“3.3”作了放大处理，此举对普通纯牛奶产生了极大的杀伤力，吸引了大批关注营养和健康的消费者，拉动了上市初期的销售。

产地优势，出自乳都核心区。突出原料产地优势向来是蒙牛的撒手锏，“请到我们草原来”的广告语曾让无数消费者浮想联翩。尽管内蒙古的大部分草场早已沙化而面目全非，但这并不妨碍消费者对蒙牛的品牌联想和信赖。对于特仑苏也不例外，不过这一次的产地更为明确：乳都核心区——和林格尔。以下是蒙牛为和林格尔做的注解：内蒙古呼和浩特被誉为中国的“乳都”，和林格尔作为呼和浩特的高科技乳业基地，被誉为“乳都核心区”。北纬 40°左右优质奶源带、1100 米海拔、年日照近 3000 小时、昼夜温差大等层层地缘优势，滋养 12 国精挑牧草，造就出富含天然优质乳蛋白的特仑苏牛奶。如此优越的地理位置和环境，在消费者看来能够养出好牛、挤出好奶那是顺理成章的事了。消费者是不会去探究到底是被谁誉为“乳都”、“乳都核心区”这些细节性问题的。

包装设计的差异化。白底、蓝字，中、英、蒙三种文字的品牌标志，简洁、素雅的风格，都衬托出产品的高贵和卓尔不群，很好地体现了品牌的定位。

通过以上分析，我们可以看出特仑苏的成功并不是偶然的。特仑苏利用各个小的利益点烘托产品价值，用产品价值提升品牌地位，以赋予品牌的价值来弥补产品力的不足，产品与品牌互为促进，共同推动产品的销售。特仑苏的品牌运作方式为企业的品牌升级提供了一个很好的研究案例。

阅读以上素材，回答以下问题：

1. 蒙牛乳业推出特仑苏牛奶，在乳品行业率先试水高端液态奶市场，获得了先发优势，这是策划基本原理（ ）的突出体现。

A. 奇正原理 B. 系统原理 C. 博弈原理 D. 裂变原理

E. 整合原理 D. 简易原理

2. 蒙牛乳业以特仑苏品牌推出高端牛奶，着力淡化与蒙牛的联系，但又不能放弃蒙牛品牌背书所带来的影响力，因此特伦苏在广告片中绝口不提蒙牛，仅在片尾做了文字性提示，而且在产品包装盒的正面也看不出与蒙牛有任何瓜葛，仅在包装盒的侧面最下方留有蒙牛的标志，蒙牛乳业对特仑苏采取的品牌策略是（ ）。

A. 产品线扩展 B. 品牌扩展 C. 子品牌 D. 新品牌

3. 蒙牛乳业高调推出特仑苏牛奶，采取的营销策略是（ ）。

A. 快速撇取 B. 缓慢撇取 C. 快速渗透 D. 缓慢渗透

4. 蒙牛乳业的广告语“请到我们草原来”，突出体现了独特销售主张（UPS）的（ ）原则。

A. 独特 B. 联想 C. 凝神 D. 形象

5. 蒙牛乳业通过突出特仑苏在营养成分上优于普通产品、突出产地优势（出自乳都核心区——和林格尔）、包装设计的差异化等方式“炫耀自己的财富”，利用各个小的利益点烘托产品价值，这种做法体现了策划基本原理之（ ）。

A. 博弈原理 B. 系统原理 C. 奇正原理 D. 整合原理

（四）背景资料——《创业故事——落榜生变成都市“花仙子”》

随着生活水平的提高，越来越多的人特别是都市“白领”都喜欢买上一束鲜花来美化居室环境，但等鲜花凋谢后，他们往往没有时间去花店，只得任漂亮的花瓶里插着发蔫的花草，真是大煞风景。有需求就有商机，来自湖南农村的一位高考落榜生周丽蓉便干上了替人换花这一行，不仅在都市站稳了脚跟，收入不菲，还被当地人誉为都市“花仙子”。

2003年，湘妹子周丽蓉高考落榜后就跟随村里的几个姐妹到广东中山市打工，后来又跟着表哥到长沙，进了一家公司。一天，周丽蓉到一个朋友家去玩。她看到朋友的房子收拾得整洁干净，桌上的花瓶里还插了一束花，只可惜，这束花已经干枯了。朋友见周丽蓉盯着花瓶不放，就解释说：“工作太忙，鲜花也没时间换。”周丽蓉见他一脸窘态，就故意打趣说：“那我来帮你买鲜花怎么样？劳务费由你给好了。”朋友见她一脸认真，也就一本正经地说：“说真的，如果你真愿意干，一次给10元钱我也愿意！”虽然这位朋友说得很认真，但周丽蓉的本意只是开开玩笑，并没有把这事放在心上，但后来碰到的一件事，使她有所触动了。

那是一个周末，公司行政部组织郊游活动。晚上，女经理邀请各位同事去她家坐坐，一进门周丽蓉就发现客厅里摆放着一个精致的花瓶，只可惜里面空空如也。正在她疑惑之时，一位同事问经理：“头儿，你那花瓶里什么也不插，还真成了一种摆设呀？”经理笑笑说：“你看我哪有时间去买花。要是有人专门提供上门卖花或者换花的服务，我保证第一个给他当客户！”

听经理这么一说，周丽蓉顿时眼前一亮：怎么这些爱花的“白领”都没时间去买花呀？如果有人专门替他们买花，说不定还真是一个发财的好门道呢！再说了，干这行只需跑跑腿就行了，既不需要资金，又不需要文化和技术，自己去做不正好合适吗？几天后，周丽蓉就向经理递交了辞职报告。

听说周丽蓉要辞职，而且干的就是上门给人换花这一行，经理在惊讶之余，对她的精明和果敢赞不绝口。趁此机会，周丽蓉调皮地说：“经理呀，你应该不会拒绝成为我的第一位客户吧？”经理笑着说：“真是个鬼丫头！冲你这机灵劲儿，我还能拒绝你？”就这样，周丽蓉顺利争取到第一位客户。

紧接着，周丽蓉以经理为突破口，利用自己良好的人际关系，将公司爱花的十几位“白领”人士都发展成了客户。

依靠滚动式的发展，不到两个月，周丽蓉的收入就超过了她上班时的水平，但怎样才能将业务进一步扩大呢？眼下，自己能调动的关系都调动了，能否找到一种快捷的办法扩大自己的知名度呢？

一开始，周丽蓉想在报纸上打广告，后来又想到街上发传单，或者上居民小区张贴广告，但这些办法都不理想。

一天，周丽蓉刚给一位客户换过花后，碰到一个投递员，周丽蓉闪过一个念头：我的客户都是层次较高的“白领”阶层，他们平时一般都喜欢看报，如果我将广告名片夹在报纸里让投递员帮我送，那岂不是能收到事半功倍的效果？于是，周丽蓉找到了邮政局的投递公司，办理好邮送广告的手续。回家的路上，周丽蓉经过一个报刊亭时，发现买报纸的人很多，而且从衣着上看，大部分都是附近写字楼的“白领”。周丽蓉意识到，并不是所有的“白领”人士都订报刊，有些人喜欢自己上街买。这么一想，她又有了一个好主意。她走到报刊亭前，问摊主能否在他卖报刊时帮她发送广告名片，她可以按照名片的发送量一次性付给摊主手续费，摊主很痛快地答应了。

经过这么一番“广而告之”，周丽蓉的换花业务果然名声远扬，找她换花的电话整天响个不停，到2003年年底，周丽蓉的客户由最初的20多个一下增加到300多个，月收入达到了6000多元。

随着客户一天天增多，周丽蓉更忙了。2004年春节后，她平均每天要跑60多位客户，而客户的居住地又大多不集中，周丽蓉常常忙得焦头烂额，有时候甚至连中饭也顾不上吃。即便如此，她还是时不时地出错，不是忘了这家，就是落了那家，或者是将客户订的鲜花张冠李戴，许多客户开始有了怨言。

一天上午，周丽蓉刚从一个别墅小区里送完花出来，迎面又碰上了上次的那位投递员。她突然意识到，投递员的工作性质不正跟自己相似吗？他是怎么做到忙而不乱的？于是，周丽蓉赶紧向那个投递员请教。邮递员说：“这很简单呀，你将所有的客户按区域位置划成片，然后选择最便捷的路线，由远而近，把这些片一一连接起来，等你沿着这条路线走完，一天的任务也就顺利完成了。”周丽蓉顿觉豁然开朗。这天晚上，周丽蓉就在纸上将第二天要跑的客户一一分成片，并对照地图选定了最快捷的路线。第二天，周丽蓉按照纸片上标明的路线一走，果然顺畅多了。等把全部客户跑完，竟然比平时节约了两个多小时。

有一次，周丽蓉取花时，发现还有一位打工妹也在取花，从她取花的数量、包装和品种来看，周丽蓉断定她也是一位“换花女”。这让周丽蓉大吃一惊，原以为只有自己一个人从事这个行当，没想到冷不丁冒出了竞争对手。

周丽蓉想，要想在竞争中赢得市场、赢得客户，就得看谁的服务质量好。

之后，周丽蓉就有意识地找来一些有关花卉栽培、花卉保鲜方面的书籍来看。这一看，她才明白这里面原来还有这么多的学问，周丽蓉决定将所学到的花卉知识传授给客户，在教给客户鲜花保鲜方法的同时，她还针对每位客户的房间摆设以及不同的装饰风格，建议他们应该选购什么样的鲜花。由于周丽蓉教的方法使鲜花保鲜期延长了，原来一个月要换4次鲜花，现在只要换3次就行了，这样就直接减少了客户的购花支出。周丽蓉还教客人如何有针对性地选购鲜花，这些服务很受客户欢迎，好多客户都称赞她是都市里的“花仙子”。

阅读以上素材，回答以下问题：

1. 从“花仙子”的创业故事可以看出，在创业项目的选择上应遵循的原则是（　　）。

A. 小产品，大市场

B. 量力而行，从小做起；独辟蹊径，避热就冷

C. 风险小，见效快

D. 只做自己熟悉的项目；追求高投入产出比

2. 周丽蓉通过去朋友和同事家玩无意发现了商机，这也从一个侧面反映出创新人才应具备的（　　）。

A. 观察能力　　B. 表达能力　　C. 思维能力　　D. 沟通能力

3. 周丽蓉从邮递员的方法获得启发，调整优化自己的送花路线，这和创意理论的（　　）是相通的。

A. 魔岛理论　　B. 天才理论　　C. 迁移理论　　D. 变通理论

4. 周丽蓉想在报纸上打广告或者发传单等方法，到后来采用邮局邮送广告、报亭发送广告名片等方法，反映了其创新策划思维的（　　）特点。

A. 超前性　　B. 发散性　　C. 联想性　　D. 新锐性

5. 周丽蓉传授客户花卉保鲜知识、针对每位客户的房间摆设以及不同的装饰风格，建议他们应该选购什么样的鲜花，这种做法在市场营销产品策划中属于（　　）。

A. 核心产品　　B. 形式产品　　C. 附加产品　　D. 产品组合

2008年5月全国初级商务策划师统一考试试题答案

一、单选题

1～5：D、D、C、B、C

6～10：C、A、B、D、C

11～15：D、B、C、A、B

16～20：B、D、A、B、B

21～25：C、B、B、B、B

二、多选题

1～5：ABCD；ABCEF；ABCD；BCD；ACD

6～10：AC；ABDEF；ABD；BCD；ACDEF

11～15：ABCD；ABCD；ABCEF；ABCD；ABCDE

16～20：ABDE；ABCD；ABD；ABCD；ABCD

21～25：ABD；ABDEF；ACD；ABDF；ABC

三、判断题

1～5：F、F、T、F、T

6～10：F、T、T、T、F

11～15：T、T、T、T、T

16～20：T、T、F、F、T

21～25：F、T、T、F、F

四、背景选择题

（一）1～5：C、A、D、D、B

6～10：D、B、C、B、A

（二）1～5：D、B、A、D、D

（三）1～5：A、D、A、B、D

（四）1～5：B、A、D、B、C

参考文献

1. 周培玉著. 商务策划原理 [M]. 北京：中国经济出版社，2007.

2. 刘秉君编著，周培玉主编. 商务策划市场研究 [M]. 北京：中国经济出版社，2008.

3. 崔晓西，周建昌编著. 策划训练 [M]. 武汉：武汉大学出版社，2003.

4. 江东燕主编. 中国管理策划研究十年追溯 [M]. 北京：经济管理出版社，2004.

5. 张利庠著. 企业策划学 [M]. 北京：企业管理出版社，2004.

6. 程爱学，徐文峰主编. 策划总监 [M]. 北京：北京大学出版社，2005.

7. 安景文，高向军主编. 策划全书 [M]. 呼和浩特：内蒙古大学出版社，1999.

8. 艾特编著. 商业策划创意与实例 [M]. 北京：长征出版社，2003.

9. 柴宇球著. 谋略论 [M]. 北京：军事科学出版社，2003.

10. CBSA 总部. 商务策划核心课教程（内部使用），2001～2004.

11. CBSA 总部. 商务策划高级教程（内部使用），2005.